Vollwertküche
für Genießer

PROF. DR. CLAUS LEITZMANN · HELMUT MILLION

Vollwertküche
für Genießer

INHALT

DIE GRUNDLAGE EINER VERNÜNFTIGEN ERNÄHRUNG

Die Prinzipien der Vollwerternährung beinhalten den Verzehr einer vorwiegend lacto-vegetabilen Kost in ihrem höchstmöglichen Wertzustand. Das bedeutet, es werden pflanzliche Lebensmittel bevorzugt und zusammen mit Milch und Milchprodukten (lacto) verzehrt. Der höchstmögliche Wert wird durch weitgehenden Verzicht auf chemische Hilfsmittel in der Landwirtschaft und durch Bevorzugung gering verarbeiteter Nahrung erreicht.

Die Empfehlung zum Verzehr ganzer Lebensmittel sowie die Meidung isolierter und raffinierter Produkte sind zentrale Aspekte der Vollwert-Ernährung. Ein ganzes, unverändertes Lebensmittel enthält noch alle von Natur aus vorhandenen essentiellen, das heißt lebens- und zufuhrnotwendigen, Nahrungsbestandteile. Die Wahrscheinlichkeit, daß eine Nahrung alle essentiellen Inhaltsstoffe in ausreichender Menge enthält, ist um so größer, je naturbelassener, also je frischer und unverarbeiteter die Lebensmittel sind.

Der Grad der Naturbelassenheit beziehungsweise umgekehrt der Verarbeitungsgrad ist demnach ein geeigneter Maßstab für den Gesundheitswert. Dies trifft zumindest für den größten Teil unserer Nahrung zu. Die Forderung nach höchstmöglicher Naturbelassenheit bedeutet jedoch nicht, daß Sie alle Lebensmittel völlig unverändert verzehren müssen, denn bestimmte Lebensmittel sind direkt nach der Erzeugung nicht für den Verzehr geeignet, sondern bedürfen einer gewissen Aufbereitung. Diese Fälle sind aber bekannt und bereiten deshalb keine Schwierigkeiten. So müssen Sie zum Beispiel Kartoffeln erhitzen, damit die enthaltene Stärke verdaulich wird, und Bohnen kochen, damit die in ihnen vorkommenden, gesundheitsschädlichen Substanzen zerstört werden.

Bei der Auswahl der Lebensmittel sollten Sie jene bevorzugen, die in der ökologischen Landwirtschaft erzeugt wurden. Dadurch können Sie einerseits die Schadstoffmengen in Lebensmitteln so gering wie möglich halten, andererseits unterstützen Sie die Bemühungen der ökologisch arbeitenden Landwirte, Luft, Boden und Wasser nicht zusätzlich zu belasten. Inzwischen gibt es eine relativ große Auswahl von Lebensmitteln aus der ökologischen Landwirtschaft, die von verschiedenen Erzeugerorganisationen besonders in Reformhäusern und Naturkostläden, aber auch in Supermärkten und direkt ab Hof angeboten werden. Es lohnt sich, kontrollierte Erzeugnisse mit geschützten Warenzeichen (siehe Seite 17) oder bei Landwirten, die persönlich oder seit langem bekannt sind, zu kaufen. Bewußt handelnde Menschen können hierdurch nicht nur ihre Gesundheit, sondern auch ihre Umwelt schützen.

Ziele der Vollwert-Ernährung

Die Ziele der Vollwert-Ernährung sind zunächst die optimale Versorgung des Organismus mit allen lebensnotwendigen Nahrungsinhaltsstoffen, wie Eiweiß, Fett, Kohlenhydrate, Vitamine und Mineralien. Außerdem werden weitere für die Gesundheit wichtige Inhaltsstoffe zugeführt, wie Ballaststoffe und eine Vielzahl sekundärer Pflanzenstoffe einschließlich solcher, deren mögliche gesundheitsfördernde Wirkungen nicht bekannt sind. Die Aufrechterhaltung eines störungsfreien Stoffwechsels ist eine Voraussetzung für die optimale körperliche und geistige Entwicklung und Leistungsfähigkeit sowie für die entsprechende Ausbildung von Abwehrkräften gegenüber Krankheiten.

Weitere Ziele der Vollwert-Ernährung sind die Meidung von Veredelungsverlusten bei der Produktion tierischer Nahrungsmittel, Einsparung von Energie sowie Schonung natürlicher Ressourcen und der Umwelt. Diese ökologischen Aspekte sollen in einer entsprechenden Lebensweise berücksichtigt werden, als Vorbild für andere dienen und langfristig unter anderem zur Senkung der Kosten im sozialen Gesundheitswesen beitragen.

Empfehlungen zur Lebensmittelauswahl

In der Vollwert-Ernährung werden für den täglichen Speiseplan Lebensmittel empfohlen, zum Beispiel Vollkornbrot, Butter, Käse, Äpfel, und nicht, wie oft üblich, einzelne Nährstoffe, wie Vitamin A, Kalzium, Eisen und andere, denn wir kaufen und verzehren Lebensmittel und nicht einzelne Nährstoffe. Deshalb ist die Vollwert-Ernährung auch einfach durchzuführen – ohne aufwendige Nährstoff- oder Kalorienberechnungen.

Im Rahmen der Vollwert-Ernährung werden ernährungsphysiologisch wertvolle Lebensmittel empfohlen. Dies sind:
– Vollkornprodukte
– Gemüse und Obst (auch als unerhitzte Frischkost und als milchsaure Erzeugnisse)
– Kartoffeln
– Hülsenfrüchte
– Milch und Milchprodukte (einschließlich milchsaurer Produkte)
– Butter und ungehärtete pflanzliche Margarine
– kalt gepreßte, unraffinierte Öle
– Kräuter- und Früchtetees
– Gewürze und Kräuter

Bestimmte Lebensmittel, wie Fleisch und Wurstwaren, Eier, alkoholische Getränke, Bohnenkaffee, schwarzer Tee und Kochsalz, spielen in der Vollwert-Ernährung eine untergeordnete Rolle und sollten deshalb in deutlich reduzierten Mengen verzehrt werden.

Möglichst ganz verzichten sollten Sie auf den Verzehr von Auszugsmehlprodukten, isolierten Zuckern, gehärteter Margarine, extrahierten, raffinierten Ölen sowie gesüßten Getränken.

Im Speiseplan werden pflanzliche Lebensmittel bevorzugt. Etwa die Hälfte der täglichen Kost sollte aus Frischkost, d. h. unerhitzter Kost, bestehen. Dazu zählen:
– unerhitztes Getreide, zum Beispiel als Frischkornmüsli oder als gekeimte Körner unter Salate gemischt

– unerhitztes Gemüse und Obst, zum Beispiel als Salat
– Vorzugsmilch
– Nüsse, Kerne, Ölsaaten, wie Leinsamen, Sesam und andere
– kaltgepreßte, unraffinierte Öle

Wichtig ist, daß die Kost vielseitig und abwechslungsreich aus Grundnahrungsmitteln gestaltet wird, denn für die Gesunderhaltung sind viele Nahrungsinhaltsstoffe notwendig, die in verschiedenen Lebensmitteln in unterschiedlicher Menge enthalten sind. Vielseitigkeit können Sie auch ohne die fast unüberschaubare Zahl der auf dem Markt befindlichen Fertigprodukte erreichen.

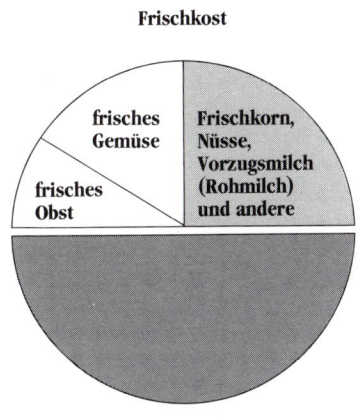

Frischkost

frisches Gemüse

frisches Obst

Frischkorn, Nüsse, Vorzugsmilch (Rohmilch) und andere

erhitzte Kost

Orientierungshilfe zur Aufteilung von Frischkost und erhitzter Kost (verzehrfähiger Anteil in Gewichtsprozenten)

LEBENSMITTEL IN DER ERNÄHRUNG DES MENSCHEN

Unsere Nahrung sollte alle Nährstoffe enthalten, die für Wachstum, Leistungsfähigkeit und optimale Gesunderhaltung erforderlich sind. Der ernährungsphysiologische Wert einzelner Lebensmittel ist bekannt und kann anhand unseres Bedarfs an Nährstoffen in konkrete Empfehlungen für die richtige Lebensmittelwahl münden. Im folgenden sollen die Lebensmittel, die in der Ernährung des Menschen eine Rolle spielen, aus wissenschaftlicher Sicht dargestellt und bewertet werden. Dies wird durch einige Angaben zur geschichtlichen Entwicklung des Verzehrs bestimmter Lebensmittel sowie Anmerkungen zu ernährungsbedingten Krankheiten ergänzt.

Getreide und Getreideerzeugnisse

Getreide und Getreideerzeugnisse sind für den Menschen seit Jahrtausenden die wichtigste Nahrungsgrundlage. Die überragende Bedeutung des Getreides ist einerseits wirtschaftlich zu begründen, da Getreide zu den preiswertesten Lebensmitteln zählt, dies unter anderem, weil es gut lager- und transportfähig ist. Andererseits ist Getreide aufgrund seiner vielseitigen Zusammensetzung ernährungsphysiologisch sehr wertvoll, da es fast alle für den Menschen wichtigen Nährstoffe enthält. Lediglich das Vitamin C fehlt; Kalzium und Karotin (Vorstufe zu Vitamin A) sind nur in geringer Menge enthalten. Getreide ist nicht nur ein wichtiger Kohlenhydratlieferant, wie allgemein bekannt, sondern versorgt uns gleichzeitig mit Eiweiß, Fett, Mineralien, unter anderem Eisen, Kalium, Magnesium, vielen Vitaminen der B-Gruppe und Vitamin E. Außerdem ist das Getreidekorn reich an Ballaststoffen. Die Inhaltsstoffe des Getreides sind nicht gleichmäßig im ganzen Korn verteilt. Der Hauptbestandteil der Kohlenhydrate, die Stärke, findet sich im weißen Mehlkern, Fett ist im Keimling konzentriert, und Eiweiß, Vitamine, Mineralien sowie Ballaststoffe sind hauptsächlich in den dunkleren Randschichten lokalisiert.

Ballaststoffe sind Bestandteile pflanzlicher Lebensmittel, die die menschlichen Verdauungssäfte nicht abbauen können. Ein Teil der Ballaststoffe wird aber von den Mikroorganismen im Dickdarm zur Energieversorgung verwertet. Ballaststoffe erfüllen mehrere wichtige Funktionen bei der Passage des Speisebreis durch den Verdauungstrakt. Ballaststoffreiche Lebensmittel regen im Mund die Kautätigkeit und damit den Speichelfluß an. Eine gut gekaute Nahrung ermöglicht eine bessere Aufnahme und Ausnutzung der Inhaltsstoffe. Im Magen und Darm wirken Ballaststoffe füllend, da sie Wasser binden und so ihr Volumen vergrößern (Wasserbindungsvermögen). Durch das größere Volumen setzt das Sättigungsgefühl intensiver ein. Außerdem regen Ballaststoffe den Darm zu verstärkter Tätigkeit an. Der Transport des Speisebreis durch den Darm wird aufrechterhalten (normale Passagezeit) und nicht, wie bei üblicher ballaststoffarmer Kost, verzögert. Eine ballaststoffreiche Ernährung wirkt somit einerseits auf Hunger und Sättigung regulierend, dämpft die Nahrungsaufnahme und damit die Gefahr von Übergewicht. Andererseits dienen Ballaststoffe der Vorbeugung und Therapie von ernährungsbedingter Stuhlverstopfung, die häufig Folgekrankheiten, wie Hämorrhoiden und sehr wahrscheinlich auch Darmkrebs, mitverursacht.

Der weitaus größte Teil des Getreides in der Ernährung des Menschen wird bei uns in Form von weißen **Auszugsmehlen** verzehrt. Den Auszugsmehlprodukten fehlen der wertvolle Keimling und die Randschichten mit den wichtigen Ballaststoffen. Das weiße Mehl besteht vornehmlich aus Kohlenhydraten und Eiweiß, alle anderen Inhaltsstoffe sind stark reduziert. Aufgrund des geringeren Volumens dieser ballaststoffarmen Nahrungsmittel wird vermehrt Nahrungsenergie aufgenommen. Auf Dauer führt der Verzehr dieser Produkte zu Übergewicht und den dadurch bedingten Folgeerkrankungen.

Getreide ist seit Jahrtausenden
eines der wichtigsten Grund-
nahrungsmittel auf der Erde.
Weizen steht dabei an der
Spitze der produzierten
Getreidesorten, gefolgt von
Reis. Die Gerste, die hier zu
sehen ist, wird hierzulande
vorwiegend als Futter- oder
Braugerste genutzt

Ein historischer Grund für die Herstellung weißer Mehle liegt in der Industrialisierung der Nahrungsmittelverarbeitung und der Entstehung von Ballungsräumen, die es erforderten, das Getreide nicht mehr in vielen kleinen Mühlen, sondern in zentralen Großmühlen zu mahlen. Da Vollkornmehl – im Gegensatz zu ganzen Getreidekörnern und Weißmehl – nicht so lange haltbar ist, wurde durch die teilweise oder vollständige Abtrennung der Außenschichten und des Keimes des Getreidekorns, die nach der Vermahlung leicht verderblich sind, ein lange lagerfähiges Produkt erzielt. So konnte auch das Mehl vor der Weiterverarbeitung über größere Entfernungen transportiert und über längere Zeiträume hinweg gelagert werden.

Ein weiterer Grund für den Rückgang des Verzehrs von Vollkornmehlen liegt darin, daß vornehmlich die reiche Bevölkerungsschicht weiße Mehle aufgrund ihrer früher schwierigen und teuren Herstellung verzehrte und diese zum Statussymbol des höheren Lebensstandards wurden. Seit der Industrialisierung wollten und konnten sich mehr Menschen weißes Mehl leisten. Nach und nach fand das Weißmehl in den Küchen aller Schichten der Bevölkerung Eingang und wurde durch moderne Großmühlentechnik unseres Jahrhunderts in unbegrenzter Menge hergestellt, so daß es der ganzen Bevölkerung zur Verfügung stand. Gleichzeitig unterstützte die Ernährungswissenschaft diese Entwicklung, indem sie verkündete, die unverdaulichen Randschichten des Getreidekorns (Kleie) seien überflüssiger Ballast, und das alte Verfahren, Korn mitsamt der Kleie zu vermahlen, solle ganz aufgegeben werden. Durch die Abtrennung der leichter verderblichen und unverdaulichen Teile werden jedoch nach heutigem Wissen dem Menschen ernährungsphysiologisch wertvolle Substanzen vorenthalten, denn zwischen 50 und 90% der Vitamine und Mineralien werden durch diese Verarbeitung entfernt.

Mehle werden nach ihrem Ausmahlungsgrad und den Mehltypen unterschieden. Der **Ausmahlungsgrad** bezeichnet den Gewichtsanteil

des beim Vermahlen von Getreide anfallenden Mehls in Prozent des Ausgangsgewichts. Fällt zum Beispiel nur die Hälfte des Getreideausgangsgewichts als Mehl an, so beträgt der Ausmahlungsgrad 50%. Vollkornmehl entspricht demnach einem Ausmahlungsgrad von 100%.

Die **Mehltypen** geben den mittleren Mineralstoffgehalt in Milligramm pro 100 Gramm Mehl als Trockensubstanz an. Die Mehltype 405 hat also einen mittleren Mineralstoffgehalt von 405 Milligramm pro 100 Gramm Mehltrockensubstanz. Die Mehltypen stehen in Beziehung zum Ausmahlungsgrad. Je höher der Ausmahlungsgrad, desto mehr mineralstoffreiche Randschichten enthält das Mehl; das heißt um so größer ist der Mineralstoffgehalt und damit die Höhe der Mehltype und desto dunkler ist die Mehlfarbe. Die Mehltypenbezeichnung ist gesetzlich vorgeschrieben und festgelegt.

Da das vollständige Getreidekorn einen wesentlich wertvolleren Beitrag zu einer bedarfsdeckenden Ernährung liefert, werden für die Vollwert-Ernährung alle Getreide nur in Form von Vollkornprodukten empfohlen. Dazu zählen:

– Frischkornmüsli aus unerhitztem Vollgetreide (frisch geschrotet und 5 bis 10 Stunden eingeweicht oder auch angekeimt) mit Obst, Nüssen und Milch oder Milchprodukten
– Speisen aus erhitztem Vollgetreide (Weizen, Hafer, Gerste, Roggen, Hirse, Reis, Mais, auch Dinkel und Grünkern)
– Vollkornbrote verschiedener Sorten (aus Getreide, das möglichst unmittelbar vor der Teigbereitung gemahlen wurde)
– andere Produkte aus dem vollen Korn, zum Beispiel Vollkornnudeln, Vollkorngebäck, Vollkornflocken

Meiden sollten Sie Produkte aus Auszugsmehlen oder nur teilweise ausgemahlenen Mehlen. Dazu zählen:

– Weißbrot, weiße Brötchen, Graubrot, Toastbrot, helles Mischbrot, Schwarzbrot (mit Melasse dunkel eingefärbt)
– polierter, weißer Reis
– Produkte aus Auszugsmehlen oder isolierter Stärke, zum Beispiel Nudeln, Kuchen, Gebäck, Pudding, Grieß, Graupen

Durch die Beherzigung dieser Empfehlungen erhält der Organismus mit Brot- und Teigwaren deutlich höhere Mengen an Vitaminen, Mineral- und Ballaststoffen. Da es sich bei den mit Getreide zugeführten Inhaltsstoffen auch um kritische Nährstoffe handelt, ist die Bevorzugung von Vollkornmehlen von besonderer Bedeutung. Kritische Nährstoffe sind jene, die bestimmte Bevölkerungsgruppen durchschnittlich nicht in bedarfsgerechter Menge aufnehmen. Allein die Umstellung des Verzehrs von Weißmehlprodukten auf Vollkornerzeugnisse würde die Nährstoffversorgung deutlich verbessern.

Gemüse und Obst

Gemüse und Obst haben innerhalb der Vollwert-Ernährung neben Getreide einen besonderen Stellenwert, da der größte Teil in frischer, das heißt roher, unerhitzter Form verzehrt werden kann. Durch den Verzehr von Gemüse und Obst in roher Form können Sie Verluste an Inhaltsstoffen durch Be- oder Verarbeitung und Erhitzung vermeiden; diese Lebensmittel ermöglichen praktisch die vollständige Zufuhr ihrer von Natur aus vorhandenen Inhaltsstoffe.

In diesem Zusammenhang muß die durch Verarbeitungsprozesse beeinträchtigte Zufuhr **sekundärer Pflanzenstoffe** erwähnt werden. In dieser Stoffgruppe faßt man Wirkstoffe von Pflanzen zusammen, die teilweise schon lange bekannt und gezielt zur Vorbeugung und Heilung von Krankheiten eingesetzt werden. Es wird angenommen, daß weitere sekundäre Pflanzeninhaltsstoffe noch nicht entdeckt sind, so daß ihre biologische Wirksamkeit auch nicht bekannt ist. Die positiven Wirkungen, die für verschiedene pflanzliche Lebensmittel beschrieben sind, können auf bestimmte sekundäre Pflanzenstoffe zurückgeführt werden, zum Beispiel die blutfettsenkende Wirkung von Knoblauch und Zwiebel. Andere bisher bekannte Wirkungen sekundärer Pflanzenstoffe sind die Anregung der Verdauung und des gesamten Stoffwechsels, die Erhöhung der Widerstandskraft gegen Krankheiten, die Förderung der Wundheilung, die Entzündungshemmung sowie die Vorbeugung gegen Arteriosklerose und bestimmte Krebsarten.

Außerdem wirken die in Gemüse und Obst enthaltenen Geschmacks-, Geruchs- und Aromastoffe anregend auf verschiedene Funktionen des Verdauungssystems und werden deshalb in die Bewertung der ernährungsphysiologischen Qualität einbezogen.

Gemüse weist eine hohe Dichte an Vitaminen und Mineralstoffen auf, d. h. die Aufnahme dieser Nährstoffe ist hoch im Vergleich zur gleichzeitg zugeführten Nahrungsenergie. Der bedeutsame Beitrag dieser Lebensmittelgruppe zur Versorgung mit einigen kritischen

Hafer

Reisterrassen

Roggen

Nährstoffen sowie mit Ballaststoffen führt dazu, daß dem Gemüse ernährungsphysiologisch ein sehr hoher Stellenwert zukommt.

Obst stellt eine wichtige Gruppe von Lebensmitteln dar, weil es zu jeder Tageszeit in frischer Form verzehrt werden kann. Obst enthält, ähnlich wie Gemüse, relativ wenig Kalorien, erfordert gründliches Kauen und ist allgemein beliebt. Unter den Obstarten sind vor allem die Beerenfrüchte, zum Beispiel Johannisbeeren, Brombeeren, Erdbeeren, Himbeeren, hinsichtlich ihres Vitamin- und Mineralstoffgehalts bedeutsam.

Für die Vollwert-Ernährung wird empfohlen, reichlich Gemüse und Obst zu verzehren, einen großen Teil davon als unerhitzte Frischkost. Die Hälfte der täglichen Nahrungsmenge sollten Sie als Frischkost verzehren. Innerhalb der Frischkost sollte die Hälfte aus unerhitztem Gemüse und Obst bestehen; die andere Hälfte sollte sich aus rohem Getreide, Nüssen, Vorzugsmilch oder ähnlichem zusammensetzen. Der Verzehr von Gemüse und Obst sollte möglichst vielseitig sein – eher mehr Gemüse als Obst – und sich nach dem jahreszeitlichen Angebot richten.

Hülsenfrüchte

Hülsenfrüchte sind nicht nur die eiweißreichsten pflanzlichen Lebensmittel, sondern sie heben sich auch durch ihren Gehalt an Vitaminen und Mineralstoffen hervor, insbesondere durch den kritischer Nährstoffe, wie Vitamin B_1, B_2, B_6, Folsäure und Eisen; auch ihr Gehalt an Vitamin E ist bemerkenswert. Hülsenfrüchte tragen außerdem besonders zur Versorgung mit unverdaulichen Kohlenhydraten (Ballaststoffen) bei. Ein vermehrter Verzehr von Hülsenfrüchten als derzeit üblich ist deshalb sehr zu empfehlen.

In der Nährstoffzusammensetzung nimmt die **Sojabohne** eine Sonderstellung auch unter den Hülsenfrüchten ein. Sie hat einen besonders hohen Gehalt an Eiweiß, Fett, Mineralstoffen sowie den Vitaminen B_1 und B_2. Sojabohnen werden in subtropischen Regionen meist in intensiven Produktionsverfahren angebaut (Monokulturen, hoher Pestizideinsatz). Der Verzehr von Sojabohnen, möglichst aus kontrolliert-ökologischem Anbau, ist in gekeimter oder gekochter Form sowie als Sojavollmehl empfehlenswert. Der günstige ernährungsphysiologische Wert der Sojabohnen sollte allerdings nicht durch eine starke industrielle Verarbeitung, wie z. B. bei der Herstellung von Sojafleisch (TVP), gemindert werden.

Fette und Öle

Der Gesamtfettverzehr ist in Deutschland seit der Industrialisierung stark gestiegen. Als sichtbare Nahrungsfette werden jene bezeichnet, die in reiner Form den Speisen zugesetzt werden – das sind Streichfette, wie Butter und Margarine, Speiseöle, Speisefette, wie Platten- und Kunstspeisefette, und Schlachtfette, wie Schweineschmalz und Rindertalg. Die versteckten Fette sind dagegen in Lebensmitteln natürlicherweise enthalten, zum Beispiel im Fleisch, in Fleisch- und Milchprodukten und in Nüssen.

Bei der Auswahl der Nahrungsfette ist auf die Fettsäurenzusammensetzung zu achten. Dabei ist für den Menschen besonders die mehrfach ungesättigte Fettsäure **Linolsäure** wichtig. Linolsäure, die besonders in pflanzlichen Ölen vorkommt, wird bei der Härtung der Öle zum Teil zerstört oder in ihrer Struktur verändert und damit unwirksam. Auch beim Raffinationsprozeß können sich die Öle nachteilig verändern. Bei Fetten ist die Naturbelassenheit ein wichtiges Qualitätskriterium. Kalt gepreßte Öle sollten aus schadstoffarmer Erzeugung stammen, denn eine nachträgliche Reinigung oder Schönung ist nicht möglich.

In der Vollwert-Ernährung wird empfohlen, den Gesamtfettverzehr auf täglich etwa 80 Gramm pro Person zu begrenzen. Dabei sollten Sie vorwiegend naturbelassene Fette und Öle verwenden. Hierzu zählen:

– kalt gepreßte, unraffinierte Öle für Salate
– Butter oder ungehärtete Pflanzenmargarine mit einem möglichst hohen Anteil an unraffinierten Kaltpreßölen als Streichfett, zum Kochen und Backen
– nicht extrahierte, ungehärtete Fette, zum Beispiel Kokosfett, zum Braten

Zu meiden sind alle extrahierten, raffinierten Öle und gehärteten Fette, zu denen viele Margarinen sowie Platten- und Kunstspeisefette zählen.

Milch und Milchprodukte

Milch ist eines der wenigen tierischen Lebensmittel, das von Natur aus direkt zu Nahrungszwecken vorgesehen ist. Der Milch kommt eine besondere Bedeutung in der Ernährung von Neugeborenen zu, da sie den Bedürfnissen der jeweiligen Art in den ersten Lebensmonaten in idealer Weise angepaßt ist. Sie kann durch kein anderes Lebensmittel oder

Knoblauch

Äpfel

Kokosnüsse

Präparat in ihrem Gesamtwert ersetzt werden. Milch verliert nach dem Säuglingsalter als Nahrung an Bedeutung, ist aber dennoch auch im Wachstums- und Erwachsenenalter eine günstige Nährstoffquelle für den Menschen, besonders als Kalziumlieferant.

Kuhmilch enthält normalerweise 3,2% Eiweiß (Frauenmilch 1,5%) mit einem hohen Gehalt an essentiellen, das heißt lebens- und zufuhrnotwendigen Aminosäuren. Aminosäuren sind die kleinsten Bausteine des Eiweißes, in die dasselbe bei der Verdauung gespalten wird. Bereits mit einem halben Liter Vollmilch kann der tägliche Minimalbedarf an fast allen essentiellen Aminosäuren, die der menschliche Körper nicht selber bilden kann, gedeckt werden. Zusammen mit dem Eiweiß aus pflanzlichen Lebensmitteln, wie Getreide, Kartoffeln und Hülsenfrüchte, ergibt Milcheiweiß günstige Kombinationen, so daß Eiweiß von hoher Qualität (Wertigkeit) entsteht.

Rinder zählen zu den ältesten Haustieren des Menschen

Der **Milchzucker** (Lactose) ist in Kuhmilch in einer Konzentration von 4,7% (Frauenmilch 6%) enthalten. Bei vielen Bevölkerungsgruppen entwickelt sich nach dem Säuglingsalter eine zunehmende Unverträglichkeit von Milchzucker (Lactoseintoleranz). Bei Europäern (Kaukasiern) ist diese Erscheinung jedoch relativ selten, so daß viele erwachsene Menschen Milch und Milchprodukte ohne Probleme vertragen. Milchzucker kann die Aufnahme von Kalzium, Magnesium, Phosphor und einigen essentiellen Spurenelementen aus dem Darm wesentlich verbessern.

Milchsäure ist in allen Sauermilcherzeugnissen in unterschiedlicher Menge enthalten. Sie entsteht durch bakterielle Umwandlung des Milchzuckers. Milchsäurebakterien bilden stets ein Gemisch aus zwei verschiedenen Milchsäuren, nämlich rechtsdrehender L(+)- und linksdrehender D(−)-Milchsäure, von denen aber nur die L(+)-Milchsäure natürlicherweise auch im menschlichen Körper in größeren Mengen entsteht. Die früher als problematisch erachtete D(−)-Milchsäure verursacht in den üblichen Verzehrmengen nach neuen Erkenntnissen keine Stoffwechselbelastungen. D(−)-Milchsäure ist in allen milchsauren Produkten, insbesondere in Sauermilcherzeugnissen, enthalten. Heute werden Sauermilcherzeugnisse angeboten, die gezielt einen überwiegenden Anteil an rechtsdrehender L(+)-Milchsäure aufweisen.

Der **Fettgehalt** handelsüblicher Kuhmilch ist auf 3,5% standardisiert, obgleich der durchschnittliche natürliche Fettgehalt durch Kraftfutter und Züchtung der Tiere heute deutlich darüber liegt. Dieses Fett besteht in erster Linie aus kurz- und mittelkettigen Fettsäuren, die besonders leicht verdaulich sind. Der Anteil ungesättigter Fettsäuren ist mit 10% relativ gering.

Milch enthält bedeutende Mengen an Vitaminen und Mineralstoffen, deshalb deckt eine Kostform, die Milch oder Milcherzeugnisse enthält, leichter den Nährstoffbedarf als eine Kostform, in der diese Lebensmittel keine Verwendung finden. Milch und Milchprodukte sind wichtige Kalziumquellen und tragen wesentlich zur Versorgung mit Vitamin B_2 und Vitamin A bei.

Rohe Milch ist prinzipiell von höherem Gesundheitswert als behandelte Milch, da keine Verluste an essentiellen Inhaltsstoffen durch Erhitzen oder andere Verarbeitungsverfahren entstehen. Allerdings ist das Pasteurisieren der Milch, das mögliche Krankheitserreger abtötet, sehr schonend und akzeptabel. Übliche Rohmilch ist nicht ohne weiteres mikrobiologisch einwandfrei und sollte nur aus kontrollierten Viehbeständen bezogen werden. Rohmilch in Form unbehandelter **Vorzugsmilch** unterliegt besonders strengen Hygienekontrollen.

Durch die heutige Zentralisierung, durch die Verstädterung, durch Entstehung von Zentralmolkereien, Einkaufszentren und anderen, ist der Direktverkauf von Rohmilch nur noch in Ausnahmefällen möglich, zum Beispiel Milch-ab-Hof-Verkauf sowie Vorzugsmilchverkauf in speziellen Läden. Durch die Zentralisierung ergeben sich wesentliche Verlängerungen des Weges und der Zeitspanne zwischen Melken und Verzehr, die die Notwendigkeit, Milch haltbar zu machen, mit sich bringen. Deshalb werden heute in den Molkereien verschiedene Erhitzungsverfahren, wie Pasteurisation und Ultrahocherhitzung, eingesetzt.

Die Verluste von wichtigen Inhaltsstoffen der Milch, insbesondere den Vitaminen, sind je nach Erhitzungsverfahren unterschiedlich hoch. Sie betragen bei der Pasteurisierung bis zu 10%, bei der Ultrahocherhitzung (H-Milch) und beim Kochen im Haushalt bis zu 20% und beim Sterilisieren bis zu 100%. Wegen der höheren Vitaminverluste bei der Herstellung von H-Milch und besonders Sterilmilch ist von deren Verzehr abzuraten. Auch der Kochgeschmack erhitzter Milch kann stören.

Außer den verschiedenen Milchsorten gibt es eine Vielzahl von Milchprodukten, die Sie sowohl in flüssiger als auch in fester Form verzehren können. Die wichtigsten Erzeugnisse sind folgende:

– Sauermilchprodukte (Dick- oder Sauermilch, Joghurt, Kefir, saure Sahne)

- Rahmprodukte (Sahne, Butter, Buttermilch)
- Käse (Hartkäse, zum Beispiel Emmentaler; Schnittkäse, zum Beispiel Gouda; halbfester Schnittkäse, zum Beispiel Butterkäse; Sauermilchkäse, zum Beispiel Harzer; Weichkäse, zum Beispiel Camembert; Frischkäse, zum Beispiel Quark und körniger Frischkäse)

Milch und Milchprodukte spielen in der Vollwert-Ernährung eine bedeutsame Rolle. Obgleich sie zu den tierischen Lebensmitteln zählen, entfallen einige der Nachteile, die bei anderen tierischen Produkten auftreten. So zeigen Milchkühe von allen Haustieren den besten Wirkungsgrad bei der Überführung von Eiweiß und Energie aus dem Futter in Lebensmittel; außerdem kann damit Grünland für Nahrungszwecke genutzt werden. Milch ist ferner ein Lebensmittel, das von Tieren zur Verfügung steht, ohne sie zu töten, und stellt daher eine Quelle für tierisches Eiweiß dar, die auch viele Vegetarier akzeptieren.
Für die Vollwert-Ernährung wird die Verwendung von Milch und Milchprodukten – wenn möglich in unerhitztem Zustand – empfohlen. Stark fetthaltige Produkte, wie süße oder saure Sahne, sollten Sie allerdings nicht im Übermaß, gesäuerte Milchprodukte, wie Joghurt, Sauermilch, Dickmilch und Kefir, dafür vermehrt verzehren.

Fleisch, Eier und Fisch

Neben den pflanzlichen zählen auch tierische Lebensmittel zum Nahrungsangebot. Inwieweit der Mensch in seiner Entwicklungsgeschichte von dem einen oder dem anderen mehr Gebrauch machte, hing vorwiegend vom jeweiligen Angebot ab; dieses wiederum wurde entscheidend von den Klima- und Umweltbedingungen, in denen der Mensch jeweils lebte, bestimmt. Wo und wenn wenig pflanzliche Nahrung zur Verfügung stand, gewannen Jagd und Fleischverzehr an Bedeutung. War das Angebot an pflanzlichen Lebensmitteln reichlich, nahmen diese einen größeren Raum ein. In seiner langen Entwicklungsgeschichte verzehrte der Mensch typischerweise überwiegend Pflanzen, wie auch an Gebiß und Darmlänge abzulesen ist, und einen relativ kleinen Anteil an tierischen Produkten. Tierische Lebensmittel sind also keine neuen, mit der Industrialisierung entstandenen Nahrungsmittel, wie dies zum Beispiel für Auszugsmehle, isolierte Zucker und Margarine zutrifft.

In den letzten zwei Jahrhunderten sind allerdings wesentliche quantitative und qualitative Änderungen im Verzehr tierischer Produkte eingetreten. Um 1800 ernährten sich breite Bevölkerungsschichten in Mitteleuropa vornehmlich von pflanzlichen Lebensmitteln. Danach stieg der Verzehr von tierischer Nahrung, besonders Fleisch, ständig an. An die Stelle der voluminösen, kohlenhydrat- und ballaststoffreichen, pflanzlichen Nahrung trat eine zunehmend tierische Ernährung, die durch einen hohen Fett- und Eiweißgehalt gekennzeichnet ist.
Sowohl mit rein pflanzlicher als auch mit teilweise tierischer Kost kann eine gesunderhaltende Ernährung erreicht werden. Ebenso können beide Kostformen, besonders wenn sie extrem durchgeführt werden, zu schwerwiegender Fehlernährung führen; übrigens auch dadurch, daß der Anteil technisch verarbeiteter Nahrung stark überwiegt, wie das bei zivilisierter Kost allgemein der Fall ist. Als Beispiel dienen Vegetarier mit hohem Konsum an Weißmehlerzeugnissen und isolierten Zuckern, sogenannte „Puddingvegetarier", oder Menschen mit hoher Aufnahme von fettem Fleisch. Die Empfehlungen für die Vollwert-Ernährung beinhalten eine überwiegend ovo-lacto-vegetarische Kost mit gezielter Lebensmittelauswahl.
Obwohl die biologische Wertigkeit, das heißt der ernährungsphysiologische Wert, einzelner tierischer Eiweiße größer ist als die einzelner pflanzlicher Eiweiße, ist die Zufuhr tieri-

Der Hahn – Schmuckstück jedes Bauernhofs

scher Eiweißträger für eine ausreichende Versorgung des Menschen mit diesem Nährstoff nicht unbedingt erforderlich. Durch die Kombination verschiedener pflanzlicher Eiweiße ergänzen sich deren Aminosäuren und werten sich gegenseitig auf. Dadurch ist eine ausreichende Versorgung des Körpers mit allen lebensnotwendigen Eiweißbausteinen sichergestellt. Als sehr günstig im Hinblick auf die Eiweißversorgung bieten sich aber auch Kombinationen von pflanzlichen Eiweißen mit geringen Mengen tierischer Eiweiße an. Besonders Milchprodukte sind bezüglich der Eiweißaufwertung eine ideale Ergänzung zu pflanzlichen Lebensmitteln.

Günstige Kombinationen von Lebensmitteln im Hinblick auf die Eiweißversorgung sind zum Beispiel:

- Getreide und Hülsenfrüchte
- Getreide und Nüsse
- Getreide und Milch
- Kartoffeln und Milch
- Kartoffeln und Ei

Freilaufende Hühner

Schweine auf der Weide

Mischungen verschiedener eiweißhaltiger Lebensmittel weisen immer eine höhere biologische Wertigkeit auf als die einzelner Eiweißträger. Je günstiger dabei die gewählten Kombinationen sind, desto weniger Gesamteiweiß wird für die Bedarfsdeckung benötigt. Darum empfiehlt es sich, auch in dieser Hinsicht möglichst vielseitig und abwechslungsreich zu essen.

Bei der Vollwert-Ernährung, die Getreide in den Mittelpunkt stellt, ist eine Überversorgung mit Eiweiß praktisch nicht möglich. Dieses ist aber leicht bei hoher Aufnahme eiweißkonzentrierter Nahrung, wie Fleisch und Käse, gegeben. Eine hohe Zufuhr an tierischem Eiweiß kann durch ihre Begleitstoffe (Purine) bei gegebener Disposition zur Gicht führen. Darüber hinaus steht eine solche Ernährung im Verdacht, die Entstehung von Bluthochdruck, Fettstoffwechselstörungen und Arteriosklerose zu fördern. Ein hoher Konsum an Fleisch und Fleischwaren bedeutet neben der erhöhten Eiweißaufnahme auch eine größere Zufuhr an Fetten, besonders gesättigten Fettsäuren sowie Cholesterin und Kochsalz.

Der hohe Fleischkonsum in den Industrieländern hat dazu geführt, daß immer mehr pflanzliche Lebensmittel, die die Menschen selbst verzehren könnten, für die Tiermast Verwendung finden. Dieses Vorgehen wird auch als „Veredelung" bezeichnet. Mit dieser „Veredelung" pflanzlicher Nahrung ist aber immer ein starker Verlust an Nahrung verbunden, der deshalb als **Veredelungsverlust**

bezeichnet wird. Zur Erzeugung tierischer Lebensmittel ist ein hoher Einsatz von Futtermitteln erforderlich, da Tiere den größten Teil ihrer Nahrung für die Erhaltung des eigenen Stoffwechsels benötigen und nur einen geringen Anteil in Körpersubstanz umwandeln, die dem Menschen als Nahrung dienen kann. Veredelungsverluste stellen für Menschen der Wohlstandsländer zwar kein Ernährungsproblem dar, da ihr Nahrungsangebot mehr als reichlich ist, aber der Einsatz von Nahrung in Mastbetrieben hat bei uns negative Folgen für die Umwelt (Nitrat im Grundwasser durch Gülle), den Steuerzahler in der Europäischen Union (EU-Agrarausgaben für Überschüsse) und den Welthandel, da unsere subventionierten Lebensmittel eine ernste Konkurrenz für den Handel der Entwicklungsländer miteinander darstellen. Die Veredelungsverluste gehen schließlich auf Kosten der Menschen in den Entwicklungsländern, da einige in der Tiermast eingesetzten Futtermittel zum Teil auf Böden in Entwicklungsländern angebaut werden, die dann nicht mehr für die eigene Nahrungsversorgung zur Verfügung stehen. Nahrungsmittelhilfe ist hier ein völlig ungeeigneter Ausgleich, der diese Fehlentwicklung eher noch fördert als wirklich Abhilfe schafft.

Für die Vollwert-Ernährung wird die Verwendung von Fleisch und Eiern nicht ausdrücklich empfohlen, ein mäßiger Verzehr aber auch nicht abgelehnt. Als mäßiger Verzehr erscheint eine Menge sinnvoll, wie sie vor etwa 100 Jahren für die deutsche Durchschnittsbevölkerung üblich war, das heißt 1 bis 2 Fleischmahlzeiten und 1 bis 2 Eier pro Woche. Die meisten Fleischwaren, zum Beispiel Wurst, sind wegen ihres hohen Fett- und Kochsalzgehalts weniger empfehlenswert.

Fisch nimmt eine Sonderstellung ein, da sich aus seinem Verzehr ernährungsphysiologische Vorteile ergeben können, wie die Zufuhr von Fischölen, fettlöslichen Vitaminen und Mineralstoffen. Mit einer Fischmahlzeit pro Woche könnten Sie einem Jodmangel und damit der Kropfbildung vorbeugen. Da es viele Menschen gibt, die keinen Fisch verzehren und üblicherweise nicht mehr als eine Fischmahlzeit pro Woche eingenommen wird, sollte der Fischkonsum nicht reduziert werden. Der Fischverzehr läßt sich aber auch nicht wesentlich erhöhen, da das Fangpotential bereits ausgeschöpft ist und die Überfischung, besonders bei kleineren Fischen für Fischmehl, eher einen Rückgang des Fischangebotes erwarten läßt. Diese Situation könnte durch Fischfangabkommen und die Anlage von Fischteichen verbessert werden.

Gewürze und Würzmittel

Essen soll nicht nur der Gesundheit dienen – es soll uns auch schmecken. Schon von alters her wird in der Küche eine breite Palette an Gewürzen verwendet, um Speisen zu verfeinern. Die ungeahnte Vielfalt ist jedoch vielfach in Vergessenheit geraten.

Kräuter sind meist reich an Vitaminen und Mineralstoffen. Darüber hinaus enthalten einige Kräuter sekundäre Pflanzeninhaltsstoffe, die die Verdauungsorgane anregen und in ihrer Funktion unterstützen; außerdem besitzen sie gesundheitsfördernde und heilende Effekte. Durch alte Hausmittel sind uns einige ihrer Wirkungen bekannt. Sekundäre Pflanzeninhaltsstoffe sind in frisch geernteten Kräutern, besonders in Wildkräutern, reichlich enthalten. Für den Feinschmecker sind vor allem die ätherischen Öle von Bedeutung. Sie verleihen das jeweils typische Aroma.

Kräuter – möglichst frisch, auch tiefgefroren oder getrocknet – sollten Sie vielseitig und abwechslungsreich verwenden.

Vorsicht ist dagegen beim Umgang mit **Kochsalz** geboten, da es sich ungünstig auf den Blutdruck auswirken kann und den Mineralstoffhaushalt negativ beeinflußt. Kochsalzarmes Essen muß aber nicht langweilig oder fade schmecken. Die Geschmacksnerven werden schnell sensibel für feine Geschmacksnuancen und empfinden bald herkömmlich Gesalzenes als überwürzt.

Bestimmte Speisen munden nach unserem Geschmacksempfinden jedoch nicht ohne Zusatz von Kochsalz. Es wird dann empfohlen, Meersalz zu verwenden, da es im Vergleich zu normalem Kochsalz ein breiteres Spektrum an Mineralien enthält. Aber auch hier gilt: sparsam mit dem Salzstreuer umgehen! In Gebieten, in denen der Boden und damit das Grundwasser zu wenig Jod enthalten (Süddeutschland, Eifel, Vogelsberg), sollte jodiertes Speisesalz oder Meersalz verwendet werden. Wenig empfehlenswert sind Fertigwürzen und Gewürzextrakte, da sie meist hohe Mengen an Kochsalz, außerdem Bindemittel, Konservierungs- und Farbstoffe und oft Glutamat (Geschmacksverstärker) enthalten.

Süßungsmittel

Isolierter Zucker, das heißt industriell verarbeiteter, chemisch reiner Haushaltszucker, hatte bis zum Einsetzen der Industrialisierung praktisch keine Bedeutung. Die Verbreitung des isolierten Zuckers als Volksnahrungsmittel begann bei uns erst im 19. Jahrhundert, als Zuckerfabriken für die Verarbeitung inländischer Zuckerrüben gebaut wurden. Inzwischen ist der Verbrauch von isoliertem Rüben- und Rohrzucker in der Bundesrepublik Deutschland auf 36 Kilogramm pro Person und Jahr gestiegen. Die tägliche Aufnahme beträgt ca. 70 Gramm pro Person. Etwa ein Viertel des isolierten Zuckers wird im Haushalt verwendet, drei Viertel werden in der Nahrungsmittelindustrie verarbeitet. Der Verzicht auf isolierte Zucker könnte etwa 300 Kilokalorien (etwa 1200 Kilojoule) pro Tag einsparen.

Die Besonderheit der isolierten Zucker, die sie von fast allen Lebensmitteln unterscheidet, ist das nahezu vollständige Fehlen lebens- und zufuhrnotwendiger Inhaltsstoffe. Sie enthalten kein Eiweiß, kein Fett, keine Ballaststoffe, keine Vitamine und Mineralstoffe. Dabei besteht kein wesentlicher Unterschied zwischen den einzelnen isolierten Zuckerarten, auch nicht zwischen weißem und braunem Zucker, wie oft vermutet und behauptet wird. Isolierte Zucker sind für die Ernährung des Menschen absolut unnötig.

Außerdem benötigen isolierte Zucker – ebenso wie Auszugsmehle – verschiedene essentielle Nährstoffe, zum Beispiel Vitamin B_1, zum Abbau im Körper, ohne selbst zur Bedarfsdeckung dieser Stoffe beizutragen. Gerade die Zufuhr von Vitamin B_1 ist in der Bundesrepublik Deutschland vielfach unzureichend. Daher wird die Versorgung des Organismus mit essentiellen Inhaltsstoffen durch eine hohe Zufuhr isolierter Zucker gefährdet. Die Problematik, die sich beim Verzehr von Auszugsmehlen ergibt, wird also durch die Kombination mit isolierten Zuckern noch verstärkt, da beide auf die gleichen essentiellen Inhaltsstoffe bei ihrem Stoffwechsel angewiesen sind.

Isolierte Zucker werden rasch ins Blut aufgenommen. Dies führt zu einem unerwünschten starken Anstieg des Blutzuckerspiegels und belastet erheblich die Bauchspeicheldrüse, die die Aufgabe hat, den Blutzuckerspiegel durch die Ausschüttung von Hormonen zu regulieren.

Langfristig wird durch den Verzehr von isoliertem Zucker die Entstehung von Karies verursacht; Stuhlverstopfung, Diabetes mellitus, Fettsucht und Arteriosklerose werden gefördert.

Natürlich enthaltene Zucker, die im Verband ganzer Lebensmittel zugeführt werden, zum Beispiel in Obst, bereiten normalerweise

Zuckerrohr

Zuckerrübe

keine Probleme, da diese Lebensmittel die Begleitstoffe zu ihrer Verarbeitung im Organismus mitbringen. Unphysiologisches, starkes Ansteigen des Blutzuckerspiegels tritt nicht auf, weil die Zucker im natürlichen Verbund nicht konzentriert vorkommen.

Sirup aus Zuckerrüben, Melasse und Malzextrakt ist ein stark verarbeitetes Produkt. Weil er hauptsächlich aus Zucker besteht, ist ein größerer Verzehr mit den gleichen Nachteilen verbunden wie der Verzehr entsprechender Mengen von isolierten Zuckern; gleiches gilt für den in Nordamerika von Ahornbäumen gewonnenen Ahornsirup. Insbesondere die Verwendung von Sirupen in konzentrierter Form, zum Beispiel als Brotaufstrich, sollte vermieden werden. Zum Süßen von Speisen können sie gelegentlich in verdünnter Form verwendet werden.

Die Biene verschließt die Waben, Vorratsbehälter für den Honig

Honig enthält relativ wenig essentielle Nährstoffe. Er enthält keine Fette, Eiweiße und Ballaststoffe, wenig Mineralstoffe und nur unbedeutende Mengen an Vitaminen. Allerdings enthält er im Unterschied zu isolierten Zuckern organische Säuren, Enzyme, über 100 verschiedene Aromastoffe, Pigmente, Wachse, Pollenkörner und andere Stoffe, über deren biologische Wirkung noch wenig bekannt ist. Obwohl diese Substanzen nur in geringer Konzentration vorhanden sind und in ihrer Gesamtheit weniger als 3% des Honigs ausmachen, bestimmen gerade sie im wesentlichen die Qualität des Honigs. Die Hauptbestandteile des Honigs sind Glucose und Fructose, also die beiden Bausteine, aus denen auch der normale Haushaltszucker besteht. Die gleiche Menge Honig zu verzehren wie Zucker hat deshalb ähnliche Nachteile. Die Lösung des Zuckerproblems liegt also nicht darin, den isolierten Zucker durch Honig zu ersetzen, sondern darin, durch allmähliche Umgewöhnung die überhöhte Reizschwelle der Geschmacksempfindung „süß" möglichst niedrig zu halten.

Künstliche Süßstoffe verursachen nicht die Krankheitsfolgen wie isolierte Zucker, denn sie benötigen keine essentiellen Inhaltsstoffe und enthalten keine Kalorien. Dennoch wird ihre Verwendung in der Vollwert-Ernährung nicht empfohlen, weil sie dem Ziel, die überhöhte Reizschwelle für die Geschmacksempfindung „süß" zu senken, nicht dienlich sind. Als synthetische, eben künstliche Stoffe könnten sie bei langfristiger Verwendung möglicherweise zu heute noch nicht erkennbaren Gesundheitsstörungen führen.

Für die Vollwert-Ernährung wird empfohlen, isolierte Zucker sowie damit hergestellte Produkte zu meiden. Statt dessen sollten Sie frisches Obst, eingeweichtes Trockenobst oder nicht wärmebehandelten Honig verwenden, letzteren jedoch nur in verdünnter Form und nicht in gleichen Mengen wie isolierte Zucker. Allgemein ist zu empfehlen, mit Süßungsmitteln sparsam umzugehen.

Getränke

Als durstlöschende Getränke werden in der Vollwert-Ernährung kalorienfreie Flüssigkeiten empfohlen. Dazu zählen **Wasser** (insbesondere Quellwasser), Mineralwasser aus Quellwasser mit einem Natriumgehalt unter 170 Milligramm pro Liter und ungesüßte Kräuter- und Früchtetees.

Milch sollten Sie wegen ihres hohen Nährwertes nicht als Getränk, sondern als flüssiges Nahrungsmittel verzehren. ¼ bis ½ Liter pro Tag (auch als Milchprodukte) ist wegen der Kalziumzufuhr ratsam.

Obstnektare, Fruchtsaftgetränke und **Limonaden** sollten Sie möglichst meiden, denn sie besitzen nur geringe Mengen an wertvollen Stoffen. Dafür enthalten sie aber meist hohe Mengen an zugesetztem isoliertem Zucker.

Gemüse- und **Obstsäfte** sollten Sie nicht in größeren Mengen trinken. Es ist vorteilhaft, Obst und Gemüse als Ganzes zu verzehren, da sie mehr Ballaststoffe enthalten als die entsprechenden Säfte. Im Handel angebotene Gemüsesäfte enthalten häufig unerwünscht hohe Zusätze von Kochsalz. Gegen einen gelegentlichen und mäßigen Genuß von verdünnten Säften ist jedoch nichts einzuwenden.

Kaffee und **schwarzer Tee** verursachen unerwünschte Reizwirkungen, vor allem auf das Nervensystem. Sie sollten sie deshalb nicht regelmäßig und nicht in größeren Mengen trinken. Ein regelmäßiger Konsum von Kaffee und schwarzem Tee kann außerdem zu einer verminderten Aufnahme von Mineralien aus der Nahrung führen; besonders die Eisenaufnahme wird hierbei verschlechtert. Tee mit ausgeprägter medizinischer Wirkung, zum Beispiel Abführtee, sollten Sie nur in Ausnahmefällen oder auf entsprechenden ärztlichen Rat hin trinken.

Alkoholische Getränke mit einem niedrigen Alkoholgehalt, zum Beispiel Wein und Bier, richten in geringen Mengen und gelegentlich getrunken normalerweise keinen Schaden an. Eine regelmäßige Aufnahme größerer Mengen führt aber langfristig zu Organschäden beziehungsweise Störungen von Organfunktionen. Deshalb sollten Sie alkoholische Getränke als Genußmittel ansehen und nur ab und zu maßvoll genießen.

LEBENSMITTEL IN DER VOLLWERTKÜCHE

Die wissenschaftlichen Kenntnisse für die Bewertung der einzelnen, im vorhergehenden Kapitel genannten Lebensmittel bilden die Basis für ihren Einsatz in der Vollwert-Ernährung. Im folgenden sollen die Lebensmittelgruppen hinsichtlich ihrer praktischen Aspekte dargestellt werden, bei denen Einkauf, Lagerung, Haltbarmachung und Zubereitung im Vordergrund stehen. Als Einleitung werden zunächst die Gründe für eine sinnvolle Auswahl der Lebensmittel nach ihrer ernährungsphysiologischen Qualität aufgeführt, die neben den Nähr- und Wirkstoffen auch durch die Schadstoffbelastung und ihre Umweltverträglichkeit bestimmt wird.

Auswahl der Lebensmittel

Die Qualität eines Lebensmittels orientiert sich an zahlreichen Gesichtspunkten. Üblicherweise wird nach dem Eignungswert (Marktwert), dem Gesundheitswert und dem Genußwert unterschieden. Hinzu kommen noch der Sozialwert, der mit Prestige und Tradition zu tun hat sowie der psychologische Wert, den die Werbung, aber auch der Einsatz von Nahrung als Belohnung oder Strafe bestimmt. Außerdem finden die ökologische Dimension, nämlich die Umweltverträglichkeit der Nahrungsmittelerzeugung, und die politische Dimension, das heißt das Herkunftsland, bei der Bewertung der Lebensmittelqualität zunehmende Beachtung.

Da die meisten dieser Merkmale nicht objektiv meßbar und für den Verbraucher teilweise schlecht nachvollziehbar sind, fällt es schwer, Normen aufzustellen und gesetzlich festzulegen. Die Einteilung in Handelsklassen beschränkt sich auf äußerliche Merkmale, gibt jedoch keine Auskunft über Geschmack, Gesundheitswert oder ähnliche Aspekte. Die Höchstmengenverordnung bestimmt, bis zu welchem Ausmaß Lebensmittel mit Schadstoffen kontaminiert sein dürfen, die zum Verkauf zugelassen sind.

Neben der ernährungsphysiologischen Bedeutung der verschiedenen Lebensmittelgruppen sollte besonders der ökologische Aspekt Beachtung finden. Mit umweltschonenden Anbaumethoden erzeugte Lebensmittel sind zu bevorzugen. Die Erzeugnisse aus ökologischer Landwirtschaft sind zwar nicht völlig frei von Schadstoffen, zumindest werden aber keine zusätzlichen Gifte in die Umwelt eingebracht. Wer ökologisch arbeitende Landwirte unterstützt, trägt dazu bei, die Umweltbelastung auf Dauer zu verringern. Nicht jedes Lebensmittel, das als „biologisch" oder „natürlich" bezeichnet wird, stammt jedoch tatsächlich aus diesem Anbau. Ökologisch arbeitende Betriebe in Deutschland haben sich zu folgenden Verbänden zusammengeschlossen: **Demeterbund, Bioland, Naturland, ANOG, Biokreis Ostbayern, Ökologischer Weinbauverband (Eco Vin) und Vereinigung Ökologischer Landbau (Gää).**
Mit diesen Markennamen gekennzeichnete Produkte stammen also mit Sicherheit aus ökologischer Landwirtschaft. Weitere Informationen liefert „Das alternative Branchenbuch".
Ferner sollten Sie bedenken, daß Früchte aus fernen Ländern unreif geerntet und meist chemisch behandelt werden, damit sie den langen Transport überstehen. Daher sollten Sie erntefrische Ware aus lokalem Anbau bevorzugen. Die vielen teilweise gesundheitlich sehr wertvollen Südfrüchte aus Mittelmeerländern sind aber nicht mehr aus unserem Speiseplan wegzudenken und werden auch in der Vollwertküche in vielfältiger Weise eingesetzt.

Getreide und Getreideerzeugnisse

Zu den Getreidesorten zählen Weizen, Roggen, Hafer, Gerste, Mais, Reis, Hirse und Dinkel, ein Verwandter des Weizens. Buchweizen gehört botanisch gesehen zu den Knöterichgewächsen.

Weizen steht im Weltgetreideverbrauch an erster Stelle. Hartweizen wird vorzugsweise zur Herstellung von Teigwaren und Grieß verwendet, während Weichweizen aufgrund seiner guten Backfähigkeit vor allem zur Zubereitung von Brot und Gebäck dient. Weizenkeime werden zu Flocken verarbeitet oder dienen der Gewinnung von Weizenkeimöl. Weizenkleie besteht hauptsächlich aus den Randschichten des Getreidekorns. Sie ist reich an Ballaststoffen, enthält aber auch Eiweiß, Vitamine und Mineralstoffe. Die Kleie sollten Sie in der Regel nicht, können Sie aber nach dem Mahlen absieben und zum Panieren von Bratlingen oder Ausstreuen von Formen verwenden.

Roggen ist ebenfalls ein wichtiges Brotgetreide. Die biologische Wertigkeit seines Eiweißes ist etwas besser als die des Weizeneiweißes. Roggen läßt sich ebenso verwenden wie Weizen, nämlich geschrotet oder im Ganzen gekeimt für Frischkornmüsli, gedämpft oder zu Teigwaren verarbeitet. Bei der Teigbereitung braucht Roggen jedoch längere Zeit zum Quellen als der Weizen, da er weniger Klebereiweiß besitzt; deshalb wird er zur Sauerteigherstellung eingesetzt. Ein Vorteil von Roggenbroten ist, daß sie sich länger frisch halten als Weizenbrote.

Hafer weist von allen Getreidesorten den höchsten Gehalt an Fett, Eiweiß und Mineralstoffen, insbesondere an Kalzium, auf. Er eignet sich hervorragend für Müsli, Brei, Aufläufe und andere Gerichte. Beim Backen muß Hafermehl mit Weizenmehl gemischt werden, da Hafer kein Klebereiweiß besitzt. Aufgrund seines hohen Fettgehaltes wird geschroteter Hafer schnell ranzig und entwickelt einen leicht bitteren Geschmack. Es empfiehlt sich daher, Hafermehl nur in kleinen, rasch zu verbrauchenden Mengen herzustellen. Durch leichtes Rösten läßt sich das nußartige Aroma des Hafers noch verstärken. Einweich- und Garzeit sind beim Hafer relativ kurz. Durch den hohen Gehalt an Schleimstoffen wirkt Hafer lindernd bei Störungen des Magen-Darm-Traktes.

Gerste eignet sich als Rollgerste für Suppen und Eintöpfe. Die besonders gezüchtete **Sprießkorngerste** paßt in gekeimter Form gut zu allen Frischkostgerichten.

Mais enthält als einzige Getreideart größere Mengen an Karotin, der Vorstufe von Vitamin A. Aus den Keimen stammt das hochwertige Maiskeimöl. Das Maiseiweiß hat nur eine geringe biologische Wertigkeit, daher sollten Sie Mais mit anderen pflanzlichen oder tierischen Eiweißträgern kombinieren. Besonders günstig ist die Kombination von Bohnen

Eine Handmühle ist für jene empfehlenswert, die nur kleine Mengen an Getreide selbst mahlen

und Mais. Maisgrieß kann zu süßem oder pikantem Brei gekocht, Maismehl zu Fladen gebacken werden. Da dieses Getreide kein Klebereiweiß enthält, läßt es sich nur schwer allein verbacken. Unreifen Zuckermais können Sie als Gemüse essen, getrocknete Maiskörner sind beliebt für die Popcornzubereitung.

Reis ist für etwa die Hälfte der Menschheit ein Grundnahrungsmittel. Er besitzt von allen Getreidesorten den niedrigsten Eiweißgehalt, läßt sich aber gut mit Milchprodukten, Eiern oder Hülsenfrüchten kombinieren. Reis ist leicht verdaulich und eignet sich zur Behandlung von Durchfällen. Wegen seines neutralen Geschmacks können Sie Reis sowohl pikant als auch süß zubereiten. Er wird gekocht gern für Salate, als Mehl für die Herstellung von Reisnudeln und für Fladen verwendet. Bei weißem Reis sind außer Spelzen und Keim durch Schleifen und Polieren auch die Fruchtschale, das sogenannte Silberhäutchen, entfernt. Dadurch geht ein großer Teil der wertvollen Inhalts- und Ballaststoffe verloren. Bei Parboiled-Reis bleiben zwar die Vitamine und Mineralstoffe durch ein spezielles Verfahren etwa zur Hälfte erhalten, die Ballaststoffe gehen jedoch ebenfalls zum größten Teil verloren. Daher ist Naturreis den behandelten Reissorten vorzuziehen.

Hirse ist ein Sammelbegriff für verschiedene Getreidepflanzen mit kleinen, runden Körnern. Hirse besitzt einen hohen Mineralstoffgehalt, besonders reich ist sie an Eisen, Kalzium, Silicium, Fluor und Zink. Hirse ist leicht verdaulich, muß nicht vorgeweicht werden und wird im Vergleich zu anderen Getreidesorten schnell gar. Sie läßt sich mit Milch und Obst zu einem süßen Brei verarbeiten oder als pikante Beilage zu Gemüse reichen. Ferner eignet sie sich für Aufläufe, Fladen oder Schnitten.

Dinkel ist eine alte Weichweizensorte, die heute nur noch selten angebaut wird. Da er reichlich Klebereiweiß enthält, läßt er sich gut verbacken. Unreif, eben grün, geerntet und gedarrt erhält er ein kräftiges, pikantes Aroma und wird als **Grünkern** bezeichnet. Grünkern eignet sich für Suppen, Aufläufe, Bratlinge und Füllungen, aber nicht zum Backen.

Buchweizen ist eigentlich – botanisch gesehen – kein Getreide, da er nicht zu den Gräsern, sondern zu den Knöterichgewächsen zählt. Weil er jedoch von seiner Zusammensetzung her dem Weizen ähnelt und Sie ihn in der Küche wie Getreide verarbeiten können, hat man ihn nach dem Weizen benannt und zählt ihn gewöhnlich mit den anderen Getreidesorten auf. Der Handel bietet Buchweizen ganz, geschrotet, gemahlen oder als Flocken. Es empfiehlt sich, Weizen und Roggen gereinigt direkt beim Bauern oder in der Mühle auf Vorrat einzukaufen. Nackthafer, Buchweizen und andere Getreidearten gibt es in Reformhäusern und Naturkostläden. Am besten lagern Sie Ihr Getreide in Papiersäcken oder -tüten. Plastik ist dafür ungeeignet. Der Lagerraum sollte kühl und luftig sein; das Getreide sollten Sie von Zeit zu Zeit schütteln.

Da die Inhaltsstoffe des Getreides durch die Schale vom Verderb durch Luftzutritt geschützt ist, sollten Sie es möglichst als ganzes Korn kaufen und erst kurz vor dem Verbrauch schroten oder mahlen. Dazu empfiehlt sich die Anschaffung einer eigenen **Getreidemühle** – elektrisch oder von Hand betrieben. Besteht keine Möglichkeit, das Getreide im eigenen Haushalt nach Bedarf frisch zu mahlen, so können Sie Vollkornmehl fest verschlossen im Kühlschrank 3 bis 4 Monate aufbewahren. Die Haltbarkeitsdauer von Getreideflocken beträgt etwa 6 Monate.

Geschrotetes Getreide ist die Grundlage des **Frischkornmüslis.** Vor dem Verzehr muß es mit etwas Flüssigkeit (Wasser oder Sauermilchprodukte) verrührt werden und 5 bis 10 Stunden zugedeckt bei Zimmertemperatur oder im Kühlschrank quellen. Anstatt Getreideschrot können Sie auch gekeimte Körner verwenden (siehe auch Seite 252).

Beim **Kochen** von Getreide – vor allem bei Weizen, Roggen und Nacktgerste – empfiehlt es sich, die Körner vorher 8 bis 10 Stunden einzuweichen. Die Getreidekörner werden dann mit etwa der doppelten Menge Wasser kurz aufgekocht und anschließend im verschlossenen Topf bei nur geringer Hitzezufuhr gegart. Die Garzeit ist je nach Getreidesorte unterschiedlich (siehe dazu Seite 248). Die gegarten und gequollenen Körner sind kernig weich und haben ihr Volumen verdoppelt. Verbliebene Garflüssigkeit sollten Sie nach Möglichkeit bei der Weiterverarbeitung verwenden, weil darin ein Teil der Vitamine und Mineralstoffe enthalten ist.

Um die Garzeit zu verkürzen und den Geschmack zu verbessern, besteht die Möglichkeit, das Getreide vorher zu darren, das heißt bei milder Hitze zu trocknen. Dazu eignen sich Weizen, Roggen, Gerste, Dinkel und Hafer. Die gewaschenen Getreidekörner dazu gut abtropfen lassen, auf einem Backblech verteilen und bei 80° C etwa 1 Stunde trocknen. Dabei müssen Sie den Backofen einen Spalt öffnen und das Getreide ab und zu wenden. Diese Methode sollten Sie jedoch nur in Ausnahmen anwenden, da durch das Erhitzen ein Teil der Vitamine verloren geht.

Linke Reihe von oben:
Weizen, Roggen, Hafer, Gerste, Mais,
rechte Reihe von oben:
Reis, Hirse, Dinkel, Grünkern, Buchweizen

Gemüse und Obst

Gemüse und Obst sollten aus ökologischer Landwirtschaft stammen und entsprechend ihrer natürlichen Vegetationsperiode im Speiseplan Verwendung finden (siehe folgende Tabelle). Pflanzen, die normalerweise im Winter nicht reifen, wie Salat, erfordern für die Aufzucht meist einen hohen Einsatz von Spezialdüngern, Pflanzenbehandlungsmitteln und Heizenergie. Durch die übermäßige Anwendung von Stickstoffdüngern enthalten vor allem Kopfsalat und verschiedene Kohlsorten viel Nitrat. Obwohl Erzeugnisse aus ökologischem Anbau auch mit Schadstoffen behaftet sind, entfällt die zusätzliche Belastung mit absichtlich eingesetzten chemischen Hilfsmitteln, zum Beispiel Pflanzenschutzmitteln. Die Nitratgehalte bei diesen Produkten liegen meist deutlich niedriger.

Gemüse und Obst sollten Sie in der Regel möglichst frisch verzehren, da der Gehalt an Nährstoffen während der Lagerung durch Wärme, Licht und Sauerstoff abnimmt.

Obstangebot nach Haupterntezeiten

	Jan.	Feb.	März	April	Mai	Juni	Juli	Aug.	Sep.	Okt.	Nov.	Dez.
Ananas									●	●	●	●
Äpfel	●	●	●						●	●	●	●
Apfelsinen	●	●	●	●	●	●					●	●
Aprikosen						●	●	●				
Birnen								●	●	●		
Brombeeren								●	●			
Clementinen/Mandarinen	●											●
Erdbeeren					●	●	●					
Grapefruits	●	●	●	●	●	●	●	●	●	●	●	●
Himbeeren								●				
Holunderbeeren										●		
Johannisbeeren						●	●					
Kirschen						●	●					
Pfirsiche						●	●	●				
Pflaumen/Zwetschgen								●	●	●		
Preiselbeeren									●			
Quitten										●		
Stachelbeeren							●					
Weintrauben							●	●	●	●		
Zitronen	●	●	●	●	●	●				●	●	●

Gemüseangebot nach Haupterntezeiten

	Jan.	Feb.	März	April	Mai	Juni	Juli	Aug.	Sep.	Okt.	Nov.	Dez.
Auberginen							●	●	●	●	●	●
Austernpilze		●		●	●				●		●	
Bohnen, dicke						●	●					
Bohnen, grüne						●	●	●				
Blumenkohl							●	●	●	●	●	
Brokkoli							●	●	●	●		
Chicorée	●								●	●	●	●
Champignons	●	●	●	●	●	●	●	●	●	●	●	●
Chinakohl									●	●	●	
Erbsen					●	●						
Fenchel	●									●	●	●
Frühkartoffeln						●	●					
Gemüsezwiebeln						●	●	●	●			
Grünkohl	●	●								●	●	●
Gurken								●	●	●		
Kohlrabi				●	●	●	●					
Kürbis									●	●	●	
Mais								●	●	●		
Möhren				●	●	●	●					
Paprikaschoten						●	●	●	●			
Porree (Lauch)	●	●					●	●	●	●	●	●
Rosenkohl	●	●							●	●	●	●
Rotkohl	●	●	●						●	●	●	●
Rote Bete	●	●						●	●	●	●	●
Schwarzwurzeln	●									●	●	●
Sellerie								●	●	●	●	●
Spargel					●	●						
Spinat			●	●	●	●	●	●				
Spitzkohl				●	●	●						
Staudensellerie						●	●	●	●	●		
Tomaten							●	●	●	●	●	
Waldpilze								●	●	●		
Weißkohl	●	●					●	●	●	●	●	●
Wirsing						●	●	●	●	●	●	●
Zucchini								●	●	●	●	
Zwiebeln							●	●	●	●	●	●

Kirsche und Zitrone

Paprikaschote, Wirsingblatt und Ingwerknollen

Methoden der Haltbarmachung

Kurzfristig können Sie Obst und Gemüse im Kühlschrank oder an einem kühlen Ort aufbewahren. Eine nährstoffschonende Möglichkeit, diese Lebensmittel länger aufzubewahren, ist das **Einfrieren.** Erntefrisch eingefrorenes Gemüse und Obst enthält ähnlich viele Nährstoffe wie die frischen Produkte. Zum Einfrieren eignen sich fast alle Obst- und Gemüsesorten, ausgenommen Salate. Vor dem Einfrieren können Sie die Produkte putzen, zerkleinern und gegebenenfalls blanchieren. Als Behälter bieten sich beschriftete Plastikdosen oder Tüten an.

Das **Trocknen** ist eine weitere Möglichkeit, Obst und Gemüse vorrätig zu halten. Hierzu eignen sich fast alle Obstsorten sowie Pilze, Tomaten und Paprikaschoten. Das Trocknen erfolgt im Backofen, wobei die Ware auf einem Backblech ausgebreitet wird. Bei kleinster Wärmestufe und leicht geöffnetem Backofen dauert der Prozeß einige Stunden. Trockenobst können Sie z. B. eingeweicht dem Frischkornmüsli zugeben. Getrocknete Tomaten oder Pilze eignen sich beispielsweise zur Herstellung von Saucen.

Bei diesem Konservierungsverfahren gehen im Vergleich zum Einfrieren jedoch größere Mengen an Vitaminen verloren.

Obst können Sie schließlich auch in Gläsern **einwecken.** Dies sollte jedoch ohne Zugabe von Haushaltszucker erfolgen. Die Früchte werden kurz aufgekocht, heiß in gründlich gesäuberte Gläser abgefüllt und sofort verschlossen.

Durch **Milchsäuregärung** können Sie Gemüse auf natürliche Weise haltbar machen. Dazu eignen sich Erbsen, grüne Bohnen, Karotten, Kohlrabi, Rotkohl, Weißkohl, Blumenkohl, Brokkoli, Tomaten, Gurken, rote Bete, Zucchini und Zwiebeln. Das Gemüse wird in Steingutgefäße oder Gläser eingelegt und mit 2%igem Salzwasser übergossen. Abgedeckt bleibt der Gärtopf etwa 8 bis 10 Tage in einem warmen Raum stehen. Danach können Sie das Gemüse in einem kühlen Keller aufbewahren. Bei dieser Methode bleibt nicht nur ein großer Teil der wertvollen Inhaltsstoffe erhalten, sondern es findet sogar eine Anreicherung durch die Aktivitäten der Milchsäurebakterien statt.

Das Garen

Bei der Zubereitung von Obst und Gemüse sollten Sie die Nährstoffverluste so gering wie möglich halten. Dazu empfiehlt es sich, die Produkte erst unmittelbar vor dem Garen beziehungsweise Essen zu waschen und zu zerkleinern. Durch zu langes Waschen lösen sich wasserlösliche Bestandteile, wie Vitamine und Mineralstoffe, heraus, durch Zerkleinern, Zerreiben und andere mechanische Strukturveränderungen werden sauerstoffempfindliche Zellinhaltsstoffe zerstört. Daher sollten Sie zum Beispiel Kartoffeln möglichst mit der Schale kochen und das Einweich- oder Kochwasser weiterverwenden.

Das **Erhitzen** von Lebensmitteln führt zu Verlusten und Veränderungen der essentiellen Inhaltsstoffe; das Ausmaß der Verluste ist dabei von der Temperatur und von der Erhitzungsdauer abhängig. Es ist wesentlich günstiger, Gemüse mit wenig Wasser zu dünsten als in einer großen Wassermenge zu kochen, da weniger Vitamine und Mineralien ausgespült werden. Sie sollten es außerdem nur bißfest garen, denn je kürzer die Garzeit, desto geringer sind die Verluste an hitzeempfindlichen Vitaminen.

Letztere werden auch durch langes Warmhalten geschädigt, wie es zum Beispiel in Großküchen üblich ist. Ebenso nachteilig wirken sich lange Aufheizzeiten aus.

Beim **Blanchieren** tritt je nach Dauer und Temperatur des Wassers ein unterschiedlicher, im Vergleich zu anderen Erhitzungsverfahren jedoch verhältnismäßig geringer Verlust an Inhaltsstoffen auf. So lösen sich wasserlösliche Bestandteile, wie Mineralstoffe, besonders Kalium und Magnesium, und Vitamine zu einem gewissen Teil heraus. Durch das Blanchieren werden andererseits pflanzeneigene Enzyme zerstört, die bei der Lagerung der Rohware mit dem Abbau von verschiedenen Inhaltsstoffen der Pflanze, unter anderem auch dem der Vitamine, beginnen. Das Blanchieren kann daher bei Produkten, die Sie zum Beispiel als Gefriergut lagern wollen, von Vorteil sein.

Außer zur Haltbarmachung dient das Blanchieren zur Erhaltung der frischen Farbe von Gemüse während des Einfrierens. Dabei tauchen Sie das gewaschene und geputzte Gemüse 2 bis 5 Minuten lang in kochendes Wasser und legen es danach einige Sekunden in eisgekühltes Wasser. Sehr zartes Gemüse, wie Spinat, wird durch Blanchieren vollkommen gar. Sie sollten das Blanchierwasser nicht wegschütten, da Vitamine und Mineralstoffe darin gelöst sind. Sie können es für Suppen, Saucen oder Gemüsebrühe weiterverwenden. Daher sollten Sie auch nur, wenn überhaupt, sehr sparsam salzen.

Sauerkraut ist das Paradebeispiel für Milchsäuregärung

Hülsenfrüchte

Hülsenfrüchte (Leguminosen) sind die frischen oder getrockneten Samen von Bohnen, Erbsen, Linsen, Sojabohnen und einigen verwandten Pflanzen. Sie werden fast überall auf der Welt verzehrt und dienen als preiswerte Eiweißlieferanten. Da der Körper die in Hülsenfrüchten enthaltenen Kohlenhydrate nur langsam verdaut und sie allmählich als Zucker ins Blut gelangen, sind sie vor allem für Diabetiker von Vorteil.

In fest verschlossenen Behältern an einem trockenen Platz aufbewahrt, sind Hülsenfrüchte jahrelang haltbar. Frische und ältere Produkte sollten Sie nicht mischen, da sie unterschiedliche Garzeiten erfordern. Da Hülsenfrüchte einige unerwünschte und teilweise giftige Begleitstoffe enthalten, die erst nach Erhitzen unwirksam sind, sollten Sie sie, abgesehen von jungen Erbsen, niemals roh verzehren.

Für die Zubereitung werden Hülsenfrüchte zunächst verlesen und gewaschen. Vor dem Kochen müssen sie 7 bis 8 Stunden einweichen. Die Garzeit beträgt etwa 1 bis 2 Stunden; halbe Erbsen oder Linsen benötigen weniger, siehe dazu auch die Tabelle Seite 253.

Bohnen gibt es weltweit in etwa 500 verschiedenen Sorten. Am bekanntesten ist die Garten- oder Stangenbohne, von der nicht nur die Samen, sondern auch die Schoten gegessen werden. Weiße, große Bohnen haben eine relativ dünne Schale und kochen im allgemeinen weicher als bunte Bohnen. Perlbohnen behalten ihre Form besonders gut und eignen sich vorzüglich für Salate. Schmalzbohnen werden beim Kochen sämig. Darüber hinaus gibt es ein breites Sortiment verschiedenfarbiger Bohnenarten zur Auswahl, die sich unter anderem vorzüglich für Eintöpfe eignen.

Erbsen gibt es in etwa 250 verschiedenen Sorten; sie sind meist als Pal-, Schäl- oder Rollerbsen bekannt und werden halbreif (grün), reif (gelb), ungeschält oder geschält gehandelt. Bei geschälten Erbsen wird, der besseren Verdaulichkeit wegen, die zellulosereiche Schale von der Samenschale getrennt. Grüne Erbsen können Sie als Gemüse, gelbe für Eintopf, Püree oder Suppen verwenden. Halbe Erbsen brauchen Sie nicht vorzuweichen.

Ein sehr zartes Gemüse sind die Zuckerschoten, die der Handel frisch anbietet.

Linsen sind meistens gelbbraun bis braun, können aber auch rot sein. Sie werden nach ihrer Größe eingeteilt in Riesen-, Teller- oder Heller-, Mittel-, Zucker- und kleine Linsen. Am

Im Uhrzeigersinn von links oben: weiße Bohnen, schwarze Bohnen, Adzukibohnen, Kidneybohnen, Wachtelbohnen, Borlottobohnen

Im Uhrzeigersinn von links oben: Erbsen, grüne Linsen, braune Linsen, rote Linsen

aromatischsten sind die kleinen Linsen. Neben den halben Erbsen sind die Linsen die einzigen Hülsenfrüchte, die Sie nicht vorweichen müssen.

Sojabohnen können gelb, grün, braun, schwarz oder gesprenkelt sein. Der Handel bietet zahlreiche Sojaprodukte an:

Sojabohnenkeimlinge liefern neben den bereits erwähnten Nährstoffen viel Vitamin C. Sie können die Keimlinge im Handel kaufen oder selbst herstellen (siehe Abschnitt „Keimlinge und Sprossen" Seite 24). Das Eiweiß wird besser verwertet, wenn Sie die Keimlinge vor dem Verzehr kurz in Fett schwenken. Sie eignen sich gut für Salate.

Sojasauce wird aus ganzen Sojabohnen durch Vergären hergestellt. Abgesehen von natürlicher Sojasauce (Tamari) enthalten die gekauften Produkte Zusätze, wie Farbstoffe, Maissirup, Kochsalz und Konservierungsstoffe. Der Kochsalzgehalt ist meistens – auch bei Tamari – relativ hoch.

Miso ist eine Sojabohnenpaste, die durch Vergären von Sojabohnen, Reis, Kochsalz, Wasser und anderen Zutaten hergestellt wird. Sie läßt sich als Grundlage für Brühen, Suppen, Eintöpfe oder statt Sojasauce in Saucen und Dips verwenden.

Sojamilch enthält etwa die gleiche Menge an Eiweiß wie Kuhmilch, allerdings mit etwas geringerer biologischer Wertigkeit. Zur Aufwertung können Sie sie mit Kuhmilch mischen. Der Handel bietet Sojamilch

Oben: Sojabohnen;
unten: Mungobohnen

Sojamilch und Tofu

Sojaöl und Miso

Gekeimte Kichererbsen, Erbsen, Mungobohnen und gekeimter Weizen

gebrauchsfertig, getrocknet oder konzentriert an. Sie können sie auch im Haushalt aus gelben Sojabohnen durch Einweichen, Pürieren, Kochen und Absieben gewinnen. Der dabei verbleibende Rückstand (Okara) ist ideal für Frikadellen, Suppen oder Eintöpfe. Außer als Getränk wird Sojamilch zur Herstellung von Tofu, Sojaquark und Sojajoghurt verwendet.

Sojaöl ist reich an hochungesättigten Fettsäuren und besitzt ein mildes Aroma. Es wird zur Herstellung von Margarine sowie zum Kochen und für Salate verwendet. Nach dem Öffnen müssen Sie es im Kühlschrank aufbewahren.

Tofu wird mit Hilfe von Mikroorganismen aus Sojamilch hergestellt. Er ähnelt in seiner Konsistenz Käse, schmeckt mild und ist recht preiswert. Tofu ist in Reformhäusern und Naturkostläden in festem oder weichem Zustand erhältlich. Er läßt sich vielseitig verwenden, zum Beispiel zur Zubereitung von Frikadellen oder Klößen, für Salate, Suppen, Saucen und Desserts. Tofu hält im Kühlschrank bis zu einer Woche.

Sojanüsse sind fritierte Sojabohnen. Sie sind gesalzen und ungesalzen im Handel und ähneln den Erdnüssen.

Sojaflocken entstehen aus gerösteten, in Walzenmühlen flach gepreßten und klein geschnittenen Sojabohnen. Sie besitzen eine kürzere Garzeit als Sojabohnen.

Sojamehl wird aus getrockneten Sojabohnen gewonnen und zur Anreicherung von Backwaren mit Eiweiß verwendet. Da es kein Klebereiweiß enthält, muß es beim Backen stets mit anderen Mehlen gemischt werden. Sojamehl dient auch als Grundlage für Suppen und Saucen oder als Fleischersatz. Lagern Sie es am besten an einem kühlen, trockenen Ort. Die Lebensmittelindustrie verarbeitet Sojabohnen zu Sojamehl, Eiweißkonzentraten und Eiweißisolaten. Diese Produkte finden bei der Herstellung von Back- und Teigwaren, Süßwaren, Wurstwaren, Fertigsuppen und Abmagerungsdiätpräparaten Verwendung. Durch Texturierung solcher Mehle, Konzentrate oder Isolate werden die texturierten Sojaprodukte (TVP, „Sojafleisch") hergestellt. Durch Zusätze von Bindemitteln, Aroma- und Farbstoffen werden Konsistenz, Aussehen und Aroma bis zu einem gewissen Grad fleischähnlich gestaltet. Vom Standpunkt der Vollwert-Ernährung sind konzentrierte und isolierte Sojaprodukte sowie TVP wegen der zahlreichen Verarbeitungsschritte und dem hohen Energieaufwand bei der Produktion weniger beziehungsweise nicht zu empfehlen. Zusammenfassend läßt sich sagen, daß es

sich bei Soja um ein wertvolles Lebensmittel handelt, das Sie als Sojakeimlinge oder als Sojavollmehl einsetzen sollten. Die vielen besonders in Asien traditionell verwendeten Produkte, die bei uns meist stark industriell verarbeitet sind, spielen im Rahmen der Vollwert-Ernährung eine untergeordnete Rolle.

Keimlinge und Sprossen

Während des Keimprozesses verändern sich die Inhaltsstoffe der Samen in positiver Hinsicht: der Vitamin- und Aminosäurengehalt steigt teilweise, der Energiewert (Joule- beziehungsweise Kaloriengehalt) nimmt ab. Enzyme bauen schwer lösliche Kohlenhydrate im Körper langsam ab. Ebenso wie beim Quellen werden die in rohem Zustand unverdaulichen Samenbestandteile durch das Keimen verdaulich.

Keimlinge und Sprossen können Sie frisch oder konserviert kaufen, aber auch problemlos selbst ziehen. Keimen lassen sich fast alle Getreidesorten, außer Grünkern und Reis. Hülsenfrüchte und andere Samen, wie Sonnenblumenkerne, Nüsse, Mandeln, Kürbiskerne, Bockshornklee und Ölsaaten sind ideal. Zur Sprossenzucht eignen sich auch Senf, Kresse, Rettich, Sesam, Leinsamen und Alfalfa (Luzerne). Sie dürfen jedoch nur zum Verzehr angebotene Samen verwenden, da landwirtschaftliches Saatgut mit Fungiziden behandelt sein kann.

Als **Keimgefäße** dienen Gläser oder Schüsseln aus Glas, Porzellan und Hartsteinzeug. Reformhäuser und Naturkostläden bieten auch spezielle Keimgeräte an. Füllen Sie die gewaschenen Samen in das saubere Gefäß, und weichen Sie sie je nach Sorte bis zu 12 Stunden in lauwarmem Wasser ein. Danach spülen Sie die Körner in einem Sieb unter fließendem Wasser ab und geben sie in das gesäuberte Gefäß zurück – diesmal ohne Wasser. Das Gefäß wird mit einem Tuch abgedeckt und bleibt bei Zimmertemperatur mehrere Tage stehen. Zwischendurch spülen Sie die Samen immer wieder gründlich ab, um die Gefahr der Schimmelbildung zu vermindern. Eine Übersicht gibt Ihnen die Tabelle Seite 253. Je nach Geschmack können Sie die Samenschalen entfernen oder mitessen. Gekeimte Samen halten sich im Kühlschrank zugedeckt bis zu mehreren Tagen lang frisch. Keime und Sprossen können Sie Salaten, Suppen und Eintöpfen beimischen oder als Gemüse kurz erhitzt servieren. Gekeimtes Getreide eignet sich für das Frischkornmüsli oder für einen Getreidesalat.

Milch und Milchprodukte

Von den zahlreichen Milchprodukten spielt die Gruppe der **gesäuerten Milcherzeugnisse** eine besondere Rolle. Sie werden aus Milch oder Sahne hergestellt und in verschiedenen Fettgehaltsstufen angeboten. Die Säuerung erfolgt durch die Zugabe von Milchsäurebakterienkulturen, die den Milchzucker zu Milchsäure abbauen und spezielle Aromastoffe erzeugen. Die entstandene Milchsäure läßt das Milcheiweiß Kasein gerinnen, so daß die Milch oder die Sahne dick werden und säuerlich schmecken.

Sauermilch ist entweder flüssig oder fest (= Dick- oder Setzmilch).

Joghurt entsteht nach Beimpfung der Milch mit bestimmten Säuerungskulturen *(Lactobacillus bulgaricus* und *Streptococcus thermophilus)*. Der Handel bietet Joghurt ebenfalls sowohl stichfest als auch trinkfähig an. Fruchtjoghurt enthält neben Früchten in der Regel einen Zusatz an isoliertem Zucker und Aromastoffen und ist deshalb weniger empfehlenswert.

Bioghurt wird mit anderen Bakterienkulturen hergestellt als Joghurt. Er zeichnet sich durch einen milden Geschmack aus und enthält mehr rechtsdrehende L(+)-Milchsäure als linksdrehende D(−)-Milchsäure.

Kefir ist ein leicht fermentiertes Milchgetränk, das mit Hilfe sogenannter Kefirknöllchen, einer Symbiose aus Hefen und speziellen Mikroorganismen, hergestellt wird. Es enthält geringe Mengen an Kohlensäure und wenig Alkohol.

Buttermilch entsteht bei der Verbutterung von Milch oder Rahm. Sie darf bis zu 10% Fremdwasser und bis zu 15% Magermilch enthalten. Ist sie als „reine Buttermilch" gekennzeichnet, so darf sie keinerlei Zusätze enthalten.

Saure Sahne wird mit besonderen Kulturen hergestellt, die mehr Aroma und weniger Säure erzeugen. Dieses Produkt ist cremig oder stichfest.

Zur Gruppe der **Sahneerzeugnisse** gehören Kaffee- und Schlagsahne.

Kaffeesahne muß mindestens 10% Fettanteil enthalten,

Schlagsahne muß einen Mindestfettgehalt von 30% aufweisen.

Kondensmilcherzeugnisse werden aus durch Verdampfen von Wasser eingedickter Milch hergestellt. Da Kondensmilch grundsätzlich sterilisiert wird, ist ein großer Teil der Inhaltsstoffe der Milch zerstört; sie ist deshalb im Rahmen der Vollwert-Ernährung nicht zu empfehlen.

Milchmischerzeugnisse werden aus Milch mit den verschiedensten Zusätzen hergestellt, wie Kakao, Früchten, Aromen, Malz, Alkohol und Zucker. Sie können pasteurisiert, ultrahocherhitzt oder sterilisiert sein und sind dementsprechend sehr unterschiedlich zu bewerten.

Milch zählt zu den leicht verderblichen Lebensmitteln; Sie müssen sie daher im Haushalt sorgsam behandeln. Milch und Milcherzeugnisse sind empfindlich gegenüber Einflüssen von Licht, Luft und Wärme. Daher sollten Sie sie stets im Kühlschrank aufbewahren und nicht unnötig dem Licht oder der Luft aussetzen. Da Milch leicht Fremdgerüche annimmt, darf sie nicht neben stark riechenden Lebensmitteln in unverschlossenen Behältnissen aufbewahrt werden. Der Einfluß von Licht wirkt sich besonders ungünstig aus, da dies einerseits bestimmte Vitamine zerstört und andererseits den Geschmack beeinträchtigt („Lichtgeschmack"). Milch und Milcherzeugnisse in einmal geöffneten Behältnissen sollten Sie so bald wie möglich verbrauchen.

Joghurt können Sie auch im Haushalt **selbst herstellen.** Dazu wird entweder fertiger Joghurt oder ein Joghurtferment eingesetzt, das Sie im Reformhaus oder im Naturkostladen erhalten. Verwenden Sie Rohmilch, so müssen Sie diese bis knapp unter den Siedepunkt erhitzen und anschließend auf etwa 45°C abkühlen lassen. Bereits hitzebehandelte Milch wird auf 45°C erwärmt. Danach rühren Sie den fertigen Joghurt beziehungsweise das Ferment in die Milch ein und füllen die Mischung in ein Glas, einen Kochtopf oder in den Joghurtbereiter. Anschließend muß der Joghurt etwa 6 bis 8 Stunden lang reifen und fest werden. Während der Reifezeit, in der die Milchsäurebakterien den Milchzucker allmählich zu Milchsäure abbauen, muß der Joghurtansatz warm stehen, zum Beispiel auf der Heizung oder im Backofen. Danach sollte er einige Stunden im Kühlschrank nachreifen, damit sich das volle Aroma entwickelt. Kürzere Reifezeiten ergeben einen besonders milden Joghurt. Bei hohem Joghurtverzehr lohnt sich die Anschaffung eines speziellen Joghurtbereiters. Er wird elektrisch betrieben und hält die fürs Gelingen wichtige gleichmäßige Temperatur. Besonders praktisch sind Joghurtbereiter, die sich zur gewünschten Zeit selbständig abschalten.

Weitere altbekannte und beliebte Milchprodukte sind Butter und Käse.

Butter wird aus süßem oder gesäuertem Rahm hergestellt. Süßrahmbutter hat einen milderen, Sauerrahmbutter einen frischen, aromati-

Sauermilch und Joghurt

Butter und Sahne

schen, nußartigen Geschmack. Butter ohne besondere Bezeichnung liegt im Geschmack zwischen den beiden Buttersorten. Butter besteht aus mindestens 82% Fett und höchstens 16% Wasser. Sie wird nach Geruch, Geschmack, Aussehen, Gefüge und Konsistenz bewertet und danach in die drei Handelsklassen Markenbutter, Molkereibutter und Kochbutter eingestuft. Butter sollten Sie ebenfalls kühl lagern. **Butterschmalz** (Butterfett) besteht nur aus dem Fett, da Eiweiß und Wasser entzogen werden. Es eignet sich zum Backen und Braten und ist bei kühler Lagerung länger haltbar als Butter.

Käse ist das frische oder gereifte Produkt aus dickgelegter Milch nach dem Ablaufen der flüssigen Molke. Es gibt zwei verschiedene Arten der Käseherstellung. Bei Sauermilchkäse, zum Beispiel Harzer, wird die Milch mit Hilfe von Milchsäurebakterien dickgelegt, wobei als Zwischenprodukt Quark beziehungsweise Frischkäse entsteht. Bei Süßmilch- oder Labkäse wird an Stelle der Bakterien Lab verwendet, ein Enzym, das aus dem Kälbermagen gewonnen wird. Abgesehen von der Herstellungsweise unterscheiden sich die zahlreichen Käsesorten durch ihren Fettgehalt oder ihren Anteil der Trockenmasse. Dementsprechend gibt es u. a. Hart-, Schnitt- und Weichkäse.

Wie bei allen anderen Milchprodukten sind bei Käse die richtigen **Lagerbedingungen** von Bedeutung. Zu kühle Aufbewahrung schadet ebenso wie Wärme und Licht. Ideal ist eine Temperatur von 10 bis 12°C, das heißt, Sie sollten Käse im Kühlschrank oder im Keller lagern. Hart- und Schnittkäse muß durch eine geeignete Verpackung vor dem Austrocknen geschützt werden, und Sie sollten ihn 1 bis 2 Stunden vor dem Verzehr aus dem Kühlschrank nehmen, damit sich der Geschmack besser entfalten kann. Falls bei Weich- oder Sauermilchkäse der richtige Reifegrad noch nicht erreicht ist, kann er außerhalb des Kühlschranks bei 15 bis 16°C noch nachreifen. Sie sollten ihn aber dann rasch verbrauchen. Auch Quark sollten Sie gut verschlossen im Kühlschrank aufbewahren, damit er nicht austrocknet, durch Wärme oder Licht bitter wird oder den Geruch anderer Lebensmittel annimmt.

Molke ist ein Nebenprodukt bei der Käseherstellung. Sie enthält neben den Kohlenhydraten und wasserlöslichen Vitaminen einen Teil der Mineralien und des Eiweißes der Milch, aber fast kein Fett und hat damit einen sehr geringen Energiegehalt. Molke eignet sich vorzüglich als Getränk, das der Handel auch mit Fruchtzusätzen anbietet.

Molke und Quark

Emmentaler Käse und Camembert

Fleisch und Fisch

Mehr als 100 Tierarten nutzt der Mensch zu Nahrungszwecken, davon sind in den meisten Ländern der Erde das Schwein, das Rind, das Schaf und das Haushuhn die wichtigsten Fleischlieferanten.

Schweinefleisch ist blaßrosa bis rosa und von Fett durchsetzt. Es hat eine weiche bis faserige Konsistenz und verfärbt sich beim Erhitzen grauweiß. Da Schweinefleisch ohne Fett häufig blaß, weich und wäßrig ist, wenig Aroma aufweist und während der Zubereitung stark schrumpft, sollten Sie beim Einkauf deutlich rosa gefärbtes Fleisch mit leichter Marmorierung bevorzugen, wie es beim Fleisch von artgerecht gehaltenen Tieren typisch ist. Allerdings besteht zwischen beiden kein Unterschied bezüglich des Nährwertes.

Rindfleisch hat eine ziegelrote bis dunkelrote Farbe und ist vielfach von Fettadern durchzogen. Es soll beim Anfassen und Einschneiden Festigkeit und eine glänzende Schnittfläche aufweisen. Nach dem Schlachten muß es noch einige Tage reifen, da nicht abgehangenes Rindfleisch zäh bleibt. Eine sehr dunkle Farbe deutet oft auf eine ausreichende Eigensäuerung des Fleisches hin, das heißt es ist nur begrenzt haltbar, und Sie sollten es bald verbrauchen. Lagern Sie Rind- und Schweinefleisch am besten in Papier eingepackt im Kühlschrank.

Kalbfleisch ist hellrosa und häufig etwas zäh. Die Muskulatur ist schlaff und leicht klebrig. Die Schnittfläche bleibt feucht. Das Fleisch sehr junger Tiere hat einen sehr hohen Wassergehalt und ist arm an Eisen.

Lammfleisch soll eine hellrote, leuchtende Farbe aufweisen, und sein Fett soll möglichst weiß, das heißt ohne Gelbstich sein. Das Fleisch älterer Tiere hat einen strengen Geschmack und ist nicht mehr so zart.

Wildbret hat eine faserige Struktur, wenig Binde- und Fettgewebe und ist fester als das Fleisch von Nutz- oder Masttieren. Die dunkle Farbe zeigt, daß das Fleisch wenig ausgeblutet und sehr eisenreich ist. Die Zusammensetzung des Futters, die Jahreszeit, der Geschlechtszyklus und das Alter der Tiere beeinflussen den charakteristischen Geruch und Geschmack stark. Vor dem Verzehr wird Wildbret gewöhnlich in eine Beize mit Sauer- oder Buttermilch, Rotwein oder Essig und Gewürzen eingelegt. Dadurch wird das Fleisch zart und nimmt einen aromatischen und milden Geschmack an. Da Wildbret in der Regel stark mit Umweltgiften belastet ist, sollten Sie es nicht regelmäßig oder in größeren Mengen verzehren. Vom Genuß der Innereien muß abgeraten werden.

Unter der Bezeichnung **Geflügel** werden Hühner, Tauben, Enten, Gänse und Puten zusammengefaßt. Es gibt Geflügel mit überwiegend dunklem Fleisch, zum Beispiel Gans und Ente, und solches mit hellem Fleisch, zum Beispiel das Huhn. Die Konsistenz des Fleisches hängt vom Alter ab und ist bei männlichen Tieren fester als bei weiblichen. Geflügel, mit Ausnahme von Gänsen und Enten liefert fettarmes, leicht verdauliches Fleisch mit relativ neutralem Geschmack. Putenfleisch wird meist als Teilstücke angeboten oder zu fettarmen Wurstwaren verarbeitet, die sich vor allem für Schonkost eignen.

Die Herstellung von **Fleisch- und Wurstwaren** entwickelte sich in einer Zeit, als es noch keine Möglichkeiten gab, Fleisch durch Konservieren oder Kühlen haltbar zu machen, sondern dies nur durch Trocknen, Pökeln und Räuchern möglich war. Dabei wird das Fleisch ernährungsphysiologisch verändert. Beim Pökeln zum Beispiel entstehen Wasserverluste, und damit gehen auch wasserlösliche Vitamine und essentielle Aminosäuren (= Eiweißbausteine) verloren. Durch Pökeln und Räuchern können Vitamine auch gänzlich zerstört werden. Weil sich dabei außerdem gesundheitsschädliche Stoffe bilden, sollten Sie solche Waren nur in Maßen verzehren. Zu bedenken ist weiterhin der meist hohe Kochsalzgehalt der Fleischwaren und der hohe Gehalt an versteckten Fetten mancher Wurstsorten.

Von den **Innereien** sind für die Ernährung des Menschen vor allem Leber, Zunge und Niere von Bedeutung, gefolgt von Herz, Hirn und Kalbsbries. Lunge, Milz, Euter und Pansen dagegen werden immer seltener verzehrt. Innereien enthalten viele Vitamine und Mineralstoffe, besonders die Leber hat einen hohen Gehalt an Vitamin A, C, B_{12} und Folsäure. Andererseits weisen Innereien auch einen höheren Gehalt an Cholesterin und Purinen auf als Muskelfleisch und Fettgewebe. In Leber und Nieren können sich giftige Schwermetalle einlagern und besonders bei älteren Tieren bedenkliche Werte erreichen. Diese dürfen Sie deshalb nicht zu häufig verzehren. Innereien sollten Sie gekühlt aufbewahren und möglichst am Tage des Einkaufs verzehren.

Fische enthalten in ihrem Fleisch wenig Bindegewebe, und es ist daher leichter verdaulich als das Fleisch von Warmblütlern. Der Fettgehalt der Fische ist sehr unterschiedlich. Zu den Fettfischen zählen unter anderem Aal, Lachs, Hering, Sardelle, Makrele und Thunfisch. Zu den Magerfischen gehören Forelle, Hecht, Kabeljau, Rotbarsch und Seelachs. Fisch verdirbt rasch und muß deshalb bald nach dem Fang verzehrt beziehungsweise gekühlt werden. Im Kühlschrank bei 2 bis 3°C hält sich roher Fisch nur 6 bis 8 Stunden und in zubereiteter Form 2 bis 3 Tage.

Fette und Öle

Fette können durch Sauerstoff, Licht, Hitze, Spurenelemente oder Bakterien leicht verderben. Sie sollten sie deshalb kühl und dunkel aufbewahren. Verdorbene Fette schmecken seifig oder ranzig. Öle verderben wegen der in ihnen enthaltenen reaktionsfreudigen ungesättigten Fettsäuren schneller als harte Fette. Ein mikrobieller Verderb kann nur in wasserhaltigen Fetten, wie Rahm, Butter und Margarine, auftreten, da Mikroorganismen Wasser zum Wachstum benötigen.

Nahrungspflanzen enthalten einerseits Stoffe wie Chlorophyll, die eine Oxidation von Ölen beschleunigen, andererseits auch Stoffe wie Vitamin E, die vor Verderb schützen. Naturbelassene, kalt geschlagene Öle verderben trotzdem schneller als raffinierte Öle; sie sollten nach dem Öffnen der Behältnisse kühl gelagert und relativ schnell verbraucht werden.

Eine ausgewogene Ernährung sollte sowohl pflanzliches Fett als auch Milchfett enthalten. Schonend gewonnene, kalt gepreßte Speiseöle eignen sich als Salatöle und ungehärtete Pflanzenfette zum Braten. Kalt gepreßte Öle enthalten durch die schonende Gewinnung mehr essentielle Fettsäuren und Vitamine, die beim Erhitzen geschädigt werden. Wenn diese Öle trotzdem bei einigen Zubereitungen zum Kochen und Braten verwendet werden, geschieht dies allein aus geschmacklichen Gründen. Butter sollten Sie nicht zum Braten von Fleisch verwenden, da die Temperaturen zu hoch sind. Bei sehr starker Erhitzung, zum Beispiel beim Fritieren, bilden sich im Fett sogenannte Polymerisationsprodukte, die in größeren Mengen zu Erbrechen und Durchfall führen, längerfristig die Leber schädigen und krebserzeugend sein können. Diese Substanzen sind geruchs- und geschmacksneutral und deshalb besonders gefährlich. Bei mehrfachem Gebrauch des Fettes, wie bei der Friteuse in Gemeinschaftsverpflegungseinrichtungen, reichern sie sich stark an. Dünsten und Kochen sind deshalb günstigere Garmethoden als Braten, Fritieren und Grillen und diesen daher vorzuziehen.

Forellen und Makrele

Kalt gepreßte Öle

Nüsse und Samen

Zu den Nüssen werden allgemein auch verschiedene Früchte gezählt, die botanisch gesehen keine Nüsse sind, ihnen aber von Aussehen und Geschmack her ähneln. Die Erdnuß gehört beispielsweise zu den Hülsenfrüchten, die Muskatnuß zu den Beerenfrüchten, Walnuß, Kokosnuß und Pistazie sind Steinfrüchte.

Für die entstehende Pflanze enthalten die Samen wertvolle Nährstoffe, die auch für die menschliche Ernährung günstig sind. Hierzu zählen Eiweiß, Fett mit der essentiellen Fettsäure Linolsäure, Mineralstoffe, Vitamine, besonders Vitamin E, A, B_1 und B_2, und Ballaststoffe.

Nüsse sollten Sie möglichst mit Schale kaufen und erst bei Bedarf schälen, da sie dadurch vor Schädlingsbefall, Ranzigwerden und Zerstörung sauerstoffempfindlicher Vitamine geschützt sind. Geschält angebotene Nüsse sind meist mit Salz oder chemischen Mitteln konserviert. Gehackte und gemahlene Produkte sind besonders leicht verderblich. Nüsse bewahren Sie am besten kühl, dunkel, trocken und in verschlossenen Behältern auf. Sie können auch eingefroren werden.

Nüsse eignen sich als Zutaten unter anderem für Müsli, Salate und Gebäck. Dabei ist zu beachten, daß die Inhaltsstoffe durch die Hitzeinwirkung leiden, auch beim Rösten. Manche Nüsse und Mandeln müssen Sie vor der Verwendung nicht nur von ihrer Schale, sondern auch von der darunter liegenden Haut befreien. Diese Arbeit wird erleichtert, wenn Sie die Nüsse vor dem Häuten für 2 bis 3 Minuten in kochendes Wasser legen.

Haselnüsse haben einen süß schmeckenden Kern und sind vielseitig verwendbar für Müsli, Salate, Gebäck, Teigwaren, Reisgerichte und Konfekt.

Walnüsse sind wie Haselnüsse hierzulande ebenfalls sehr beliebt und finden ähnliche Verwendung wie diese, nämlich in Müsli, Salaten, Süßspeisen und beim Backen.

Mandeln werden Heilkräfte nachgesagt. Es gibt bittere und süße Mandeln. Bittere Mandeln enthalten Blausäure und dürfen nur erhitzt verzehrt werden. Mandeln dienen zur Herstellung von Mandelmilch und als Beigabe zu Gebäck, Müsli, Salaten, Konfekt und Süßspeisen.

Erdnüsse sind wichtige Öllieferanten. Sie dienen unter anderem zur Herstellung von Erdnußbutter und passen zu Reis, Salaten, Gebäck, Süßspeisen und geröstet zu vielen pikanten Gerichten.

Maronen (Eßkastanien) enthalten weniger Fett und mehr Stärke als andere Nüsse. Sie sind geröstet, gekocht oder gedämpft sehr aromatisch und werden sowohl für süße als auch für pikante Gerichte verwendet. Sie können sie auch mahlen und mit anderem Mehl zusammen verbacken.

Sesam kann man ungeschält zu Müsli, Salaten, Gebäck und Süßspeisen verwenden; er wird auch mit Getreide oder Hülsenfrüchten kombiniert. Tahin ist eine Sesampaste, die als Brotaufstrich dient; Gomasio, eine Mischung aus Sesam und Meersalz, wird zum Würzen benutzt. Sesamöl ist sehr geschmacksintensiv und relativ lange haltbar.

Leinsamen enthält viele ungesättigte Fettsäuren und fördert die Darmentleerung. Man verwendet ihn ganz oder geschrotet zu Müsli, Backwaren, Salaten, Getreidegerichten und Eintöpfen.

Sonnenblumenkerne besitzen reichlich Eiweiß und Eisen. Sie sollten sie im Kühlschrank aufbewahren. Sonnenblumenkerne dienen zum Backen, als Beigabe zu Müsli und Salaten oder einfach zum Knabbern. In großem Umfang werden sie zur Ölgewinnung genutzt.

Pekannüsse sind mit der Walnuß verwandt, aber länglicher, ohne Furchen und im Geschmack milder. Sie passen zu Müsli, Salaten und Süßspeisen, sind jedoch bei uns selten erhältlich.

Paranüsse haben einen besonders hohen Fettgehalt und verderben daher leicht. Sie sollten sie deshalb nur frisch verwenden. Paranüsse haben eine hohe natürliche radioaktive Strahlung; sie sollten deshalb selten und in geringen Mengen verzehrt werden. Sie eignen sich zum Backen, für Süßspeisen und zum Knabbern.

Pinienkerne enthalten relativ viel Eiweiß und sind verhältnismäßig teuer. Sie sind weiß bis blaßgelb und schmecken süßlich. Man kann sie Süßspeisen, Reisgerichten, Salaten, Saucen und pikanten Füllungen hinzugeben.

Kürbiskerne können Sie roh oder geröstet essen. Sie sollten sie im Kühlschrank aufbewahren. Sie passen sowohl zu süßen als auch zu pikanten Gerichten. Kürbiskernen wird eine günstige Wirkung bei Prostataleiden zugesprochen.

Kokosnüsse sind die größten unter den Nüssen, und ihr Fett ist reich an gesättigten Fettsäuren. Das Mark können Sie als solches frisch verzehren. Die Industrie gewinnt daraus Kokosbutter und Kokosöl. Die in der Kokosnuß enthaltene Milch dient als Getränk. Kokosraspel, getrocknete Kokosnüsse, werden vor allem für Süßigkeiten, Konfekt und Kleingebäck verwendet.

Im Uhrzeigersinn von links oben: Walnüsse und Haselnüsse in der Schale, Walnußkerne, Mandeln, Sonnenblumenkerne, Haselnußkerne, Kürbiskerne, Sesam, Leinsamen; Mitte: Pinienkerne

Cashewkerne sind süß und mandelartig im Geschmack. Sie passen zu Kuchen und Süßspeisen, sind aber auch geröstet und gesalzen erhältlich. Ferner dienen sie zur Herstellung von Nußbutter. Da sich unter den Schalen ein gefährliches Gift befindet, werden sie nur geschält verkauft.

Erdmandeln sind zwar nicht mit der Mandel verwandt, ähneln ihr jedoch im Geschmack. Sie können sie für Süßspeisen und Kleingebäck verwenden.

Pistazien eignen sich für Saucen, Füllungen und Süßspeisen, werden aber auch geröstet und gesalzen zum Knabbern angeboten.

Macadamia- oder **Queenslandnüsse** haben ein festes, weißes, süßliches Fruchtfleisch und sind aufgrund ihres hohen Fettgehalts leicht verderblich. Sie können sie entweder für Obstsalate und Süßspeisen verwenden oder geröstet und gesalzen verzehren.

Mohn ist reich an Fett und Eiweiß. Die schwarzblauen Samen werden bei der Verarbeitung von Gebäck und Süßwaren oder als Füllung verwendet.

Bockshornkleesamen können Sie geröstet oder gekeimt verzehren. Sie besitzen relativ viel Vitamin A und C sowie Eisen und finden sich in vielen Currymischungen.

Kräuter, Gewürze und Würzmittel

Kräuter, die sich vorzüglich als Ergänzungen zum Speiseplan eignen, können Sie auch heute noch im Freien sammeln, wie Löwenzahn, Brennessel, Sauerampfer, Klee, Gänseblümchen und etliche mehr. Viele wertvolle Kräuter sind uns nur noch als Unkräuter bekannt, lassen sich jedoch in der Küche vielseitig verwenden. Sie verfeinern Salate, Saucen und Suppen, und Sie können sie auch zu reinen Wildkräutersalaten anrichten. Kräuter, wie Basilikum, Schnittlauch, Kresse, Dill und Kerbel, lassen sich auch in Blumentöpfen am Küchenfenster oder auf dem Balkon ziehen und sind so immer frisch verfügbar.

Durch Trocknen oder Einfrieren können Sie Kräuter haltbar machen. Dazu werden die gehackten Kräuter mit etwas Wasser zu Eiswürfeln eingefroren. Bei Bedarf tauen Sie die Kräuterwürfel auf.

Zerkleinert werden die Kräuter entweder mit einem scharfen Hackmesser oder mit dem Wiegemesser. Durch die scharfen Schneiden werden sie rasch geschnitten und nicht zerquetscht oder gedrückt. Das führt dazu, daß nur wenig Saft ausläuft und die Kräuter sich gut über die Speisen streuen lassen.

In der Vollwertküche sind eine gute Portion an kulinarischer Neugier, Ideen und Probierfreudigkeit im Umgang mit Kräutern und Gewürzen erwünscht

Da die Inhaltsstoffe der meisten Gewürze flüchtig sowie licht-, wärme- und feuchtigkeitsempfindlich sind, bewahren Sie sie am besten kühl in einem gut schließenden, getönten Glasgefäß auf. Beim Würzen empfiehlt es sich, die Gewürze nicht direkt aus dem Vorratsgefäß in den dampfenden Kochtopf zu geben, sondern mit der Hand zu entnehmen, damit das restliche Gewürz nicht mit dem Wasserdampf in Berührung kommt und verdirbt.

Körnergewürze wie Pfeffer oder Kümmel sollten Sie nicht zerkleinern, sondern ganz lagern und erst unmittelbar vor Gebrauch mahlen, zerstoßen oder reiben. Dazu eignet sich eine Gewürzmühle oder ein Mörser aus Porzellan oder Marmor. Gewürzblätter, zum Beispiel Lorbeer, sollten Sie ebenfalls ganz lagern und bei Bedarf mit der Hand zerdrücken. Wurzeln oder harte Samen, wie Muskatnuß, zerreiben Sie am besten auf einer Reibe. Gekaufte frische Kräuter können in einem Glas Wasser oder im Kühlschrank einige Zeit aufbewahrt werden.

Von der Art des Gewürzes und des Gerichtes hängt es ab, ob Sie das Gewürz mitkochen oder erst kurz vor dem Servieren beigeben können. Wacholder, Kümmel und Lorbeer werden unzerkleinert, eventuell in einem Kräutersäckchen, mitgekocht und vor dem Servieren wieder entfernt. Kurz vor Ende der Garzeit werden Gewürze wie Pfeffer oder Paprika hinzugefügt. Da viele Gewürze ihre Würzkraft nicht sofort entfalten, sollten Sie einige Minuten abwarten, bevor Sie abschmecken, um ein Überwürzen zu vermeiden. Frische Küchenkräuter werden gewöhnlich nicht mitgekocht, da viele leicht bitter werden, sondern erst nachträglich über die Speisen gestreut. So werden alle Inhaltsstoffe erhalten. Getrocknete Kräuter sollten Sie erst kurz vor der Fertigstellung zum Essen geben, damit sie noch etwas ziehen und ihren Geschmack entfalten können.

Anis fördert die Verdauung und verhindert Blähungen. Wegen seines kräftigen Aromas sollten Sie ihn jedoch nur sparsam verwenden. Anis schmeckt erfrischend-aromatisch und paßt zu Rotkohl, Möhren, Geflügel, Brot- oder Milchsuppen und Gebäck.

Basilikum, auch Königs- oder Pfefferkraut genannt, ersetzt den Pfeffer, den Galle- und Leberleidende nicht so gut vertragen, und hilft bei salzarmer Kost, ein schmackhaftes Essen auf den Tisch zu bringen. Basilikum schmeckt scharf-aromatisch und regt den Fluß der Verdauungssäfte im Magen und Darm an. Es eignet sich für Fleisch, Tomaten, Erbsen, Kartoffeln, Eier, Käse, Pilze, Suppen

Brunnenkresse

Beifuß

Basilikum

und Saucen. Als Tee leistet Basilikum gute Dienste bei der Behandlung von Magenbeschwerden, Appetitlosigkeit, nervöser Unruhe und Schlaflosigkeit.

Beifuß gedeiht fast überall an Wegrändern, Böschungen oder Schutthalden. Die Blätter enthalten einen hohen Anteil an Bitterstoffen, die die Verdauung erleichtern. Daher eignet sich Beifuß zum Würzen von fetten Speisen.

Bohnenkraut schmeckt pfeffrig-scharf, fördert die Sekretion der Verdauungssäfte, verhindert Blähungen, hilft bei Koliken und beseitigt Appetitlosigkeit. Außer Bohnen paßt es zu deftigen Gemüse- und Getreidegerichten.

Borretsch (Gurkenkraut) hat einen leicht gurkenähnlichen Geschmack und ist ideal für Salate, Suppen und Saucen. Die Pflanze wächst auf Schutt, Ödland und freien Plätzen, aber auch in Gärten.

Bibernelle, auch Pimpernell, kommt auf Wiesen, Weiden und Hügeln vor und eignet sich als Beigabe zu Salaten, Suppen, Gemüse und Fischgerichten.

Brunnenkresse ist auf feuchten Wiesen und an Bachläufen zu Hause. Sie schmeckt bitterscharf, ähnlich wie Rettich. Die dunkelgrünen, rundlichen Keimblättchen können Sie für Salate verwenden.

Chilis sind in vielen Sorten auf dem Markt, die sich in Schärfe, Größe und Farbe der Schoten sehr unterscheiden. Chili ist als Gewürz mit Vorsicht zu genießen, da es wegen seiner Schärfe leicht den Geschmack eines Gerichts zerstört. Die Schärfe ist aber von gesundheitlichem Nutzen, da sie die Produktion der Verdauungssäfte mobilisiert und den Kreislauf aktiviert. Chilis gibt es eingelegt, wie in Mixed Pickles, sowie getrocknet oder gemahlen als Pulver (= Cayennepfeffer) zu kaufen. Alle Gerichte, die Paprika vertragen, lassen sich auch gut mit Chili würzen.

Curry ist eine Gewürzmischung, die ursprünglich aus Indien stammt. Sie wirkt verdauungsfördernd und macht fette Speisen bekömmlicher. Currypulver kann aus bis zu 30 verschiedenen Gewürzen bestehen. Fast immer enthält es Gewürznelken, Koriander, Kurkuma, Kardamom, Pfeffer, Ingwer, Paprika, Kümmel, Muskatblüte und Zimt. Curry schmeckt scharf-aromatisch und paßt besonders gut zu Reis. Es ist ratsam, Curry nur in kleinen Mengen zu verwenden, weil die Speisen sonst leicht einfallslos schmecken können. Alle fetten Gerichte vertragen Curry. Fisch, Geflügel, Ei und Käse lassen sich ebenfalls gut mit Curry würzen.

Dill wirkt beruhigend, magenstärkend, verhindert Blähungen und ist besonders Galle- und Leberpatienten zu empfehlen. Sein ätherisches Öl stört das Wachstum krankheitserregender Bakterien, die im Darm die Gärung unverdauter Speisen hervorrufen. Sie können sowohl die Blätter als auch die Samen der Pflanze verwenden, und zwar für Salate, Fisch, Suppen, Gemüse, Saucen, Käse und Quark. Da frischer Dill eine wesentlich größere Würzkraft besitzt als getrockneter, ist es vorteilhaft, ihn im Garten oder im Balkonkasten selbst zu ziehen.

Estragon ist sehr aromatisch und paßt zu Salaten, Gemüse, Eiern und Käse. Er darf bereits während des Kochvorgangs hinzugefügt werden.

Fenchel hilft bei Blähungen und macht so den Genuß von schwer verdaulichen Speisen wie Kohlgerichten bekömmlicher. Ferner paßt er zu Gemüsesuppen, Eintöpfen, Salaten, Fischgerichten, eingelegten Gurken oder roten Beten. Gemüsefenchel, auch Florentiner oder Bologneser Fenchel genannt, können Sie roh oder als Gemüse verzehren.

Ingwer ist als scharf-aromatisches, bitteres Gewürz ein hervorragendes Magenmittel, das die Verdauungsdrüsen leicht reizt und damit zur besseren Magensaftproduktion anregt. Suppen und Saucen werden mit Ingwerstückchen gewürzt, die Sie am Ende der Garzeit wieder entfernen sollten. Fleisch wird mit einer Mischung aus Salz und Ingwer eingerieben. Süß-sauer eingelegte Früchte, wie Kürbis, vertragen Ingwer ebenso gut wie Geflügel, Fisch, Reisgerichte, Wild oder Gebäck.

Kerbel wächst an Wald- und Wegrändern oder auf Wiesen, Sie können ihn aber auch auf dem Balkon ziehen. Die Pflanze wird frisch oder getrocknet verwendet, wobei sie jedoch im frischen Zustand wesentlich mehr Würzkraft besitzt. Kerbel paßt zu Gemüse, Suppen, Saucen, Salaten, Eiern, Käse sowie Getreide- und Fleischgerichten.

Kardamom ist im Handel als ganze Frucht oder als bereits herausgelöste Samen erhältlich. Kardamom regt die Magensaftsekretion und den Appetit an. Es ist weniger als Einzelgewürz gebräuchlich, sondern wird meist nur als Bestandteil von Currypulver und Lebkuchengewürzmischungen eingesetzt. Alleine eignet sich Kardamom für die Abrundung von Suppen, Saucen, Fleisch- und Fischgerichten. Wegen seiner Schärfe sollten Sie ihn nur sparsam verwenden.

Knoblauch senkt den Blutdruck, verbessert die Sauerstoffzufuhr des Herzmuskels, kräftigt die Darmmuskulatur, regt die Darmbewegungen an, stört das Wachstum von Krankheitserregern im Verdauungstrakt und lindert Beschwerden bei altersbedingter Arteriosklerose. Außerdem gilt er als Vorbeugungs- und

Heilmittel bei Bleivergiftungen. Beim Kochen sollten Sie ihn erst gegen Ende der Garzeit hinzufügen, da seine Inhaltsstoffe zum Teil hitzeempfindlich sind. Um Salate dezent mit Knoblauch zu würzen, können Sie die Schüssel mit einer Knoblauchzehe ausreiben. Ferner paßt er zu Fleisch, Fisch, Gemüse, Suppen, Saucen und Eintöpfen.

Koriander wirkt verdauungsfördernd, blähungstreibend und antiseptisch. Besonders bekannt ist er als Brot- und Lebkuchengewürz sowie als Bestandteil des Currypulvers. Außerdem empfiehlt er sich für Wild- und Fleischbeizen, Hülsenfrüchte, Eintöpfe und Salate. Sowohl Kraut als auch Samen finden Verwendung. Nur die voll ausgereiften Früchte entfalten den pikant-würzigen Geruch und Geschmack. Im Handel gibt es die getrockneten Früchte ganz oder auch fein gemahlen.

Koriander

Kümmel wird angebaut, wächst aber auch wild. Er wirkt verdauungsfördernd, entkrampfend und blähungstreibend. Beim Kochen können Sie ihn in ein Stoffsäckchen füllen und nach Ende der Garzeit wieder entfernen. Kümmel wird auch gemahlen, zum Beispiel für Brot, Kartoffeln, Fleisch, Kohl, Saucen und Käse, verwendet. Sie sollten ihn jedoch nur mit Pfeffer oder Salz kombinieren, da er nicht zu anderen stark aromatischen Gewürzen paßt.

Kümmel

Kurkuma stört das Wachstum von Krankheitserregern im Darm, fördert den Gallefluß und regt die Ausscheidung anderer Verdauungssäfte an. Meist wird das gelbe Kurkumapulver nur in Gewürzmischungen verwendet, obwohl es als Einzelgewürz durchaus seine Berechtigung hat. Sein gelber Farbstoff (sie wird auch Gelbwurz genannt) verleiht eher blaß aussehenden Gerichten eine frische, gelbe Farbe, so zum Beispiel Cremesuppen und Saucen. Sie sollten Kurkuma jedoch sparsam einsetzen.

Kurkuma

Liebstöckel (Maggikraut) können Sie im Garten anbauen und frisch oder getrocknet verwenden, wobei es frisch ein stärkeres Aroma besitzt und Sie es möglichst so verwenden sollten. Liebstöckel eignet sich zum Würzen von Suppen, Saucen, Salaten, Gemüse sowie Fleisch- und Fischgerichten.

Lorbeer regt wie alle aromatischen Gewürze den Appetit und damit die Verdauung an. Meist werden nur die Blätter, gelegentlich auch die Beeren verwendet. Lorbeerblätter können Sie mitkochen und sollten Sie erst vor dem Servieren wieder entfernen. Lorbeer eignet sich für Fisch, Fleisch, Kohl, Gurken, Suppen, pikante Aufläufe und verschiedene Beizen und Marinaden.

Majoran wirkt verdauungsfördernd, krampflösend und blähungstreibend. Sie können ihn im eigenen Garten anbauen. Er würzt getrocknet fast ebenso gut wie im frischen Zustand. Fette Speisen, wie Braten und Gerichte mit Hülsenfrüchten, werden mit Majoran bekömmlicher. Auch zu Kartoffeln, Tomaten, Suppen, Saucen, Eiern und Wurst paßt er ausgezeichnet (in manchen Gegenden wird er daher auch Wurstkraut genannt). Zusammen mit Basilikum, Beifuß und Thymian ergibt Majoran eine ideale Gewürzmischung. Im Übermaß eingesetzt kann er jedoch bitter schmecken.

Majoran

Meerrettich können Sie im Garten ziehen. Seine Wurzeln werden geerntet, und Sie können sie für Suppen, Saucen und Marinaden verwenden.

Melisse ist vor allem als Heilpflanze bekannt, hat sich jedoch auch als Küchenkraut durchgesetzt. Ihr frisches, angenehmes Aroma erinnert an Zitronen, weswegen sie auch Zitronenmelisse heißt. Sie macht Suppen, Saucen, Salate und Gemüse bekömmlich; ferner wird sie Bowlen, Longdrinks· und Gewürzessig beigefügt. Melisse sollten Sie nur frisch verwenden.

Pfefferminze

Minze dient bei uns hauptsächlich zur Teebereitung. Sie eignet sich aber auch zum Würzen von Saucen und Gemüse, zum Beispiel von Erbsen. Sie können Minze problemlos im Garten anbauen.

Muskat sollten Sie am besten als ganze Muskatnuß kaufen. Sie wird bei Bedarf auf einer Muskatreibe gerieben, und sollte nur in geringen Mengen eingesetzt werden. Muskatnuß eignet sich zur Verfeinerung von Kartoffelgerichten, Fisch, Geflügel, Saucen, Suppen, Käse, Wirsing und Blumen- oder Rosenkohl. Das Gewürz wird auch von Menschen mit einer empfindlichen Galle und Leber vertragen. Macis ist die Muskatblüte, die noch ein feineres Aroma als die Muskatnuß besitzt.

Nelken (Gewürznelken) sind ganz oder gemahlen erhältlich, und ihr Aroma ist vor allem in Lebkuchen, Glühwein und Punsch bekannt. Sie passen aber auch zu Fisch- und Fleischgerichten, Suppen sowie – in Kombination mit Zwiebeln und Lorbeer – zu Rotkohl oder Sauerkraut.

Oregano (Dost, wilder Majoran) wächst an trockenen, steinigen Abhängen, Rainen, Hecken und im Gebüsch. Sie können ihn jedoch auch selbst ziehen. Die Blätter entfalten beim Kochen ein kräftiges Aroma, und Sie sollten sie spätestens 20 Minuten vor Ende der Garzeit zugeben. Oregano dient zum Würzen von Fleisch- und Fischgerichten, Salaten, Gemüsen, Suppen, Nudelsaucen, Käse und Pizza. In diesem Fall ist das getrocknete Kraut kräftiger im Geschmack als das frische, aus diesem Grund sollten Sie es entsprechend sparsam verwenden.

Paprika, als Gemüse oder Gewürz regelmäßig verzehrt, verringert die Anfälligkeit älterer Menschen für Arteriosklerose, hemmt die Bildung von Blutgerinnseln, erleichtert die Stärkeverdauung, erhöht die Absonderung verschiedener Verdauungssäfte, beugt Durchfallerkrankungen vor, regt die Nebennieren an und wirkt schweißtreibend. Außerdem enthält Paprika Kalium und Eisen in nennenswerten Mengen. Er kann bei Patienten, die salzarm oder salzlos essen müssen, das Salz ersetzen. Es gibt Paprika mit unterschiedlicher Würzkraft. Man unterscheidet scharfen, Rosen-, Delikateß- und edelsüßen Paprika. Diese Reihenfolge entspricht abnehmender Schärfe. Das Aroma von Paprika paßt zu Fleisch- und Fischgerichten, Saucen und Eiern. Sie dürfen ihn jedoch nicht in siedendes Fett geben, da sich sonst sein Geschmack unangenehm verändert.

Pastinake ist im Frühjahr auf Wiesen und an Wegrändern zu finden und eignet sich für Salate und Suppen.

Petersilie wirkt verdauungsfördernd, appetitanregend und harntreibend. Sie besitzt einen bemerkenswerten Vitamin- und Mineralstoffgehalt und wird auch von Galle- und Leberkranken gut vertragen. Die Wurzel der Pflanze sollten Sie bei der Zubereitung von Suppen, Eintöpfen oder Braten mitkochen; die Blätter dienen zur Abrundung von Salaten, Gemüse, Suppen, Eintöpfen, Braten, Wurst oder Käse. Besonders die krausblättrige Art hat ein kräftiges Aroma. Getrocknete Petersilie hat kaum noch Würzkraft.

Pfeffer regt die Verdauung an, entlastet den Kreislauf und erhöht die Beweglichkeit der Darmzotten. Die Nahrung wird dadurch besser ausgenutzt, was besonders älteren Menschen zugute kommt. Weißer Pfeffer wird aus vollreifen Früchten hergestellt und schmeckt mild und aromatisch. Die unreifen Früchte werden entweder in Salz und Essig eingelegt (grüner Pfeffer) oder an der Sonne getrocknet (schwarzer Pfeffer). Von Salaten und Fleischgerichten über Suppen und Saucen bis zu Eiern und Käse läßt sich fast jedes Gericht mit Pfeffer würzen.

Piment ist auch unter den Namen Nelkenpfeffer, Gewürzkörner, Jamaikapfeffer und Allerleigewürz bekannt. In Geruch und Geschmack erinnert dieses Gewürz an Zimt, Nelken oder Muskatnuß. Bei uns wird Piment vor allem beim Einmachen benutzt, es paßt aber auch zu Fleisch, Fisch, Saucen und

Gemüse. Zudem werden Speisen durch seinen Zusatz bekömmlicher. Die Körner sollten Sie vor dem Servieren entfernen, damit der Geschmack nicht zu stark wird.

Quendel (wilder Thymian) wächst an trockenen, steinigen Abhängen und Wegrändern. Er eignet sich zum Würzen von Fisch, Fleisch, Gemüse, Suppen, Saucen und Salaten.

Rosmarin paßt zu Gemüse, Suppen und Fleischgerichten. Da dieses Gewürz auch getrocknet eine starke Würzkraft besitzt, sollten Sie es vor dem Servieren wieder entfernen.

Safran hat einen leicht bitteren Geschmack mit geringer Würzkraft und verleiht Speisen eine intensive gelbe Farbe. Er ist sehr teuer; ihm wird eine positive Wirkung auf Magen und Darm zugeschrieben. Verwendet wird er für Reis, Blumenkohl- und Spargelsuppen, aber auch für Fischgerichte.

Salbei wirkt wohltuend bei Magenbeschwerden, Halsentzündungen und übermäßigem Schwitzen. Seine filzigen Blätter werden frisch oder getrocknet verwendet. Aufgrund seines intensiven herben Geschmacks sollten Sie ihn nur äußerst sparsam einsetzen, und zwar zum Würzen von Fleisch, Gemüse, Eintöpfen oder Saucen.

Sauerampfer gedeiht vorwiegend auf feuchten Wiesen, in Gebüschen und an Wegrändern. Die frischen Blätter eignen sich für Suppen, Salate und Saucen zu Fisch.

Schnittlauch können Sie im Garten oder auf dem Balkon ziehen. Da er beim Trocknen sowohl an Farbe als auch an Geschmack verliert, sollten Sie Schnittlauch nur frisch oder eingefroren verwenden. Schnittlauch wird wie Petersilie geschnitten oder gehackt und den Speisen kurz vor dem Servieren zugegeben. Vor allem Salate, Gemüse, Suppen, Eintöpfe und Fleisch erhalten durch Schnittlauch einen pikanten Geschmack sowie zusätzlich Vitamine und Mineralstoffe. Sein Geruch verrät seine Verwandtschaft mit der Zwiebel.

Senf ist für seine verdauungsfördernde und appetitanregende Wirkung bekannt. Die Senfkörner können Sie entweder zerquetscht mitkochen, zum Beispiel bei Eintöpfen, Fleischfüllungen, Marinaden oder Suppen, oder ganz verwenden, wie beim Einlegen von Gurken und anderem. Ferner werden sie gemahlen und zu Speisesenf verarbeitet.

Sternanis ist zwar nicht mit Anis verwandt, ähnelt ihm aber im Geschmack und kann ihn auch teilweise ersetzen. Die sternförmigen Samenkapseln gelangen ganz, zerstoßen oder gemahlen in den Handel.

Thymian verhindert Blähungen, stoppt Gärungsvorgänge im Darm und macht fette Speisen bekömmlicher. Sein Einsatz ist daher ideal bei fetten Gerichten, wie Bratkartoffeln und fettem Fleisch, er paßt aber auch zu Pizza, Suppen, Saucen und Gemüse. Er schmeckt sehr aromatisch und würzig, und Sie sollten ihn vorsichtig dosieren.

Vanille ist eines der edelsten Gewürze und ist vor allem für Süßspeisen, Backwaren und andere Leckereien begehrt. Der Aromastoff Vanillin wird auch industriell hergestellt. Vanilleschoten können Sie den Speisen entweder ganz beifügen und vor dem Verzehr wieder entfernen, oder Sie kratzen das Fruchtmark heraus und geben es hinzu.

Wacholderbeeren wirken leicht harntreibend, regen die Galle an und fördern die Bildung von Verdauungssäften. Durch die Behinderung des Wachstums unerwünschter Darmbakterien wird Durchfällen und Blähungen vorgebeugt. Sauerkraut, dunkle Saucen und Fleischgerichte werden durch Wacholder geschmacklich verbessert und bekömmlicher. Die Beeren können Sie ganz oder zerdrückt zugeben oder im Kräutersäckchen mitkochen und nach dem Garen wieder entfernen.

Zimt ist bei uns vor allem zum Würzen von Gebäck, Milchreis, Glühwein und Obst beliebt; er läßt sich jedoch auch für Fleisch und andere pikante Gerichte verwenden. Der Handel bietet Zimtstangen gemahlen oder in Stücken an, letztere können Sie mitkochen und vor dem Verzehr wieder entfernen. Sie lassen sich auch mehrfach verwenden.

Neben Kräutern, Samen und anderen Pflanzenteilen, die sich zum Würzen von Speisen eignen, gibt es eine Anzahl von Würzsaucen, die im Handel erhältlich sind. Ihre Basis ist häufig Soja, und sie finden ähnlich wie Algen und Hefeflocken sehr unterschiedliche Verwendung. Einige wichtige Sojaprodukte wurden bereits vorgestellt. Algen zeichnen sich durch einen hohen Gehalt an Eiweiß und Mineralstoffen aus. Hefeflocken sind besonders reich an B-Vitaminen und als pikantes Gewürz beliebt und geeignet.

Salbei

Sauerampfer

Süßungsmittel

In der Vollwert-Ernährung werden isolierte Zucker sowie damit hergestellte Produkte gemieden.

Honig sollten Sie möglichst in verdünnter Form und nicht als Zuckerersatz verwenden. Sie können ihn zum Beispiel süßen Aufläufen und Quarkspeisen hinzufügen oder in Vollkorngebäck verbacken.

Honig und Trockenfrüchte

Apfel- und **Birnendicksäfte**, die mittlerweile vielerorts erhältlich sind, können Sie vielseitig zum Süßen von Salaten, Süßspeisen und Getränken verwenden. Auch hier gilt, daß Sie damit nicht die übliche Zuckermenge ersetzen sollten, sondern ein neues Geschmacksempfinden erlernen können.

Trockenfrüchte eignen sich in eingeweichter Form ausgezeichnet als Süßungsmittel für Müsli, Kuchen und Salate. Auch süße Früchte, wie Birnen, Aprikosen, Pflaumen und Bananen, finden als unproblematische Süßungsmittel Verwendung.

Künstliche Süßstoffe haben in der Vollwert-Ernährung keinen Platz, weil sie dem Ziel, die überhöhte Reizschwelle für die Geschmacksempfindung <u>süß</u> zu senken, nicht dienlich sind. Wenn eine niedrigere Reizschwelle erreicht ist, können die oben genannten Süßungsmittel das Verlangen nach Süßem voll befriedigen.

Getränke

Im Handel werden Getränke aus Obst als Fruchtsaft, Nektar, Fruchtsaftgetränk und Limonade angeboten.

Saft besteht zu 100% aus Früchten und enthält in Ausnahmefällen einen geringen Zusatz an isoliertem Zucker.

Nektar besitzt je nach Fruchtart 25 bis 50% Fruchtanteil, Zuckerzusätze sind erlaubt.

Fruchtsaftgetränke enthalten je nach Fruchtart 6 bis 30% Fruchtanteil, Zuckerzusätze sind die Regel.

Limonaden besitzen höchstens 3% Fruchtanteil und sind gewöhnlich mit größeren Mengen Zucker versetzt.

Im Rahmen der Vollwert-Ernährung ist von den genannten Kategorien nur der Fruchtsaft zu empfehlen. Fruchtsäfte sind Konzentrate und sollten deshalb mit Mineral- oder Quellwasser verdünnt werden.

Die eigene **Herstellung** von Fruchtsäften bietet sich an, wenn Sie im Garten größere Mengen Obst ernten. Die verwendeten Äpfel, Birnen, Johannisbeeren oder Stachelbeeren müssen reif und einwandfrei sein, und Sie sollten sie vor dem Entsaften gründlich waschen und putzen. Wollen Sie nur kleine Mengen verarbeiten, können Sie den Saft der gekochten Früchte durch ein Tuch in eine Schüssel pressen. Für größere Mengen empfiehlt sich die Anschaffung eines speziellen Entsafters. Falls der Saft nicht sofort nach der Herstellung getrunken wird, müssen Sie ihn durch Pasteurisieren oder Heißabfüllen haltbar machen. Fruchtsäfte bewahren Sie am besten in vorher gründlich gereinigten, gut schließenden Flaschen auf, die stehend, kühl und dunkel gelagert werden.

Kräuter- und **Früchtetees** gibt es in großer Anzahl, zum Beispiel Pfefferminze, Hagebutte, Malve, Melisse, Kamille, Lindenblüten, Himbeer- und Brombeerblätter. Sie lassen sich auch untereinander mischen und je nach Geschmack mit etwas Honig oder Zitrone abrunden.

Mineralwässer sind geeignete Getränke, um Durst zu löschen. Sie sind kalorienfrei und bieten meist eine günstige Kombination von Mineralien an. Da Mineralwässer oft hohe Kochsalzgehalte aufweisen, sollten Sie besonders bei Bluthochdruck auf die Natriumangaben achten. Obgleich nicht alles Natrium aus Mineralwässern vom Körper aufgenommen wird, da es fest gebunden ist, sollten Sie in der Regel die natriumarmen Sorten bevorzugen, da wir ohnehin bereits zuviel Natrium in Form von Kochsalz zu uns nehmen.

Zusammenfassung

In der Vollwert-Ernährung sollten Sie Lebensmittel abwechslungsreich auswählen. Dieses Ziel können Sie mit den genannten Grundnahrungsmitteln erreichen, denn es ist nicht erforderlich, die unzähligen bunt verpackten und mit viel Werbung angepriesenen Fertigprodukte einzusetzen. Ganz im Gegenteil, es hat sich bewährt, die Lebensmittel zu verzehren, für die nicht viel Reklame gemacht wird, weil sie insgesamt meist wertvoller und außerdem preiswerter sind. Aufwendige Werbung wird mit dem Preis für die betreffenden Produkte finanziert.

Eine bedarfsgerechte, gesunderhaltende und schmackhafte Ernährung sollte aus einfachen Lebensmitteln bestehen; exotische und teure Produkte stellen Ausnahmen dar. Dabei sollte die Zubereitung so schonend wie möglich sein. Würzen und dekorieren Sie mit viel Phantasie, gerade die pflanzlichen Lebensmittel laden durch Form- und Farbenreichtum zu verlockenden Kreationen ein.

VOLLWERTREZEPTE FÜR GENIESSER

Ich wünsche Ihnen nun viel Spaß beim Nachkochen und guten Appetit.

[Unterschrift]

Wer sich vollwertig ernährt, entscheidet sich nicht nur für eine gesunde und eine umweltfreundliche Lebensweise, sondern auch für eine schmackhafte und abwechslungsreiche Kost, die langsam auch in der sogenannten feinen Küche vieler Restaurants Einzug hält. Natürlich, herzhafter und kräftiger als ihre traditionellen Verwandten sind diese Gerichte schon, doch probieren Sie, der Geschmack und die Vielfalt sprechen für sich.
Bevor Sie jedoch mit dem Kochen und Backen beginnen, noch einige wichtige Hinweise. In den Rezepten werden häufig frische Kräuter und verschiedene Gewürze verwendet. Betrachten Sie dies jedoch immer als Empfehlung, auf keinen Fall als Vorschrift, denn erstens ist das Angebot an Kräutern und Gewürzen nicht rund

ums Jahr gleichbleibend, und zweitens ist vieles auch Geschmackssache. Verwenden Sie daher die Kräuter Ihrer Wahl, doch trauen Sie sich dabei ruhig auch an Unbekanntes heran.
Ist Crème fraîche als Zutat angegeben, können Sie diese auch durch saure Sahne oder Dickmilch ersetzen.
Und noch etwas. Beginnen Sie Ihr Menü immer mit einem Frischkostteller, lassen Sie sich dabei vom Markt inspirieren, und stellen Sie ihn abwechslungsreich aus verschiedenen Blatt- und Wurzelgemüsen zusammen. Mit einem Gemüse- oder Getreidegericht geht es dann weiter, und eine fruchtige Nachspeise rundet die Mahlzeit ab. Das ist die einfachste Menüvariante, die sich beliebig erweitern läßt. Die folgenden Vorschläge geben Ihnen dazu einige Anregungen.

Menüvorschläge

Menü im Frühling
Wildkräutersalat mit Weizenkeimlingen, Seite 60
Kerbelsuppe mit Gerste, Seite 105
Frühlingszwiebel-Kartoffel-Gratin, Seite 134
Rhabarbermousse, Seite 206

Menü im Sommer
Sommerlicher Salatteller, Seite 47
Gemüsesuppe mit Dinkel, Seite 105

Gefüllte Weinblätter auf griechische Art, Seite 88
Beerentraum, Seite 208

Menü im Herbst
Chicoréesalat, Seite 38
Selleriefrischkost mit Äpfeln, Seite 56
Grüne Vollkornnudeln mit Pinienkernsauce, Seite 115
Kürbis-Orangen-Dessert, Seite 206

Menü im Winter
Endiviensalat mit Nüssen, Seite 51
Topinambursalat mit Knoblauchmayonnaise, Seite 64
Linsen-Weizen-Curry, Seite 153
Gefüllte Äpfel, Seite 202

Festliches Vollwertmenü

Frischkostteller
Möhren-Apfel-Frischkost, Seite 56
Chicoréesalat mit Ananas, Seite 38
Alfalfasalat mit Kresse, Seite 48
Eisbergsalat in Zitronenmelissensauce, Seite 44

Suppe
Wildkräutersüppchen mit Sahnehaube, Seite 70

Zwischengang
Ananassorbet, Seite 209

Hauptgang
Geschmorte Auberginen, Seite 90
Zucchinisoufflé, Seite 86

Dessert
Fruchtcreme, Seite 208
Vollkornbiskuitroulade, Seite 239

Vollwertbuffet für 20 Personen

Frischkostvariationen
Maissalat mit Adzukibohnensprossen, Seite 148
Salat von Blutorangen und Zwiebeln, Seite 65
Feigen auf Feldsalat, Seite 41

Suppe
Borschtsch mit Mungobohnensprossen, Seite 152

Hauptgang
Gratinierter Staudensellerie, Seite 84
Gemüsestrudel, Seite 218, mit Tomaten-Basilikum-Sauce, Seite 114

Dessertvariationen
Vanille-Nuß-Halbgefrorenes auf Orangensabayon, Seite 211
Vollkornwindbeutel mit Sauerkirschsahne, Seite 240
Korsischer Schafskäse, Seite 194

Gebäck
Sesamvollkornbrötchen, Seite 226
Nußlaiberl, Seite 245
Aprikosenscheiben, Seite 242

Auf **Kalorienangaben** zu jedem Rezept wurde verzichtet, da vollwertige Kost durch ihren hohen Ballaststoffgehalt eine natürliche Sättigung herbeiführt und Kalorienzählen unnötig macht.

SALATE SUND ROHKOST

Chicoréesalat

Für 4 Personen

4 EL Sahne
4 EL Joghurt oder saure Sahne
2 EL kalt gepreßtes Sonnen- blumenöl
½ TL Currypulver
Paprikapulver edelsüß
Meersalz
Apfeldicksaft oder Honig nach Geschmack
½ Banane
2 Chicoréestauden (200 g)
1 säuerlicher Apfel
4 EL frisch geriebene Kokosnuß
einige Petersilien- und Dill- zweige zum Garnieren

1. Die Sahne, den Joghurt oder die saure Sahne mit dem Sonnenblumenöl gut verrühren und mit Currypulver, Paprikapulver, Meersalz und etwas Apfeldicksaft oder Honig abschmecken.
2. Die Banane schälen, in Scheiben schneiden und unter die Sauce geben. Ist sie sehr weich, mit einer Gabel zerdrücken.
3. Den Chicorée waschen, den bitteren Strunk keilförmig herausschneiden und die Stauden in feine Streifen schneiden. Den Apfel waschen und würfeln.
4. Den Chicorée und die Apfelwürfel mit der Sauce mischen und mit Kokosnuß bestreuen. Mit feingehackter Petersilie oder etwas Dill garnieren.

Chicoréesalat mit Ananas

Für 4 Personen

100 g Sahne
3 EL Crème fraîche
Saft von ½ Zitrone
Honig nach Geschmack
Meersalz
frisch gemahlener weißer Pfeffer
400 g Chicoréestauden
2 rote Zwiebeln
200 g frische Ananas
1 Handvoll Kresse
1 EL Pistazienkerne oder andere Nüsse
eventuell einige Kerbelzweige zum Garnieren

1. Für die Sauce die Sahne mit der Crème fraîche aufschlagen, mit dem Zitronensaft, Honig, Meersalz und Pfeffer pikant abschmecken.
2. Den Chicorée waschen, halbieren, den bitteren Strunk herausschneiden. Dann in 1 cm dicke Streifen schneiden.
Die Zwiebeln schälen und in dünne Scheiben schneiden. Die Ananas schälen, den harten Strunk herausschneiden und das Fruchtfleisch fein würfeln.
3. Die Kresse verlesen, waschen und gut abtropfen lassen, mit dem Chicorée, den Zwiebeln, der Ananas und den Pistazienkernen vorsichtig mischen.
4. Den Salat mit der Sauce mischen und eventuell mit einigen Kerbelzweigen garnieren.

Fruchtiger Chinakohlsalat

Für 4 Personen

300 g Joghurt	
2 bis 3 EL Obstessig	
Sesammus (Tahin)	
gemahlener Piment	
gemahlener Anis	
Cayennepfeffer	
Meersalz	
frisch gemahlener weißer Pfeffer	
400 g Chinakohl	
2 Orangen	
1 Zwiebel	
1 Bund Radieschen	

1. Den Joghurt, den Obstessig und das Sesammus gut verrühren und mit Piment, Anis, Cayennepfeffer, Meersalz und Pfeffer pikant abschmecken.

2. Den Chinakohl putzen, waschen, trockentupfen und in dünne Streifen schneiden.

3. Die Orangen mit einem Messer so schälen, daß die weiße Innenhaut entfernt wird. Anschließend die Filets mit einem Messer herauslösen.

4. Die Zwiebel schälen und fein hacken. Die Radieschen putzen, waschen, gut abtropfen lassen und in Streifen schneiden. Die Salatsauce mit den Salatzutaten vorsichtig mischen.

Marinierte Champignons auf Friséesalat

Für 4 Personen

½ Zwiebel, 4 EL saure Sahne

2 EL Tomatenketchup
(selbstgemacht)

2 EL kalt gepreßtes Sonnenblumenöl

1 kleine Knoblauchzehe

frisch gemahlener Pfeffer

Meersalz

200 g frische Champignons

Saft von 1 Zitrone

1 kleiner Friséesalat

½ Bund Schnittlauch

1. Die Zwiebel schälen und
in feine Würfel schneiden.
Die saure Sahne mit dem
Ketchup, dem Sonnenblu-
menöl und den Zwiebeln
mischen und die Salatsauce
mit dem geschälten, zer-
drückten Knoblauch, Pfeffer
und Meersalz abschmecken.
2. Die Champignons putzen, in etwas Zitronenwasser waschen und in Schei-
ben schneiden. (Die
Champignons können nach
Belieben vorher blanchiert
werden.) Dann mit dem
restlichen Zitronensaft
mischen.

3. Die Friséeblätter putzen,
waschen und trockentupfen.
Die Champignons darauf anrichten und die Sauce darüber verteilen. Den Salat mit
fein geschnittenem Schnittlauch bestreuen.

Feigen auf Feldsalat

Für 4 Personen

Meersalz
Saft und Schale von
1 unbehandelten Zitrone
2 EL kalt gepreßtes Olivenöl
frisch gemahlener Pfeffer
etwas Honig
6 große Champignons
2 Feigen
50 g Feldsalat
½ Bund Petersilie
1 Knoblauchzehe
1 EL geriebener Parmesankäse

1. Etwas Meersalz in eine Schüssel geben, mit dem Zitronensaft so lange verrühren, bis sich das Salz aufgelöst hat. Dann das Olivenöl dazugeben und mit Pfeffer und Honig gut abschmecken.
2. Die Champignons putzen, in etwas Zitronenwasser waschen, dann in dünne Scheiben schneiden.
3. Die Feigen waschen und in Scheiben schneiden. Den Feldsalat verlesen, putzen und gründlich waschen.

4. Die Petersilie waschen, den Knoblauch schälen, beides fein hacken und mit dem Parmesan und der Zitronenschale mischen.
5. Die Champignons und die Feigen auf dem Feldsalat anrichten, die Sauce darüber verteilen und mit der Petersilien-Parmesan-Mischung bestreuen.

Bunter Feldsalat

Für 4 Personen

Meersalz
2 EL Obstessig
Saft von 1 Orange
1 EL mittelscharfer Senf
Saft von ½ Zitrone
Honig nach Geschmack
frisch gemahlener Pfeffer
1 Prise Cayennepfeffer
4 EL kalt gepreßtes Walnußöl
200 g Feldsalat
2 Tomaten
1 Stück Salatgurke
2 Möhren
100 g Krabben oder Krevetten
einige Zweige Estragon und Zitronenmelisse

Im Gegensatz zu den leicht kultivierbaren Champignons sind selbst gesammelte Waldpilze seltene Gäste in unseren Küchen. Wer jedoch erfolgreich sucht, findet höchsten Genuß

1. Das Meersalz in eine Schüssel geben und so lange mit dem Obstessig und dem Orangensaft verrühren, bis es sich aufgelöst hat.
2. Dann mit Senf, Zitronensaft, Honig, Pfeffer und Cayennepfeffer abschmekken. Das Öl langsam dazugießen.
3. Den Feldsalat putzen, gut waschen und trockenschleudern. Die Tomaten waschen, den grünen Stielansatz entfernen, die Tomaten in Streifen schneiden.
4. Die Salatgurke waschen, halbieren und in sehr dünne Scheiben schneiden. Die Möhren putzen, waschen, eventuell schälen, in sehr dünne Streifen schneiden.
5. Den Feldsalat, die Tomaten, die Salatgurke, die Möhren und die Krabben oder die Krevetten vorsichtig mit der Sauce mischen und die fein gehackten Kräuter darunterziehen.

Champignonfrischkost

Für 4 Personen

100 g Sahne
100 g saure Sahne
2 EL Obstessig
Apfeldicksaft nach Geschmack
Meersalz
frisch gemahlener Pfeffer
1 Möhre
100 g Sellerie
2 Zwiebeln
2 säuerliche Äpfel
Saft von 1 Zitrone
200 g frische Champignons
1 Handvoll Kresse
1 EL gehackte Walnüsse

1. Die Sahne, die saure Sahne und den Obstessig mit dem Apfeldicksaft schaumig schlagen, mit Meersalz und Pfeffer kräftig würzen.
2. Die Möhren und den Sellerie putzen, eventuell schälen, waschen und grob raspeln oder in dünne Streifen schneiden. Die Zwiebeln schälen und fein würfeln.
3. Die Äpfel waschen, halbieren, das Kerngehäuse entfernen und die Äpfel in kleine Würfel schneiden. Mit etwas Zitronensaft beträufeln.
4. Die Champignons putzen, in Zitronenwasser waschen, trockentupfen, in hauchdünne Scheiben schneiden und mit dem restlichen Zitronensaft beträufeln.
5. Die Kresse verlesen, waschen und gut abtropfen lassen. Die Salatzutaten mit den Walnußkernen und der Sauce vorsichtig mischen.

Leichte Salate
aus Wald und Feld leiten ein
vollwertiges Menü ein

Herbstlicher Salat mit Wildkräutern

Für 4 Personen

Meersalz

2 EL Rotweinessig

1 Knoblauchzehe

frisch gemahlener Pfeffer

4 EL kalt gepreßtes Sonnenblumenöl

120 g Radicchio

120 g Wirsing

1 Paprikaschote

1 Handvoll frische Wildkräuter (Löwenzahnblätter, Sauerampfer, Brennesselspitzen)

2 EL Cashewkerne

1. Etwas Meersalz in eine Schüssel geben, mit dem Rotweinessig so lange verrühren, bis es sich aufgelöst hat. Die Knoblauchzehe schälen und fein hacken, mit dem Pfeffer unter die Salatsauce geben. Das Sonnenblumenöl langsam darunterschlagen.
2. Den Radicchio, den Wirsing und die Paprikaschote putzen, waschen und in sehr feine Streifen schneiden. Die Wildkräuter verlesen, waschen, ebenfalls fein schneiden und zu dem Gemüse geben.
3. Die Cashewkerne grob hacken und in einer Pfanne ohne Fett goldbraun rösten.
4. Die Salatsauce mit dem Gemüse und den Kräutern mischen und mit den Cashewkernen bestreuen.

Eisbergsalat in Zitronenmelissensauce

Für 4 Personen

Meersalz

frisch gemahlener Pfeffer

Saft von ½ Zitrone

etwas Apfeldicksaft oder Honig nach Geschmack

200 g Sahne oder Dickmilch

½ Bund Zitronenmelisse

einige Blättchen Pfefferminze

1 Eisbergsalat

1. Etwas Meersalz und Pfeffer in eine Schüssel geben. Mit dem Zitronensaft und etwas Apfeldicksaft oder Honig so lange verrühren, bis sich das Salz aufgelöst hat.
2. Langsam die Sahne oder die Dickmilch dazugießen und kräftig rühren, bis eine glatte Sauce entstanden ist.
3. Die Zitronenmelisse und die Pfefferminze waschen, trockentupfen, einige Pfefferminzblättchen beiseite legen. Die restlichen Blättchen fein hacken.
4. Den Eisbergsalat waschen, in Streifen schneiden und trockenschleudern. Den Salat mit der Sauce mischen und mit den Minzeblättchen garnieren.

TIP

Verrühren Sie bei der Zubereitung der Salatsauce das Salz immer so lange mit dem Zitronensaft oder dem Essig, bis es sich aufgelöst hat. So entfaltet Salz seine volle Würzkraft, und man braucht dadurch weniger.

Tomatenfrischkost

Für 4 Personen

Meersalz

1 EL Obstessig

2 Zweige Basilikum

2 Zweige Thymian

frisch gemahlener Pfeffer

4 EL kalt gepreßtes Olivenöl

600 g Tomaten

80 g fester Schafskäse

1. Das Meersalz in eine Schüssel geben, mit dem Obstessig so lange·verrühren, bis es sich aufgelöst hat. Die fein gehackten Kräuter dazugeben, mit Pfeffer abschmecken und das Öl dazugeben.

2. Die Tomaten waschen, von den Stielansätzen befreien, die Tomaten achteln und auf einem Teller anrichten.

3. Die Sauce über die Tomaten gießen und den Schafskäse über die Tomaten raspeln oder zerbröseln.

Zucchinisalat

Für 4 Personen

Kräutersalz

1 TL Senf

1 bis 2 TL Obstessig

½ Zwiebel

1 Knoblauchzehe

einige Zweige frisches

Basilikum und frischer Oregano

frisch gemahlener Pfeffer

2 EL kalt gepreßtes Sonnen-

blumenöl

2 große Zucchini

einige Radicchioblätter

½ rote Paprikaschote

1. Das Kräutersalz und den Senf in eine Schüssel geben, mit dem Obstessig so lange verrühren, bis sich das Salz aufgelöst hat.

2. Die Zwiebel und den Knoblauch schälen. Die Zwiebel fein würfeln, den Knoblauch zerdrücken.

3. Beides mit den fein gehackten Kräutern in die Sauce geben. Mit Pfeffer abschmecken und das Öl unterrühren.

4. Die Zucchini putzen, waschen, in dünne Scheiben schneiden und mit der Salatsauce mischen.

5. Den Salat auf den gewaschenen, abgetropften Radicchioblättern anrichten und mit den in dünne Streifen geschnittenen Paprikaschoten garnieren.

Blattsalat mit Paprikaschoten

Für 4 Personen

1 Kopf Lollo rosso oder
Eichblattsalat
Saft von ½ Zitrone
einige Tropfen kalt gepreßtes
Olivenöl
Meersalz
frisch gemahlener weißer
Pfeffer
150 g Joghurt
3 EL Crème fraîche
Saft von ½ Zitrone
1 TL grüne Pfefferkörner
Cayennepfeffer
1 Gemüsezwiebel
1 rote Paprikaschote
1 gelbe Paprikaschote
1 Bund Radieschen
1 Bund Schnittlauch

1. Den Blattsalat putzen, waschen, trockenschleudern und in mundgerechte Stücke zerpflücken, auf 4 Tellern anrichten. Mit Zitronensaft und Olivenöl beträufeln und mit Meersalz und Pfeffer bestreuen.
2. Den Joghurt, die Crème fraîche, den Zitronensaft und die zerstoßenen Pfefferkörner verrühren. Mit Meersalz, Pfeffer und Cayennepfeffer gut abschmecken.
3. Die Gemüsezwiebel schälen und in hauchdünne Streifen schneiden. Die Paprikaschoten putzen, halbieren, entkernen, waschen und ebenfalls in hauchdünne Streifen schneiden.
4. Die Radieschen putzen, waschen und klein schneiden. Mit dem fein geschnittenen Schnittlauch, der Zwiebel, den Paprikaschoten und der Sauce mischen. Den Salat auf dem Blattsalat anrichten.

Sommerlicher Salatteller

Für 4 Personen

Kräutersalz

2 EL Obstessig

etwas Honig oder Apfeldicksaft
nach Geschmack

gemahlener Koriander

gemahlener Kümmel

4 EL kalt gepreßtes Sonnenblumenöl

1 Kopfsalat

8 Radieschen

2 Möhren

4 EL blanchierte Maiskörner

½ Bund Brunnenkresse

1. Das Kräutersalz in eine
Schüssel geben und so lange
mit dem Obstessig verrüh-
ren, bis es sich aufgelöst hat.
Dann mit Honig oder Apfeldicksaft, Koriander und
Kümmel pikant abschmek-
ken. Das Öl langsam dar-
unter schlagen.

2. Den Salat putzen, waschen und trockenschleu-
dern. Die Blätter auf einem
Teller verteilen.
3. Die Radieschen und die
Möhren putzen, waschen.
Die Radieschen in Scheiben
schneiden, die Möhren grob
raspeln und beides mit den
Maiskörnern mischen.
4. Die Zutaten mit der Salatsauce vermengen und über
die Kopfsalatblätter geben.
Mit der geputzten, gewa-
schenen und trockengetupften Brunnenkresse etwas
garnieren.

Alfalfasalat
mit Kresse

Für 4 Personen

Meersalz

1 EL Obstessig

1 TL Apfeldicksaft

1 EL kalt gepreßtes Distelöl

2 EL kalt gepreßtes Walnußöl

½ Bund Brunnen- oder
Gartenkresse

2 Tomaten, 1 Avocado

1 EL Zitronensaft

200 g Alfalfagrün

1. Etwas Salz mit dem Obstessig in eine Schüssel geben und so lange verrühren, bis sich das Salz aufgelöst hat. Dann den Apfeldicksaft und das Öl langsam einrühren.

2. Die Kresse putzen, waschen und trockenschleudern. Das Alfalfagrün gut abspülen und trockenschleudern. Die Tomaten waschen, vom Stielansatz befreien und würfeln.

3. Die Avocado schälen, quer halbieren und entsteinen. Das Fruchtfleisch in Scheiben schneiden, sofort mit Zitronensaft beträufeln.

4. Die Kresse, die Tomatenwürfel und das Alfalfagrün mit ¾ der Sauce leicht mischen. Mit den Avocadoscheiben garnieren und die restliche Sauce darüberträufeln.

Spargelrohkost mit Erdbeeren

Für 4 Personen

100 g saure Sahne
1–2 EL Estragonessig
2 EL kalt gepreßtes Trauben-kernöl
1 EL Zitronensaft
Meersalz
frisch gemahlener weißer Pfeffer
400 g frischer Spargel
1 bis 2 Frühlingszwiebeln
200 g frische Erdbeeren
1 TL grüne Pfefferkörner

1. Die saure Sahne mit dem Estragonessig, dem Öl und dem Zitronensaft verrühren und mit Meersalz und Pfeffer abschmecken.

2. Den Spargel waschen, vorsichtig schälen und das holzige Ende abschneiden. Dann die Stangen in ganz hauchdünne Scheibchen schneiden.

3. Die Frühlingszwiebeln putzen, waschen, gut abtropfen lassen und in dünne Streifen schneiden. Die Erdbeeren verlesen, waschen und vierteln.

4. Den Spargel und die Frühlingszwiebeln mit der Salatsauce mischen, mit den Erdbeeren und den Pfefferkörnern garnieren.

*Frisch geerntete Walnüsse
sind pur eine besondere Delikatesse,
ihr Öl gibt
herbstlichen Salaten Pfiff*

Endiviensalat mit Nüssen

Für 4 Personen

Meersalz
2 bis 3 EL Rotweinessig
1 EL mittelscharfer Senf
Saft von ½ Orange
Birnendicksaft nach Geschmack
1 Bund gemischte Kräuter
2 EL kalt gepreßtes Walnußöl
frisch gemahlener Pfeffer
1 kleiner Kopf Endiviensalat
1 Zwiebel
1 EL grob gehackte Haselnüsse
50 g Gouda

1. Das Meersalz in eine Schüssel geben und so lange mit dem Rotweinessig verrühren, bis es sich aufgelöst hat. Dann den Senf, den Orangensaft, etwas Birnendicksaft und fein gehackte Kräuter dazugeben. Das Walnußöl tropfenweise unterrühren und die Sauce mit Pfeffer kräftig abschmecken.
2. Den Endiviensalat putzen, waschen, trockenschleudern und in mundgerechte Stücke zerpflücken. Die Zwiebel schälen und fein hacken.
3. Den Endiviensalat mit der Zwiebel und den Nüssen mischen. Den Gouda in kleine Würfel schneiden und dazugeben. Die Sauce zum Salat geben und alles gut miteinander mischen.

Bunter Salat mit Käsedressing

Für 4 Personen

50 g Edelpilzkäse
50 g Sahne
50 g Joghurt
2 bis 3 EL Weinessig
1 EL Zitronensaft
Meersalz
frisch gemahlener weißer
Pfeffer
Honig nach Geschmack
1 kleiner Kopf Endiviensalat
1 kleiner Kopf Radicchio
2 kleine Zucchini
1 Bund Radieschen

1. Den Edelpilzkäse mit einer Gabel zerdrücken. Die Sahne, den Joghurt, den Weinessig und den Zitronensaft dazugeben und alles zu einer glatten Sauce verrühren. Das Dressing mit Meersalz, Pfeffer und Honig kräftig abschmecken.
2. Den Endiviensalat und den Radicchio putzen, waschen, trockentupfen und in mundgerechte Stücke zerpflücken.
3. Die Zucchini waschen, den Stielansatz entfernen und die Zucchini in Würfel schneiden.
4. Die Radieschen putzen, waschen, in dünne Scheiben schneiden und die Salatzutaten in einer Schüssel mischen. Mit dem Dressing überziehen und alles vorsichtig mischen.

VARIATION

Sättigender wird dieser Salat mit dünn geschnittenen, in Butter gebratenen Rinderfiletscheiben und einigen gerösteten Haselnüssen.

Italienischer Salat

Für 4 Personen

Meersalz
2 EL Rotweinessig
Saft von ½ Zitrone
2 EL Rotwein
frisch gemahlener Pfeffer
1 Bund Basilikum
4 EL kalt gepreßtes Olivenöl
2 Zwiebeln
1 rote Paprikaschote
1 grüne Paprikaschote
4 Tomaten
50 g schwarze Oliven
200 g fester Gorgonzola oder anderer Blauschimmelkäse
1 kleiner Kopf Eisbergsalat
einige Zweige frische Kräuter zum Garnieren

1. Das Meersalz in eine Schüssel geben, mit dem Rotweinessig, dem Zitronensaft und dem Rotwein so lange verrühren, bis es sich aufgelöst hat. Mit Pfeffer und fein gehacktem Basilikum abschmecken, das Öl darunterschlagen.
2. Die Zwiebeln schälen und in grobe Würfel schneiden. Die Paprikaschoten putzen, halbieren, entkernen, waschen und ebenfalls in Würfel schneiden.
3. Die Tomaten waschen, den grünen Stielansatz entfernen und die Tomaten in Würfel schneiden. Alles mit den Oliven mischen.
4. Den Salat mit der Salatsauce mischen und im Kühlschrank 10 bis 15 Minuten durchziehen lassen.
5. Den Gorgonzola in kleine Würfel schneiden. Den Eisbergsalat putzen, waschen, trockenschleudern und in mundgerechte Stücke zerpflücken.
6. Den Käse und den Eisbergsalat zu dem Salat geben, nochmals gut durchmischen und mit Kräuterzweigen garnieren.

Eisbergsalat mit Alfalfagrün

Für 4 Personen

75 g saure Sahne
75 g Joghurt
1 EL mittelscharfer Senf
1 EL Estragonessig
Apfeldicksaft nach Geschmack
Meersalz
frisch gemahlener weißer
Pfeffer
Currypulver
1 kleiner Kopf Eisbergsalat
2 Möhren
1 Bund Radieschen
1 Stück Salatgurke
1 Tasse Rettichsprossen oder Alfalfagrün

1. Die saure Sahne und den Joghurt verrühren, mit Senf, Essig, Apfeldicksaft, Meersalz, Pfeffer und Curry pikant abschmecken.
2. Den Eisbergsalat putzen, waschen, trockenschleudern und in 1 cm breite Streifen schneiden.
3. Die Möhren gründlich unter fließendem Wasser abbürsten, eventuell schälen. Die Radieschen und die Salatgurke waschen und das Gemüse raspeln. Die Sprossen oder das Grün unter fließendem Wasser gründlich abspülen.
4. Den Salat, die Möhren, die Radieschen und die Salatgurke gut mit der Sauce mischen. Die Rettichsprossen oder das Alfalfagrün über den Salat streuen.

Fenchelfrischkost mit Orangen

Für 4 Personen

200 g saure Sahne
2 EL kalt gepreßtes Sonnen- blumenöl
½ Banane
wenig frisch geriebener Meerrettich
einige Zweige frischer Estragon
Meersalz
frisch gemahlener weißer Pfeffer
Honig nach Geschmack
2 kleine Fenchelknollen (ca. 300 g)
2 kleine Äpfel (ca. 200 g)
Saft von ½ Zitrone
2 Orangen
2 EL gehackte Haselnüsse

1. Die saure Sahne mit dem Sonnenblumenöl glattrühren. Die Banane schälen und mit der Gabel zerdrücken, mit dem Meerrettich und dem feingehackten Estragon unter die Sauce mischen. Diese mit Meersalz, Pfeffer und etwas Honig kräftig abschmecken.

2. Die Fenchelknollen putzen, waschen und in feine Streifen schneiden. Das Fenchelgrün fein hacken und beiseite stellen. Die Äpfel waschen und fein würfeln, beides mit dem Zitronensaft beträufeln und mit der Salatsauce mischen.

3. Die Orangen mit dem Messer schälen, dabei auch die weiße Innenhaut mit abschneiden. Die Orangenfilets mit einem scharfen Messer herausschneiden.

4. Den Salat mit den Orangenfilets, den Nüssen und dem Fenchelgrün garnieren.

Rote-Bete-Frisch-kost mit Ananas

Für 4 Personen

200 g Dickmilch
4 EL Orangensaft
1 EL frisch geriebener
Meerrettich
Meersalz
frisch gemahlener Pfeffer
400 g rote Bete
4 Scheiben frische Ananas
2 Orangen
einige Salatblätter
1 EL gehackte Walnüsse
oder andere Nüsse

1. Die Dickmilch mit dem Orangensaft und dem Meerrettich mischen und mit Meersalz und Pfeffer abschmecken.
2. Die roten Beten waschen, schälen, grob raspeln und mit der Salatsauce mischen. Die Ananas von der Schale und dem Strunk befreien und klein schneiden.
3. Die Orangen mit einem Messer schälen, dabei die weiße Innenhaut mit abschneiden. Die Filets mit einem scharfen Messer herausschneiden.

4. Den Rote-Bete-Salat auf den Salatblättern anrichten und mit den Orangenfilets, den Nüssen und der Ananas garnieren.

VARIATION

Reiben Sie einen kleinen Apfel unter die rote Bete, und verzieren Sie den Salat nur mit Nüssen und Orangenfilets.

Blumenkohl-frischkost

Für 4 Personen

1 Banane
Saft von 1 bis 1 1/2 Zitronen
Currypulver
frisch gemahlener weißer
Pfeffer
Meersalz
150 g saure Sahne oder
Dickmilch
Apfeldicksaft nach Geschmack
400 g Blumenkohl
1 kleiner Kopf Radicchio
2 EL frisch geriebene Kokosnuß
oder Mandelsplitter
Dillzweige zum Garnieren

1. Die Banane schälen, mit
einer Gabel zerdrücken und
mit dem Zitronensaft, Currypulver und Pfeffer, Meersalz,
der sauren Sahne oder der
Dickmilch und Apfeldicksaft
zu einer würzigen Sauce verrühren.
2. Den Blumenkohl in Röschen teilen, diese waschen,
abtrocknen, grob raspeln
und locker unter die Salatsauce heben.
3. Den Radicchio putzen,
die Blätter waschen, trok-
kentupfen und den Blumen-
kohlsalat darauf anrichten.
Mit Kokosnuß oder leicht
gerösteten Mandelsplittern
und Dillzweigen garnieren.

Möhren-Apfel-Frischkost

Für 4 Personen

4 EL süße Sahne
4 EL saure Sahne
Saft von 1/2 Zitrone
Meersalz
frisch gemahlener Pfeffer
200 g Möhren
200 g Äpfel
1/4 Bund Kerbel
2 EL geriebene Nüsse

1. Die süße und die saure
Sahne mit dem Zitronensaft,
etwas Meersalz und Pfeffer
mischen.
2. Die Möhren und die
Äpfel putzen, waschen, die
Möhren eventuell schaben
und beides grob raspeln
oder in Streifen schneiden.
3. Den Kerbel fein hacken,
einige Blättchen zum Gar-
nieren beiseite legen.
4. Den Kerbel, die Möhren
und die Äpfel mit der Sauce
mischen und die Nüsse
unterheben. Mit den Kerbel-
blättchen garnieren.

Variation

Anstelle der Möhren und der
Nüsse können Sie auch
Schwarzwurzeln und frisch
geriebene Kokosnuß
nehmen.

Selleriefrischkost mit Äpfeln

Für 4 Personen

Saft von 1–2 Zitronen
200 g Dickmilch oder
saure Sahne
400 g Sellerieknolle
2 Äpfel (ca. 200 g)
frisch gemahlener weißer
Pfeffer
Meersalz
Apfeldicksaft nach Geschmack
4 Scheiben frische Ananas
2 EL gehackte Haselnüsse oder
Walnüsse

1. Den Zitronensaft mit der
Dickmilch oder der sauren
Sahne verrühren.
2. Den Sellerie schälen und
waschen, die Äpfel wa-
schen, beides grob raspeln
oder in Streifen schneiden,
unter die Sauce heben und
mit Pfeffer, Meersalz und
Apfeldicksaft abschmecken.
3. Die Ananasscheiben von
der Schale und dem harten
Strunk in der Mitte befreien
und in Stückchen schnei-
den. Den Salat mit den gehackten Nüssen und der
Ananas garnieren.

*Möhren, Sellerie und Blumenkohl
setzen frische Farbtupfer auf jede Salatplatte
und laden damit zum Knabbern ein*

Rohkostteller mit verschiedenen Dips

Für 4 Personen

4 Stangen Staudensellerie
½ Salatgurke
2 Zucchini
4 bis 6 Frühlingszwiebeln
4 Möhren
1 Chicoréestaude
2 säuerliche Äpfel

1. Den Staudensellerie putzen, waschen, gut abtropfen lassen und in 5 bis 6 cm lange Stücke schneiden.
2. Die Salatgurke und die Zucchini waschen, die Gurke halbieren, das Kerngehäuse mit einem Teelöffel herauslösen, die Gurke und die Zucchini in 1 cm dicke und 5 cm lange Stücke schneiden.
3. Die Frühlingszwiebeln putzen, waschen, gut abtropfen lassen, vierteln und ebenfalls in 5 cm lange Stücke schneiden. Die Möhren gründlich unter fließendem Wasser abbürsten, eventuell schälen, vierteln und dann in 5 cm große Stücke schneiden.
4. Die Chicoréestaude putzen, den bitteren Strunk kreisförmig herausschneiden und die Staude in die einzelnen Blätter teilen.
5. Die Äpfel waschen, vierteln, das Kerngehäuse entfernen, die Äpfel in große Würfel schneiden und mit etwas Zitronensaft beträufeln. Auf Cocktailspießchen stecken.
6. Die Salatzutaten dekorativ auf einem Teller anrichten, dazu die Mandelsahne und die Meerrettichcreme servieren.

Mandelsahne

Für 4 Personen

100 g Sahne
½ Tasse gemahlene Mandeln
1 EL mittelscharfer Senf
1 EL Obstessig
1 TL Honig
Meersalz
frisch gemahlener weißer Pfeffer
Cayennepfeffer
frisch geriebener Ingwer

1. Die Sahne in eine Schüssel geben und schaumig schlagen. Die Mandeln, den Senf, den Obstessig und den Honig unterziehen.
2. Die Mandelsahne mit Meersalz, Pfeffer, Cayennepfeffer und Ingwer würzen und zum Rohkostteller servieren.

Meerrettichcreme

Für 4 Personen

100 g Crème fraîche
½ EL Zitronensaft
2 EL frisch geriebener Meerrettich
Honig nach Geschmack
Meersalz
frisch gemahlener weißer Pfeffer
einige Zweige Petersilie

1. Die Crème fraîche mit dem Zitronensaft in einer Schüssel mischen und schaumig schlagen. Mit dem Meerrettich und Honig abschmecken.
2. Mit Meersalz und Pfeffer kräftig würzen, die fein gehackte Petersilie unterziehen und zum Rohkostteller servieren.

Mais-Tomaten-Gurken-Frischkost

Für 4 Personen

Meersalz
2 EL Obstessig
4 EL kalt gepreßtes Sonnen-blumenöl
2 Knoblauchzehen
½ Bund frische Kräuter
frisch gemahlener Pfeffer
1 Maiskolben
4 Tomaten
1 Salatgurke
1 Zwiebel

1. Etwas Meersalz in eine Schüssel geben, mit dem Obstessig so lange verrühren, bis sich das Salz aufgelöst hat. Das Öl dazurühren.

2. Die Knoblauchzehen schälen und fein hacken. Die Kräuter waschen und fein schneiden. Die Kräuter und den Knoblauch zur Sauce geben und mit Pfeffer pikant abschmecken.

3. Die Maiskörner vom Kolben lösen, etwa 5 Minuten in Salzwasser blanchieren und kalt abschrecken. Die Tomaten und die Gurke waschen, den grünen Stielansatz der Tomaten entfernen und das Gemüse in Würfel schneiden. Die Zwiebel schälen und ebenfalls fein würfeln.

4. Das Gemüse mit der Salatsauce mischen und gut durchziehen lassen.

TIP

Die Maiskörner lassen sich ganz leicht vom Kolben lösen. Fahren Sie dazu mit einem Messer rechts und links von einer Maiskornreihe entlang und lösen Sie diese Reihe aus. Die restlichen Reihen können Sie leicht mit dem Messer vom Kolben abheben.

Wildkräutersalat mit Weizenkeimlingen

Für 4 Personen

1 EL mittelscharfer Senf
2 EL Obstessig
2 ganz frische Eigelbe
4 EL kalt gepreßtes Sonnenblumenöl
Meersalz
frisch gemahlener weißer
Pfeffer
Cayennepfeffer
Honig nach Geschmack
3 EL Crème fraîche
einige Zweige Estragon
1 kleiner Kopf Radicchio

100 g Wildkräuter
(Löwenzahn-, Sauerampfer-,
junge Brennesselblätter und
Brunnenkresse)
100 g Emmentaler Käse
1 säuerlicher Apfel
1 TL Zitronensaft
2 EL Weizenkeimlinge

1. Den Senf mit dem Obstessig und den Eigelben glattrühren. Das Öl tropfenweise
unter die Eigelbmasse rühren, bis eine cremige Sauce
entstanden ist.
2. Die Sauce mit Meersalz,
Pfeffer, Cayennepfeffer und
Honig würzen und zum
Schluß die Crème fraîche
und den fein geschnittenen
Estragon unterziehen.

3. Den Radicchio, die Lö-
wenzahn-, Sauerampfer- und
Brennesselblätter und die
Brunnenkresse putzen, wa-
schen, trockenschleudern
und in mundgerechte Stük-
ke zerpflücken.
4. Den Emmentaler in dünne Streifen schneiden.
5. Den Apfel waschen, mit
einem Kernausstecher das
Kerngehäuse entfernen und
den Apfel in hauchdünne
Scheibchen schneiden. So-
fort mit Zitronensaft beträufeln, damit die Scheiben
nicht braun werden.
6. Die Weizenkeimlinge
kalt abspülen, mit den restlichen Zutaten mischen und
unter die Sauce heben.

Blumenkohl-Brokkoli-Salat

Für 4 Personen

400 g Brokkoli
400 g Blumenkohl
einige Pfefferkörner
300 ml Gemüsebrühe
½ Bund Frühlingszwiebeln
1 hart gekochtes Ei
150 g Joghurt
75 g Crème fraîche
2 EL Obstessig
Zitronensaft und Honig nach Geschmack
1 TL Currypulver
Meersalz
frisch gemahlener weißer Pfeffer
1 Bund Schnittlauch
frisch geriebener Ingwer

1. Die Brokkoli und den Blumenkohl in kleine Röschen teilen, diese waschen und trockentupfen.

2. Einige Pfefferkörner in der Gemüsebrühe kurz durchkochen lassen, die Pfefferkörner wieder abseihen.

3. Das Gemüse in dem Sud zugedeckt bei mäßiger Hitze 5 bis 10 Minuten dünsten. Es sollte noch bißfest sein. Dann herausnehmen und abkühlen lassen.

4. Die Frühlingszwiebeln putzen, waschen und in hauchdünne Streifen schneiden. Das Ei schälen und fein hacken.

5. Den Joghurt mit der Crème fraîche, dem Obstessig, dem Zitronensaft und etwas Honig verrühren und mit Curry, Meersalz und Pfeffer kräftig abschmecken.

6. Den Blumenkohl und die Brokkoli vorsichtig mit der Sauce mischen und mit dem Ei und fein geschnittenem Schnittlauch bestreuen. Zuletzt mit etwas frisch geriebenem Ingwer bestreuen.

VARIATION

Wenn Sie den Blumenkohl oder die Brokkoli lieber roh essen möchten, können Sie den Salat mit dem gleichen Dressing zubereiten. Nehmen Sie jedoch dann nur eine Gemüsesorte, entweder Blumenkohl oder Brokkoli.

Weißkrautsalat mit Weintrauben

Für 4 Personen

100 g saure Sahne
1 bis 2 EL Weinessig
Zitronensaft nach Geschmack
½ TL gemahlener Kümmel
1 Prise Cayennepfeffer
Birnendicksaft nach Geschmack
400 g Weißkraut
Meersalz
1 Tasse Gemüsebrühe
1 Zwiebel
200 g Weintrauben
1 EL Walnüsse
1 Bund Estragon

Die letzten warmen Strahlen der Herbstsonne bringen heimische Weintrauben für den Weißkrautsalat zur vollen Reife

1. Die saure Sahne mit dem Weinessig, dem Zitronensaft, Kümmel, Cayennepfeffer und Birnendicksaft abschmecken.

2. Das Weißkraut putzen, vierteln und sehr fein raspeln oder hobeln. Mit dem Meersalz bestreuen.

3. Die Gemüsebrühe zum Kochen bringen, über den Salat träufeln und das Weißkraut mit den Händen so lange kneten, bis es weich und geschmeidig ist.

4. Die Zwiebel schälen und sehr fein hacken. Die Weintrauben waschen, halbieren und entkernen. Die Zwiebel, die Weintrauben und die Walnüsse gut mischen.

5. Den fein gehackten Estragon unter die Sauce ziehen und alles mit dem Salat mischen.

Rettichsalat

Für 4 Personen

Meersalz
2 EL Rotweinessig
1 EL mittelscharfer Senf
1 EL frisch geriebener Meerrettich
Birnendicksaft nach Geschmack
frisch gemahlener Pfeffer
4 EL kalt gepreßtes Sonnenblumenöl
1 großer Rettich
1 Bund Radieschen
2 rote Zwiebeln
2 Bund Schnittlauch

1. Das Meersalz in eine Schüssel geben, so lange mit dem Rotweinessig verrühren, bis es sich aufgelöst hat. Mit Senf, Meerrettich, Birnendicksaft und Pfeffer abschmecken. Das Öl darunterschlagen.

2. Den Rettich putzen, waschen, schälen und in hauchdünne Scheiben schneiden. Die Radieschen putzen, waschen, trockentupfen und ebenfalls in sehr dünne Scheiben schneiden.

3. Die Zwiebeln schälen und in dünne Ringe schneiden. Den Schnittlauch verlesen, waschen, trockentupfen und fein schneiden.

4. Den Salat mit der Sauce gut mischen und 10 bis 15 Minuten im Kühlschrank ziehen lassen, dann nochmals abschmecken.

VARIATION

Wer mag, kann noch 200 g gekochte, magere Rinderbrust unter den Salat mischen.

*Zwei neue Salate
mit bekannten Zutaten für alle,
die Pikant-Würziges lieben*

Topinambursalat mit Knoblauch- mayonnaise

Für 4 Personen

600 g Topinambur
½ Rezept Knoblauch-
mayonnaise (siehe rechts)
einige Blätter Kopfsalat
4 Tomaten
40 g schwarze Oliven
½ Bund Kerbel

1. Den Topinambur waschen. In Salzwasser 15 bis 20 Minuten bißfest garen. Dann schälen und in Scheiben schneiden.
2. Den Topinambur mit der Knoblauchmayonnaise mischen, auf den geputzten Salatblättern anrichten und mit Tomatenachteln und Oliven garnieren. Mit dem fein gehackten Kerbel bestreuen.

VARIATION

Topinambur läßt sich auch roh sehr gut essen. Reiben Sie ihn dann ganz fein in eine Essig-Öl-Marinade. Auch ein Kerbel-Nuß-Dressing (siehe Seite 56 „Möhren-Apfel-Frischkost") paßt dazu sehr gut.

Knoblauch- mayonnaise

Für 4 Personen

3 Knoblauchzehen
Meersalz
frisch gemahlener schwarzer
Pfeffer
Saft von ½ Zitrone
1 ganz frisches Eigelb
125 g kalt gepreßtes Olivenöl
oder Sonnenblumenöl
1 bis 2 EL Wasser oder Gemüsebrühe

1. Den Knoblauch schälen und die Zehen zerdrücken. Mit Meersalz, Pfeffer, Zitronensaft und Eigelb zu einer Paste verrühren.
2. Das zimmerwarme Öl anfangs nur tropfenweise dazurühren, bis die Sauce cremig wird, dann das restliche Öl löffelweise dazugeben.
3. Die Mayonnaise mit dem Wasser oder der Gemüsebrühe verdünnen.

TIP

Wenn Sie die Knoblauchzehen weglassen, erhalten Sie eine neutrale **Mayonnaise,** die mit saurer Sahne oder Joghurt verlängert werden kann.

Sauerkrautsalat mit Brokkoli und Paprika

Für 4 Personen

Meersalz
1 EL Obstessig
4 EL kalt gepreßtes Sonnenblumenöl
1 TL frisch geriebener
Meerrettich
frisch gemahlener weißer
Pfeffer
1 Apfel (ca. 150 g)
2 kleine Zwiebeln
½ Paprikaschote
200 g Brokkoli
400 g unerhitztes Sauerkraut
1 EL Pinienkerne
½ Bund Schnittlauch

1. Etwas Meersalz in eine Schüssel geben, mit dem Obstessig so lange verrühren, bis sich das Salz aufgelöst hat. Das Öl, den Meerrettich und den Pfeffer dazugeben.
2. Den Apfel waschen und in Streifen schneiden. Die Zwiebeln schälen und in Scheiben schneiden. Die Paprikaschote putzen, waschen und in Streifen schneiden. Die Brokkoli putzen und ebenfalls sehr fein schneiden.
3. Zwiebeln, Paprika und Brokkoli mit der Sauce mischen. Das Sauerkraut mit dem Apfel mischen und locker unter den Salat heben.
4. Die Pinienkerne in einer Pfanne ohne Fettzugabe anrösten und den Salat damit bestreuen, mit fein geschnittenem Schnittlauch garnieren.

Salat von Blutorangen und Zwiebeln

Für 4 Personen

Meersalz
Saft von ½ Zitrone
frisch gemahlener Pfeffer
Honig
2 EL kalt gepreßtes Sonnenblumenöl
2 Gemüsezwiebeln (ca. 400 g)
2 Blutorangen (ca. 400 g)
16 schwarze Oliven

1. Das Meersalz in eine Schüssel geben, so lange mit dem Zitronensaft verrühren, bis es sich aufgelöst hat. Mit Pfeffer und Honig pikant abschmecken und das Öl darunterrühren.
2. Die Zwiebeln schälen und in dünne Streifen schneiden. Die Orangen mit einem Messer schälen, dabei die weiße Innenhaut wegschneiden. Die Filets mit einem scharfen Messer herauslösen.
3. Die Zwiebeln und die Orangen mit der Salatsauce mischen und den Salat mit den halbierten, entkernten Oliven garnieren und gut durchziehen lassen.

Staudensellerie mit Hüttenkäse

Für 4 Personen

50 g Edelpilzkäse
200 g Hüttenkäse
100 g Sahne
2 bis 3 EL Estragonessig
Honig nach Geschmack
Meersalz
frisch gemahlener weißer Pfeffer
Cayennepfeffer
frisch geriebener Ingwer
400 g Staudensellerie
4 Tomaten
100 g frische Champignons
Saft von ½ Zitrone
1 Bund Zitronenmelisse

1. Den Edelpilzkäse mit der Gabel zerdrücken, den Hüttenkäse und die Sahne unterziehen und mit Estragonessig, Honig, Meersalz und den Gewürzen kräftig abschmecken.

2. Den Staudensellerie putzen und in hauchdünne Scheiben schneiden. Die Tomaten waschen, den grünen Stielansatz entfernen, die Tomaten vierteln und in Würfel schneiden.

3. Die Champignons putzen, in Zitronenwasser kurz waschen, gut abtropfen lassen, in Scheiben schneiden und mit Zitronensaft beträufeln. Alle Zutaten mit der fein gehackten Zitronenmelisse und der Sauce mischen.

Salat mit Austernpilzen

Für 4 Personen

1 Knoblauchzehe
1 Zwiebel
2 EL kalt gepreßtes Olivenöl
250 g Austernpilze
etwas Weißwein
1 kleiner Kopf Radicchio
1 kleiner Kopf Friséesalat
einige Tropfen Rotweinessig
einige Tropfen kalt gepreßtes Olivenöl
Meersalz
frisch gemahlener weißer Pfeffer
100 g saure Sahne
Saft von ½ Zitrone
frisch geriebene Muskatnuß
½ Bund Schnittlauch
½ Bund Petersilie
1 EL grob gehackte Walnüsse

1. Die Knoblauchzehe und die Zwiebel schälen, fein hacken und in Olivenöl andünsten.

2. Die Austernpilze verlesen, waschen, eventuell klein schneiden, zu den Zwiebeln geben und kurz mitschwitzen. Das Ganze mit Weißwein ablöschen und bei mäßiger Hitze 5 bis 10 Minuten dünsten.

3. In der Zwischenzeit den Radicchio und den Friséesalat putzen, waschen, trockenschleudern und in mundgerechte Stücke zerpflücken. Auf Tellern anrichten, mit Rotweinessig und Öl beträufeln, leicht salzen und pfeffern.

4. Die saure Sahne unter die Pilze ziehen und bei starker Hitze zu einer sämigen Sauce verkochen. Mit Zitronensaft und Muskat abschmecken. Die fein gehackten Kräuter unter die Pilze ziehen. Mit Meersalz und Pfeffer kräftig würzen und leicht abkühlen lassen.

5. Die Austernpilze in die Mitte des Salates setzen und das Ganze mit Walnüssen bestreuen.

VARIATION

Eine kleine Mahlzeit wird aus diesem Salat, wenn Sie 250 g gekochtes oder gebratenes Hähnchenfleisch unterziehen.

GEMÜSE

Wildkräuter-
süppchen mit
Sahnehaube

Für 4 Personen

4 EL feines Gerstenvollkorn- schrot
1 l Gemüsebrühe
20 g frische Wild- und andere Kräuter (Löwenzahn, Sauerampfer, Schafgarbe, Brennesselspitzen, Basilikum und Thymian)
Meersalz
frisch geriebene Muskatnuß
2 EL Butter
4 EL geschlagene Sahne

1. Das Gerstenvollkorn-schrot in einem heißen Topf ohne Fettzugabe einige Mi-nuten darren, bis es nußartig riecht.
2. Dann die kalte Gemüse-brühe dazugeben, gut durchrühren, die Suppe un-ter ständigem Rühren aufko-chen, da das Gerstenschrot sehr schnell ansetzt. Einige Minuten quellen lassen.
3. Die Kräuter waschen, trockentupfen und fein schneiden. In der heißen Butter etwas dünsten.

4. Die Suppe mit Meersalz und Muskatnuß abschmek-ken, zum Schluß die Kräuter und die Sahne in die Suppe geben.

TIP

Anstelle des Gerstenschrots können Sie die Suppe auch mit Hafer- oder Dinkelschrot binden. Sollten Sie keine fri-schen Wildkräuter zur Verfü-gung haben, eignen sich auch zarte Kopfsalat- oder Spinatblätter.

Einfache Kürbissuppe

Für 4 Personen

400 g Kürbis
200 g Möhren
1 Zwiebel
2 EL Butter
Currypulver
2 EL feines Hirsevollkornmehl
1 l Gemüsebrühe
frisch geriebener Ingwer
frisch gemahlener weißer
Pfeffer
Meersalz
1 EL Mandelblättchen
4 EL Crème fraîche

1. Den Kürbis schälen, die Kerne entfernen, das Kürbisfleisch in kleine Stücke schneiden. Die Möhren putzen, schaben und in kleine Würfel schneiden. Die Zwiebel schälen und fein hacken.
2. Die Butter erhitzen und die Zwiebel darin glasig dünsten. Die Gemüsewürfel dazugeben und ebenfalls anschwitzen. Das Currypulver und das Hirsevollkornmehl einstreuen und mit anschwitzen.

3. Die kalte Gemüsebrühe angießen und unter Rühren aufkochen, die Suppe auf kleiner Flamme etwa 10 Minuten kochen lassen, dann pürieren.
4. Mit Ingwer, Pfeffer und Meersalz abschmecken. Die Mandelblättchen ohne Fettzugabe leicht bräunen. Die Crème fraîche auf die Suppe geben und die Mandeln darüberstreuen.

Zart und sanft läuten die violetten Blütenglocken des Beinwells vergessene Kräuter in die Küche zurück

Beinwellklößchen in Zucchinicremesuppe

Für 4 Personen
Beinwellklößchen:

100 ml Wasser oder Gemüsebrühe

2 EL Butter

Meersalz

frisch geriebene Muskatnuß

50 g feines Weizenvollkornmehl

2 kleine Eier

1 EL geriebener Emmentaler
Käse

1 Handvoll Beinwell oder
Borretsch

½ l Gemüsebrühe oder
Salzwasser

Zucchinicreme:

2 Zwiebeln

1 Knoblauchzehe

400 g Zucchini

2 EL Butter

2 EL feines Weizenvollkornmehl

0,8 l Gemüsebrühe

50 g Sahne

50 ml Weißwein

Meersalz

frisch gemahlener Pfeffer

1–2 Zweige frischer Oregano

1. Das Wasser oder die Gemüsebrühe, die Butter, Meersalz und Muskat zum Ko-
chen bringen. Das gesamte
Mehl dazugeben und mit
einem Holzlöffel die Masse
so lange zu einem festen
Kloß rühren, bis sich am
Topfboden ein weißer Belag
bildet.

2. Den Teig etwas abkühlen
lassen, dann die Eier einzeln
einrühren, den Käse und
den fein gehackten Beinwell
oder Borretsch unterrühren.

3. Die Gemüsebrühe oder
Salzwasser zum Kochen
bringen, mit einem Kaffeelöffel kleine Klößchen in die
siedende Brühe abstechen
und diese etwa 5 Minuten
ziehen lassen. Dann auf
einem Sieb abtropfen lassen.

4. Die Zwiebeln und die
Knoblauchzehe schälen. Die
Zwiebeln in Würfel schneiden, die Knoblauchzehe zerdrücken. Die Zucchini wa-
schen und in feine Streifen
schneiden.

5. Die Butter erwärmen, die
Zwiebelwürfel mit der
Knoblauchzehe darin an-
dünsten, die Zucchinischei-
ben dazugeben und kurz
mitdünsten.

6. Das Vollkornmehl einstreuen, kurz anschwitzen,
mit der Gemüsebrühe auffüllen, unter Rühren aufkochen
und etwa 5 Minuten leise
weiterkochen lassen.

7. Dann die Suppe pürieren, mit Sahne, Weißwein,
Meersalz, Pfeffer und dem
fein gehackten Oregano abschmecken. Die Beinwell-
klößchen als Einlage dazu
reichen.

TIP

Hübsch sieht es aus, wenn
Sie die Suppe mit Borretsch-
blüten verzieren.

Brokkoli-cremesuppe

Für 4 Personen

500 g Brokkoli
1 Zwiebel
2 EL Butter
2 bis 3 EL Vollkornhafermehl
1 l Gemüsebrühe
Meersalz
frisch gemahlener weißer Pfeffer
frisch geriebener Ingwer
1 Prise Cayennepfeffer
frisch geriebene Muskatnuß
4 EL Crème fraîche
10 g Mandelblättchen
einige Zweige Zitronenmelisse

1. Die Brokkoli putzen, in kleine Röschen teilen und waschen. Gut abtropfen lassen und grob hacken. Die Zwiebel schälen und fein hacken.
2. Die Butter in einem Topf erhitzen, die Zwiebel darin glasig dünsten, die Brokkoliröschen dazugeben und kurz mitschwitzen.
3. Mit dem Vollkornhafermehl bestreuen, mit der Gemüsebrühe auffüllen und mit Meersalz, Pfeffer, Ingwer, Cayennepfeffer und Muskat kräftig würzen. Die Suppe bei mäßiger Hitzezufuhr etwa 10 Minuten köcheln lassen.
4. Anschließend die Suppe mit dem Mixer oder mit dem Pürierstab pürieren und nochmals erhitzen. Die Crème fraîche unterziehen. Die Suppe mit gerösteten Mandelblättchen und einigen Zitronenmelisseblättchen garnieren.

Russische Gemüsesuppe

Für 4 Personen

1 Knoblauchzehe
1 Zwiebel
2 Möhren
50 g Lauch
50 g Staudensellerie
2 Petersilienwurzeln
2 mittelgroße rote Bete
250 g Kartoffeln
2 EL Butter
100 g unerhitztes Sauerkraut
2 EL Tomatenmark (selbstgemacht)
1200 ml Gemüsebrühe
1 Lorbeerblatt
1 TL Kümmel
Meersalz
frisch gemahlener schwarzer Pfeffer
1 kleine Prise Pimentpulver
100 g saure Sahne

1. Die Knoblauchzehe und die Zwiebel schälen und beides fein hacken.
2. Die Möhren putzen, waschen, eventuell schälen, den Lauch, den Staudensellerie und die Petersilienwurzel putzen und waschen, die rote Bete schälen und das ganze Gemüse in kleine Würfel schneiden. Die Kartoffeln ebenfalls schälen, waschen und in Würfel schneiden.
3. Die Butter in einem Topf erhitzen, die Knoblauchzehe darin anschwitzen, die Zwiebel dazugeben und glasig dünsten. Das restliche Gemüse ohne die Kartoffeln dazugeben und mitdünsten.
4. Das Sauerkraut zerpflücken und mit den Kartoffeln zum Gemüse geben. Das Tomatenmark unterrühren und mit der Gemüsebrühe auffüllen.
5. Das Lorbeerblatt und den Kümmel dazugeben und alles mit Meersalz, Pfeffer und Pimentpulver abschmecken. Etwa 20 Minuten bei mittlerer Hitze kochen.
6. Die fertige Suppe mit je einem Klecks saurer Sahne servieren.

VARIATION

Wer auf Fleisch nicht verzichten mag, kann mit 200 g Ochsenbrust eine Brühe als Basis kochen und dann die Gemüse dazugeben.

*Das prachtvolle,
schöne Distel-
gewächs verbirgt
Genüsse beson-
derer Art*

Artischocken
mit Avocadocreme

Für 4 Personen

8 frische Artischocken

Meersalz

Saft von 1 Zitrone oder
Limette

5 EL Weißwein

1 Avocado

50 g Doppelrahmfrischkäse

frisch gemahlener Pfeffer

1 TL Kapern

4 schwarze Oliven

einige Scheiben einer unbehandelten Zitrone oder Limette

1. Von den Artischocken
die Stiele und die äußeren
harten Blätter entfernen, die
restlichen Blattspitzen mit
einer Schere kürzen. Die
Artischocken waschen.
2. 1 l Salzwasser aufkochen,
die Hälfte des Zitronensafts
und den Wein dazugeben
und die Artischocken 30 Minuten garen. Dann im Sud
erkalten lassen.
3. Die Avocado halbieren,
den Kern entfernen und das
Fruchtfleisch mit einer Gabel
zerdrücken.
4. Den Frischkäse mit Meersalz, Pfeffer, dem restlichen
Zitronensaft, den Kapern
und den Zwiebeln unter das
Mus mischen.
5. Die Artischocken abtropfen lassen, die Blätter ausein-
anderdrücken und das Heu
entfernen.
6. Die Creme in die Artischocken spritzen und mit
halbierten Oliven und einigen Zitronen- oder Limetten-
scheiben garnieren.

Spargel
„Vinaigrette"

Für 4 Personen

500 g Spargel

½ l Gemüsebrühe oder Wasser

Meersalz

2 EL Obstessig

frisch gemahlener weißer
Pfeffer

4 EL kalt gepreßtes Sonnenblumenöl

1 Knoblauchzehe

2 hart gekochte Eier

1 kleine Zwiebel

einige Zweige Petersilie

1. Den Spargel von oben
nach unten schälen, die hol-
zigen Enden abschneiden
und die Stangen in 2 Bün-
deln mit Küchengarn zusammenbinden.
2. Die Gemüsebrühe oder
das Salzwasser zum Kochen
bringen und den Spargel bei
schwacher Hitze zugedeckt
10 bis 20 Minuten, je nach
Stärke der Stangen, bißfest
garen. Anschließend in der
Brühe auskühlen lassen.
3. Inzwischen etwas Salz
mit dem Obstessig so lange
verrühren, bis es sich aufgelöst hat, den Pfeffer dazugeben und das Öl vorsichtig
darunterrühren. Den Knob-
lauch schälen, zerreiben und
dazugeben.
4. Den Spargel auf einer
Platte anrichten, mit der Vi-
naigrette beträufeln. Die Eier
und die Zwiebel schälen,
fein würfeln und ebenfalls
über den Spargel geben.
5. Alles etwa 20 Minuten
durchziehen lassen und
dann mit der fein gehackten
Petersilie garnieren.

Brokkoli mit Pinienkernen

Für 4 Personen

600 g Brokkoli

1 Zwiebel

1 Knoblauchzehe

10 g Butter

20 g Pinienkerne oder andere Nüsse

200 ml leicht gesalzene Gemüsebrühe

Saft von 1 Zitrone

Meersalz

frisch gemahlener Pfeffer

1. Die Brokkoli putzen, in Röschen zerteilen und waschen. Die Stengel eventuell schälen und kreuzweise einschneiden.
2. Die Zwiebel schälen und fein würfeln. Den Knoblauch schälen und zerreiben.
3. Die Butter erwärmen und die Zwiebelwürfel und die Knoblauchzehe darin anschwitzen.
4. Die Brokkoli hinzugeben, die Gemüsebrühe angießen und das Gemüse darin in 5 bis 10 Minuten bißfest dünsten, dann herausnehmen und warm halten.
5. Die Pinienkerne in einer Pfanne ohne Fett goldbraun rösten.
6. Die Brühe einkochen lassen, mit dem Zitronensaft, Meersalz und Pfeffer abschmecken. Die Brokkoli mit den Pinienkernen bestreuen und mit etwas Sud servieren.

Blumenkohlgemüse

Für 4 Personen

600 g Blumenkohl

150 ml leicht gesalzene Gemüsebrühe

6 EL Crème fraîche

Meersalz

½ Bund Dill

1. Den Blumenkohl in Röschen zerteilen und gründlich waschen. Dann in der Gemüsebrühe bißfest garen und herausnehmen.
2. Die Brühe mit der Crème fraîche einkochen lassen, bis sie sämig ist, eventuell etwas nachsalzen. Die Sauce über die warmgestellten Blumenkohlröschen geben und mit dem fein gehackten Dill bestreuen.

Kürbisgemüse

Für 4 Personen

600 g Kürbis

1 kleine Zwiebel

1 Knoblauchzehe

2 EL kalt gepreßtes Olivenöl

1 bis 2 EL Gemüsebrühe

etwas Saft von 1 Zitrone

Meersalz

etwas frisch geriebener Ingwer

1. Den Kürbis schälen. Die Kerne herausschaben, das Kürbisfleisch in kleine Würfel schneiden.
2. Die Zwiebel und die Knoblauchzehe schälen und fein hacken. Das Olivenöl erhitzen, die Zwiebel und den Knoblauch darin goldgelb braten. Den Kürbis und die Gemüsebrühe dazugeben und zugedeckt in etwa 10 Minuten bißfest dünsten.
3. Das Gemüse mit Zitronensaft, Meersalz und Ingwer würzen.

Bohnengemüse

Für 4 Personen

600 g Prinzeßbohnen

2 Knoblauchzehen

Meersalz

2 Zwiebeln

3 EL kalt gepreßtes Olivenöl

150 ml Gemüsebrühe

etwas Bohnenkraut

Hefeflocken

frisch gemahlener schwarzer Pfeffer

1. Die Bohnen waschen und abtropfen lassen, die Stielenden und Spitzen abschneiden.
2. Den Knoblauch schälen und fein hacken, dann mit dem Meersalz zerreiben. Die Zwiebeln schälen und in Würfel schneiden.
3. Das Öl in einem Topf erwärmen, den Knoblauch und die Zwiebelwürfel darin glasig dünsten, die Gemüsebrühe dazugießen.
4. Die Bohnen und das Bohnenkraut zufügen und zugedeckt bei schwacher Hitze 15 Minuten bißfest dünsten. Das Gemüse mit den Hefeflocken und dem Pfeffer abschmecken.

Fenchelgratin mit Kräuterkruste

Für 4 Personen

4 Fenchelknollen (á 150 g)
¼ l Weißwein
½ TL Fenchelsamen
2 Knoblauchzehen
1 kleine Zwiebel
2 EL kalt gepreßtes Olivenöl
6 Tomaten
Meersalz
frisch gemahlener Pfeffer
2 Bund frische Kräuter
(Basilikum, Oregano, Thymian, Petersilie)
Butter zum Ausfetten
2 EL eingeweichtes Weizenvollkornschrot
50 g geriebener Parmesankäse
abgeriebene Schale von
½ unbehandelten Zitrone
10 g Butter

1. Die Fenchelknollen putzen, waschen, halbieren und etwas Fenchelgrün beiseite legen. Den Strunk herausschneiden, falls er holzig ist. Den Fenchel in Weißwein zusammen mit den Fenchelsamen bißfest dünsten.
2. Die Knoblauchzehen und die Zwiebel schälen und fein hacken. Das Olivenöl erhitzen und die Zwiebel zusammen mit dem Knoblauch darin glasig dünsten.
3. Die Tomaten waschen, den grünen Stielansatz herausschneiden, die Tomaten in Würfel schneiden und mit den Zwiebeln dünsten.
4. Die Sauce salzen und pfeffern, mit einem Teil der gewaschenen und gehackten Kräuter würzen, die Sauce zur Hälfte einkochen lassen.
5. Den Backofen auf 225°C vorheizen. Eine feuerfeste Form mit Butter ausfetten, die Fenchelknollen hineinlegen und mit der Tomatensauce übergießen.

6. Das Weizenvollkornschrot mit den restlichen Kräutern, dem Käse und der Zitronenschale mischen und über die Knollen verteilen. Die Butter in Flöckchen daraufsetzen. Das Gericht etwa 15 Minuten gratinieren, mit dem gewaschenen Fenchelgrün garnieren.

Geschmorter Fenchel

Für 4 Personen

2 kleine Zwiebeln
2 EL kalt gepreßtes Olivenöl
4 kleine Fenchelknollen
¼ TL Fenchelsamen
180 ml Weißwein oder Gemüsebrühe
Meersalz
frisch gemahlener weißer Pfeffer
Saft von ½ Zitrone
2 EL Tomatenmark (selbstgemacht)

1. Die Zwiebeln schälen und sehr fein würfeln. Das Öl in einem Topf erhitzen, die Zwiebelwürfel darin glasig dünsten.
2. Die Fenchelknollen putzen, waschen und halbieren. Das Grün fein hacken und beiseite stellen.
3. Den Fenchel zu den Zwiebelwürfeln geben, den Fenchelsamen, den Wein oder die Brühe dazugeben und das Gemüse etwa 15 Minuten bei schwacher Hitze bißfest dünsten.
4. Den Fenchel mit Meersalz und Pfeffer würzen und auf einem vorgewärmten Teller anrichten.
5. Den Gemüsefond mit dem Zitronensaft und dem Tomatenmark verrühren, im offenen Topf etwas einkochen lassen und über die Fenchelknollen verteilen. Mit Fenchelgrün garnieren.

Gemüseterrine

Für 4 Personen

100 g Fenchel
100 g Möhren
200 g Brokkoli
1 TL Meersalz
etwa ¼ l Gemüsebrühe
große Sauerampfer- oder
Wirsingblätter
Kräutersalz
frisch geriebene Muskatnuß
nach Geschmack
einige Tropfen Zitronensaft
2 TL Agar-Agar
¼ l Sahne

1. Das Gemüse putzen, eventuell schälen. Den Fenchel und die Möhren vierteln, die Brokkoli in Röschen teilen. In der Gemüsebrühe 5 bis 10 Minuten bißfest dünsten.

2. Die Sauerampfer- oder Wirsingblätter in der Gemüsebrühe kurz blanchieren, kalt abschrecken und eine Kastenform damit auslegen.

3. Die Gemüsebrühe wieder auf ¼ l auffüllen, mit Kräutersalz, Muskat und Zitronensaft abschmecken.

4. Den Agar-Agar mit etwas Wasser anrühren, zur Brühe geben und diese 5 Minuten aufkochen lassen. Die Sahne dazugeben und abkühlen lassen.

5. Das Gemüse schichtweise in die Form geben, die Sahnemasse darübergeben, die Sauerampferblätter darüber zusammenschlagen, die Terrine kühl stellen und fest werden lassen.

Tip

Die Gebrauchsanweisung des Agar-Agar beachten, da die Produkte unterschiedliche Einweichzeiten haben.

Gemüsebeilagen ohne Schnörkel und überflüssige Verzierungen bringen die Wurzeln aus dem Untergrund klar zur Geltung

Möhren-Petersilien-wurzel-Gemüse

Für 4 Personen

2 kleine Zwiebeln
300 g Möhren
300 g Petersilienwurzeln
2 EL kalt gepreßtes Olivenöl
300 ml Gemüsebrühe
Meersalz
frisch gemahlener Pfeffer

1. Die Zwiebeln schälen und würfeln. Die Möhren und die Petersilienwurzeln gründlich bürsten, waschen, dünn schälen und in Streifen schneiden.

2. Das Olivenöl erhitzen, die Zwiebelwürfel darin andünsten. Das Wurzelgemüse dazugeben, die Gemüsebrühe angießen.

3. Das Gemüse 10 bis 15 Minuten bißfest garen. Dann mit Meersalz und Pfeffer würzen.

VARIATION

Anstelle der Petersilienwurzeln passen auch sehr gut Pastinaken oder Navetten dazu.

Italienisches Frühlingsgemüse

Für 4 Personen

300 g Möhren

300 g Staudensellerie

300 ml trockener Weißwein

4 EL kalt gepreßtes Olivenöl

Saft von 1 Zitrone

Meersalz

frisch gemahlener schwarzer
Pfeffer

2 Lorbeerblätter

1 Zweig Rosmarin

1 Bund Basilikum oder
Petersilie

1. Die Möhren abbürsten, waschen, eventuell dünn schälen oder abschaben, in feine Scheiben schneiden, die Selleriestangen gründlich waschen, eventuell schälen und ebenfalls in Scheiben schneiden.

2. Den Wein, das Öl und den Zitronensaft mit Meersalz und Pfeffer aufkochen lassen, dann die Lorbeerblätter und den Rosmarinzweig dazugeben. Das Gemüse im Sud etwa 10 Minuten bißfest garen.

3. Zum Schluß mit gehacktem Basilikum oder Petersilie bestreuen.

TIP

Das Gemüse kann warm als Beilage gegessen werden, oder man läßt es im Sud erkalten und serviert es dann. Dann paßt es besonders gut zusammen mit gefüllten Weinblättern und einem Rohkostdip als sommerliche Vorspeisenplatte.

Gratinierter Staudensellerie

Für 4 Personen

600 g Staudensellerie
300 ml Gemüsebrühe
2 Zwiebeln
1 TL kalt gepreßtes Olivenöl
frisch geriebene Muskatnuß
Meersalz
frisch gemahlener weißer Pfeffer
6 EL saure Sahne
30 g geriebener Emmentaler Käse
2 EL eingeweichtes grobes Dinkelvollkornschrot
2 Tomaten
¼ Bund Basilikum

1. Den Staudensellerie putzen, waschen, in 10 cm lange Stücke schneiden und in der Brühe bißfest garen.

2. Die Zwiebeln schälen und in feine Würfel schneiden. Das Öl in einer Auflaufform erhitzen und die Zwiebelwürfel darin andünsten.

3. Den Sellerie abtropfen lassen und darauflegen. Mit Muskatnuß, Meersalz und Pfeffer würzen. Die Sahne mit dem Käse und dem Dinkelvollkornschrot verrühren und über den Sellerie geben.

4. Den Backofen bei 220°C vorheizen. Die Tomaten waschen, den grünen Stielansatz entfernen, die Tomaten würfeln, mit dem fein gehackten Basilikum mischen und ebenfalls über die Käsemasse streuen.

5. Den Sellerie 10 Minuten überbacken.

Maiskolben
aus der Folie

Für 4 Personen

8 mittelgroße Gemüsemais-
kolben

2 bis 3 EL Butter

Sauce:

2 Knoblauchzehen

1 Zwiebel

1 Möhre

50 g Lauch

2 EL Butter

1 Glas Weißwein

Saft von ½ Zitrone

einige Zweige Petersilie,
Kerbel und Estragon

Meersalz

frisch gemahlener schwarzer
Pfeffer

Cayennepfeffer

1. Die Maiskolben putzen,
das heißt die Blätter und die
Haare entfernen, die Kolben
unter fließendem Wasser abwaschen und gut trocken-
tupfen.

2. Ein entsprechend großes
Stück Alufolie mit Butter bestreichen und die Maiskolben darauflegen.

3. Die Knoblauchzehen
und die Zwiebel schälen
und fein würfeln. Die Möhre
putzen, waschen, eventuell
schälen, waschen und in
Würfel schneiden.

4. Den Lauch putzen, waschen, halbieren und klein
schneiden.

5. Den Backofen auf 180°C
vorheizen. Die Butter erhitzen und die Knoblauch-
zehen und die Zwiebel darin
anschwitzen. Die Möhren
und den Lauch dazugeben
und mitschwitzen.

6. Den Weißwein und den
Zitronensaft angießen. Die
fein gehackten Kräuter unterziehen und das Gemüse
mit Meersalz, Pfeffer und
Cayennepfeffer würzen.

7. Die Gemüsesauce über
die Maiskolben geben, die
Alufolie verschließen und
die Maiskolben im Backofen
etwa 35 Minuten garen.

VARIATION

Sehr gut schmecken frische
Maiskolben auch nur mit
etwas Butter gebraten und
mit Pfeffer und wenig Salz
gewürzt.

Zucchiniragout mit Champignons

Für 4 Personen

4 mittelgroße Zucchini
1 Zwiebel
2 Knoblauchzehen
250 g Champignons
Saft von ½ Zitrone
8 Tomaten
2 EL kalt gepreßtes Olivenöl
½ Glas Weißwein
100 g Sahne
Meersalz
frisch gemahlener weißer Pfeffer
Cayennepfeffer
1 Bund Basilikum

1. Die Zucchini waschen, trockentupfen, halbieren und in Würfel schneiden. Die Zwiebel und die Knoblauchzehen schälen und fein hacken.
2. Die Champignons putzen, kurz in Zitronenwasser waschen, je nach Größe halbieren und mit Zitronensaft beträufeln. Die Tomaten waschen, den grünen Stielansatz entfernen und die Tomaten in kleine Würfel schneiden.

3. Das Olivenöl erhitzen, die Zwiebel und die Knoblauchzehen darin glasig dünsten, die Zucchini dazugeben und kurz mitschwitzen. Zum Schluß die Champignons und die Tomaten dazugeben.
4. Den Weißwein und die Sahne zum Gemüse geben. Mit Meersalz, Pfeffer und ganz wenig Cayennepfeffer abschmecken.
5. Das Gemüse bei kleiner Hitze 5 Minuten bißfest kochen. Nochmals abschmecken und mit fein gehacktem Basilikum bestreuen.

Zucchinisoufflé

Für 4 Personen

2 Zwiebeln
1 Knoblauchzehe
4 kleine Zucchini (400 bis 500 g)
120 g Hirse
300 ml Gemüsebrühe
2 EL kalt gepreßtes Olivenöl
einige Zweige frischer Oregano
frisch gemahlener Pfeffer
Meersalz
Hefeflocken
2 Eier
4 EL Quark
Butter zum Ausfetten
30 g geriebener Schafskäse

1. Die Zwiebeln und die Knoblauchzehe schälen, die Zwiebeln fein würfeln, den Knoblauch zerdrücken. Die Zucchini waschen und grob raspeln.
2. Die Hirse warm und kalt abspülen, abtropfen lassen, in der Gemüsebrühe aufkochen und auf kleiner Flamme 10 bis 15 Minuten garen. Auf der ausgeschalteten Herdplatte nachquellen lassen.
3. Das Olivenöl in einer Pfanne erhitzen, die Zwiebeln darin glasig dünsten. Die Zucchini und den Knoblauch dazugeben und braten, bis alle Flüssigkeit verdunstet ist.
4. Die Pfanne vom Herd nehmen und die Gemüsemischung mit fein geschnittenem Oregano, Pfeffer, Meersalz und Hefeflocken würzen. Den Backofen auf 200°C vorheizen.
5. Die Eier trennen, die Eigelbe schaumig rühren, den Quark und die abgekühlte Hirse unterziehen, mit der Zucchinimasse vermischen.
6. Die Eiweiße sehr steif schlagen, vorsichtig unter die Zucchinimasse heben.
7. Die Masse in eine gefettete Auflaufform füllen, mit Schafskäse bestreuen und 25 bis 30 Minuten backen.

Die schlanken, grünen und gelben Kürbisse sind der Stolz vieler Hobbygärtner

Gefüllte Paprikaschoten an Kurkumasauce

Für 4 Personen

200 g rote Bohnen
400 ml Gemüsebrühe
4 gelbe Paprikaschoten
(à 150 g)
200 g Zwiebeln
1 Knoblauchzehe
2 EL kalt gepreßtes Olivenöl
200 g Maiskörner
4 Tomaten
Meersalz
frisch gemahlener weißer
Pfeffer
frisch gemahlener schwarzer
Pfeffer
½ Bund frische Kräuter
(Majoran, Dill und Schnittlauch)
20 g geriebener Parmesankäse
200 ml Gemüsebrühe

Kurkumasauce:

20 g Butter
20 g feines Weizenvollkornmehl
2 TL Kurkuma
60 ml Wein
200 ml Gemüsebrühe
8 EL Sahne
Meersalz
frisch gemahlener Pfeffer

1. Die Bohnen über Nacht in reichlich Wasser einweichen. Am nächsten Tag das Wasser abschütten und die Bohnen in der Gemüsebrühe weich kochen.
2. Von den Paprikaschoten einen Deckel abschneiden, die Kerne entfernen und die Schoten waschen. Etwa 3 Minuten in kochendem Salzwasser oder in Gemüsebrühe blanchieren.

3. Die Zwiebeln schälen, fein hacken und zusammen mit der geschälten, zerdrückten Knoblauchzehe in dem Olivenöl andünsten. Die Maiskörner dazugeben und mitdünsten.
4. Die Tomaten waschen, den grünen Stielansatz entfernen und die Tomaten in Würfel schneiden.
5. Die gekochten Bohnen mit dem Gemüse mischen und mit Meersalz, Pfeffer und fein gehackten Kräutern abschmecken.
6. Die Paprikaschoten innen salzen und pfeffern, das Bohnenragout einfüllen, den Parmesankäse daraufstreuen, die Paprikaschoten in der Gemüsebrühe etwa 30 Minuten bißfest garen.
7. In der Zwischenzeit die Sauce zubereiten. Die Butter in einem Topf schmelzen, das Weizenvollkornmehl darin anschwitzen. Den Kurkuma dazugeben und etwas angehen lassen.
8. Mit dem Wein und der kalten Gemüsebrühe auffüllen und alles sämig kochen. Die Sahne dazugeben und nochmals mit Salz und Pfeffer abschmecken.

TIP

Hierzu servieren Sie Reis oder Hirse.

Gefüllte Weinblätter auf griechische Art

Für 4 Personen
Weinblätter:

24 Weinblätter
1 Aubergine
2 kleine Paprikaschoten
100 g Naturreis
2 EL blanchierte Erbsen
2 EL Pinienkerne oder andere
Nüsse

Kräutersud:

300 ml Weißwein
120 ml Gemüsebrühe
Saft von 1 Zitrone
einige Koriander- und Pfefferkörner
2 EL kalt gepreßtes Olivenöl
1 Bouquet garni (aus etwas
Lauch, Lorbeerblatt und Petersilie)

außerdem:

Meersalz
frisch gemahlener Pfeffer
½ Bund Basilikum
2 EL kalt gepreßtes Olivenöl

1. Die Weinblätter blanchieren, kalt abschrecken und abtropfen lassen. Die Aubergine und die Paprikaschoten waschen, putzen und in Würfel schneiden.
2. Den Reis mit der Gemüsebrühe etwa 30 Minuten auf kleiner Flamme kochen, dann auf ausgeschalteter Herdplatte nachquellen lassen.
3. Den Weißwein, das Wasser, den Zitronensaft, das Olivenöl, die Gewürzkörner und das Bouquet garni 10 Minuten kochen und auskühlen lassen.

4. Die Pinienkerne in einer heißen Pfanne ohne Fettzugabe anrösten. Herausnehmen, das Öl in der Pfanne erhitzen und die Auberginen- und Paprikawürfel darin bißfest anschwitzen.
5. Dann mit den Erbsen, den Pinienkernen und dem Reis vermengen. Mit Meersalz, Pfeffer und fein gehacktem Basilikum kräftig abschmecken.
6. Die Masse auf die Weinblätter verteilen, die Blätter nach innen schlagen und aufrollen.
7. Die Röllchen nebeneinander in eine geölte Form dicht nebeneinander legen, damit sie sich beim Dünsten nicht aufrollen.
8. Den Kräutersud angießen und die gefüllten Weinblätter 30 Minuten bei schwacher Hitze garen. Dann mit etwas Sud warm oder kalt servieren.

TIP

Wer lieber eine dickere Sauce zu den Weinblättern mag, bindet den Sud mit ½ Teelöffel Mehlbutter. Dazu verkneten Sie feines Vollkornmehl und Butter zu gleichen Teilen, geben dies in die kochende Flüssigkeit und lassen sie 1 bis 2 Minuten durchkochen.

Geschmorte Auberginen

Für 4 Personen

4 kleine Zwiebeln
4 Knoblauchzehen
kalt gepreßtes Olivenöl
2 längliche Auberginen
4 Tomaten
Meersalz
frisch gemahlener Pfeffer
gemahlener Koriander
Saft von ½ Zitrone
wenig trockener Weißwein
2 Lorbeerblätter

1. Die Zwiebeln und die Knoblauchzehen schälen, die Zwiebeln in Scheiben schneiden, die Knoblauchzehen zerdrücken.

2. Den Backofen auf 225°C vorheizen. Eine Backform mit Olivenöl ausfetten und die Zwiebeln und den Knoblauch hineinlegen. Die Auberginen waschen, halbieren und mehrmals längs bis kurz vor dem Stielende einschneiden.

3. Die Tomaten waschen, den grünen Stielansatz entfernen, die Tomaten in Scheiben schneiden und zwischen die Rippen der Auberginenfächer stecken. Die Auberginen auf die Zwiebeln legen.

4. Alles mit Meersalz, Pfeffer und Koriander kräftig würzen und mit etwas Zitronensaft, Weißwein und Olivenöl beträufeln.

5. Die Lorbeerblätter darauflegen und das Ganze 10 Minuten backen. Dann die Form abdecken und die Auberginen bei 180°C etwa 30 Minuten schmoren lassen, bis sich das Stielende leicht einstechen läßt.

Gefüllte Auberginen

Für 4 Personen

4 kleine Auberginen

Meersalz

200 g Pfifferlinge oder

Champignons

1 Stange Lauch

2 EL kalt gepreßtes Olivenöl

4 EL feines Hafervollkornmehl

einige Zweige frischer Thymian

frisch geriebene Muskatnuß

Meersalz

etwas Petersilie

200 ml Gemüsebrühe

100 g Sahne

1. Die Auberginen putzen, waschen und halbieren. Die Hälften leicht salzen und im Backofen bei 225°C 15 bis 20 Minuten backen. Dann das Innere herauslösen und grob hacken.

2. Die Pilze und den Lauch putzen, gründlich waschen, abtrocknen und fein hakken. Dann in 2 Eßlöffeln Öl etwa 10 Minuten dünsten, das Auberginenfleisch dazugeben.

3. Die Masse mit dem Hafervollkornmehl binden und mit dem fein gehackten Thymian und den Gewürzen kräftig abschmecken. Den Backofen auf 180°C vorheizen. Die Petersilie fein hacken.

4. Die ausgehöhlten Auberginenhälften in eine leicht gefettete feuerfeste Form setzen. Die Pilzmasse mit der Petersilie mischen und in die Auberginen füllen, die Gemüsebrühe angießen.

5. Die Auflaufform mit Alufolie abdecken (die glänzende Seite nach innen) und die Auberginen zugedeckt 25 bis 30 Minuten garen. Herausnehmen, die Sahne zum Gemüsefond geben, einkochen lassen und über die Auberginen gießen.

*Pate für das Gericht stand die
Moussaka, die, ebenso wie die
duftig-blühenden Mandelbäume,
am sonnigen Mittelmeer zu Hause ist*

Auberginenauflauf mit Mandeln

Für 4 Personen

400 g Kartoffeln
Meersalz
800 g Auberginen
2 EL kalt gepreßtes Olivenöl
400 g Zwiebeln
6 Knoblauchzehen
800 g Tomaten
½ Bund Thymian
½ Bund Oregano
1 Zweig Rosmarin
frisch gemahlener schwarzer Pfeffer
40 g Mandeln
1 Eigelb
frisch geriebene Muskatnuß
1 Eiweiß
Butter zum Ausfetten
Rosmarin zum Garnieren

1. Die Kartoffeln abbürsten, in wenig Salzwasser dämpfen und schälen. Den Backofen auf 225°C vorheizen.

2. Die Auberginen waschen, in 1½ cm dicke Scheiben schneiden und auf beiden Seiten salzen. Auf ein mit Olivenöl leicht bestrichenes Backblech legen und im Backofen etwa 15 Minuten backen.

3. Die Zwiebeln und die Knoblauchzehen schälen, beides fein hacken und im restlichen Olivenöl glasig dünsten. Die Tomaten waschen, vom grünen Stielansatz befreien, die Tomaten in Würfel schneiden und zu dem Knoblauch geben.

4. Die gewaschenen, abgezupften Kräuter hacken und zusammen mit den Gewürzen zu den Tomaten geben, alles zu einer sämigen Sauce einkochen.

5. Die Mandeln hacken und in einer Pfanne ohne Fettzugabe goldbraun rösten.

6. Die Kartoffeln zerdrükken, mit dem Eigelb verrühren und mit Salz, Pfeffer und Muskatnuß abschmecken. Das Eiweiß steif schlagen und unterziehen.

7. Eine feuerfeste Form mit der Butter ausstreichen. Den Boden mit Auberginenscheiben belegen, darauf die Mandeln und die Tomatensauce geben. Darauf wieder eine Schicht Auberginen legen. Als letzte Schicht die Kartoffelmasse daraufstreichen.

8. Den Auflauf bei 200°C 30 bis 40 Minuten backen. Mit einigen Rosmarinzweigen garnieren.

Mandelküchlein
an Pilzsauce

Für 4 Personen
Mandelküchlein:

50 g Mandelstifte

1 EL Butter

120 g grobes Dinkelvollkorn-
schrot

280 ml Gemüsebrühe

2 Eier, 120 g Quark

Meersalz

frisch gemahlener Pfeffer

ungehärtetes Kokosfett zum
Ausbacken

Pilzsauce:

400 g frische Egerlinge oder
Steinpilze

4 Schalotten oder 1 Zwiebel

1 EL Butter

100 g Sahne

Meersalz

frisch gemahlener Pfeffer

½ Bund Blattpetersilie

1. Die Mandelstifte ohne
weitere Fettzugabe in einer
Pfanne goldgelb rösten. Die
Butter schmelzen und das
Dinkelvollkornschrot ein-
streuen, leicht anbräunen,
die kalte Gemüsebrühe zu-
gießen, unter Rühren etwa
10 Minuten leise kochen
lassen, bis die Masse bindet.
Dann 15 Minuten auf der
ausgeschalteten Herdplatte
quellen lassen.
2. Die Eier, den Quark und
¾ der Mandelstifte unter die
abgekühlte Masse rühren,
mit Meersalz und Pfeffer abschmecken.
3. Aus der Masse 8 Küchlein
formen, im heißen Kokos-
fett auf jeder Seite 3 bis 4 Minuten goldgelb braten und
warm stellen.
4. Für die Sauce die Pilze
putzen, waschen und klein
schneiden. Die Schalotten
oder Zwiebeln schälen und
in feine Würfel schneiden.
5. Die Butter erhitzen und
die Schalotten und Pilze darin anschwitzen. Die Sahne
nach und nach angießen.

6. Die Sauce etwas einkochen lassen, mit Meersalz
und Pfeffer würzen, mit der
fein gehackten Petersilie
bestreuen.
7. Die Mandelküchlein mit
der Pilzsauce servieren und
mit den restlichen Mandel-
stiften bestreuen.

VARIATION

Anstelle der frischen Pilze
können Sie auch getrock-
nete nehmen. Weichen Sie
diese jedoch vorher in
Wasser ein.

Gurken-Tomaten-
Gemüse

Für 4 Personen

2 Zwiebeln

4 kleine Gemüsegurken

4 Tomaten

2 EL kalt gepreßtes
Olivenöl

Kräutersalz

frisch gemahlener Pfeffer

1 EL Hefeflocken

½ Bund Dill

1. Die Zwiebeln schälen
und fein würfeln. Die
Gurken und die Tomaten
waschen, den Stielansatz der
Tomaten entfernen und das
Gemüse ebenfalls würfeln.
2. Das Öl erhitzen, die
Zwiebeln darin andünsten,
die Gurken dazugeben und
5 bis 10 Minuten bei schwacher Hitze bißfest dünsten.
3. Die Tomatenwürfel kurz
vor Ende der Garzeit dazugeben, mit dem Kräutersalz,
Pfeffer, Hefeflocken und
dem fein gehackten Dill abschmecken.

Gemüsebratlinge

Für 4 Personen

200 g Möhren
200 g Knollensellerie
300 g Kartoffeln
4 EL feines Hafervollkornmehl
2 Eier
frisch gemahlener Pfeffer
etwas Liebstöckel
Meersalz
frisch geriebene Muskatnuß
1 Bund Petersilie und Dill
2 EL kalt gepreßtes Olivenöl

1. Die Möhren, den Sellerie und die Kartoffeln gründlich unter fließendem Wasser bürsten. Den Sellerie und die Kartoffeln schälen.

2. Die Möhren, den Sellerie und die Kartoffeln grob reiben und mit dem Hafervollkornmehl und den Eiern mischen. Die Gewürze und die fein gehackten Kräuter untermengen.

3. Bevor die Masse Wasser zieht, kleine Küchlein aus dem Teig formen und in heißem Öl von beiden Seiten goldgelb backen.

VARIATION

Anstelle von Möhren und Sellerie können Sie rote Bete oder Zucchini nehmen. Das Gemüse vor der Verwendung in wenig Butter andünsten, die Zucchini ausdrücken. Die rote Bete mit Kümmel, die Zucchini mit Oregano abschmecken.

Überbackenes Rosenkohlgemüse

Für 4 Personen

400 g Rosenkohl
Meersalz
1 Zwiebel
200 g Pfifferlinge oder
andere Pilze
2 EL Butter
frisch gemahlener Pfeffer
frisch geriebene Muskatnuß
frisch geriebener Ingwer
1 Bund Basilikum
100 g Mozarellakäse

1. Den Rosenkohl putzen, waschen und in Salzwasser etwa 8 Minuten köcheln, dann herausnehmen und abtropfen lassen.

2. Die Zwiebel schälen, fein hacken. Die Pilze putzen, nur ganz kurz waschen, sonst nehmen sie zuviel Wasser auf.

3. Den Backofen auf 180°C vorheizen. Die Butter in einer Auflaufform erhitzen und die Zwiebel darin glasig dünsten.

4. Die Pilze dazugeben und kurz mitdünsten, den Rosenkohl unterheben.

5. Das Gemüse mit Meersalz, Pfeffer, Muskat und Ingwer kräftig würzen. Das fein geschnittene Basilikum unterheben.

6. Den Mozarellakäse in Scheiben schneiden, darüberlegen und das Gemüse so lange überbacken, bis der Käse leicht zu schmelzen beginnt.

Weißkrautgemüse

Für 4 Personen

500 g Weißkraut
1 Zwiebel
1 rote Paprikaschote
1 grüne Paprikaschote
1 Stange Lauch, 3 EL Butter
2 EL Weißwein
¼ l Gemüsebrühe
1 TL Kümmel
2 Lorbeerblätter
einige Gewürzkörner (Nelken, Wacholderbeeren und Piment)
Meersalz
frisch gemahlener weißer Pfeffer
3 bis 4 EL Kräuteressig
Apfeldicksaft nach Geschmack

1. Das Weißkraut putzen, waschen und in dünne Streifen schneiden oder hobeln. Die Zwiebel schälen und fein hacken.
2. Die Paprikaschoten halbieren, entkernen, waschen, trockentupfen und fein würfeln. Den Lauch putzen, waschen und in feine Ringe schneiden.
3. Die Butter erhitzen, die Zwiebel darin glasig schwitzen. Das Weißkraut dazugeben und kurz mitschwitzen.
4. Danach den Lauch dazugeben, mit dem Weißwein und der Gemüsebrühe auffüllen. Kümmel und Lorbeerblätter daruntermischen.

5. Die Gewürzkörner, am besten in einem Leinensäckchen, in das Gemüse hängen (so kann man die Gewürze nach dem Garen besser entfernen). Mit Meersalz, Pfeffer, Essig und etwas Apfeldicksaft abschmecken.
6. Das Gemüse zugedeckt bei mäßiger Hitzezufuhr etwa 30 Minuten köcheln lassen, danach nochmals kräftig abschmecken.

Holländischer Spinatauflauf

Für 4 Personen

500 g junger Blattspinat

1 Knoblauchzehe

1 Zwiebel

1 EL Butter

Meersalz

frisch gemahlener weißer Pfeffer

frisch geriebener Ingwer

500 g Seelachsfilet

etwas Zitronensaft

Butter zum Ausfetten

100 g Sahne

100 g geriebener Käse

frisch geriebene Muskatnuß

1. Den Blattspinat verlesen, waschen, gut abtropfen lassen. Die Knoblauchzehe und die Zwiebel schälen und beides fein hacken.

2. Die Butter in einem Topf erhitzen, den Knoblauch und die Zwiebel darin kurz andünsten.

3. Den Spinat dazugeben und kurz anschwitzen. Mit Meersalz, Pfeffer und Ingwer kräftig abschmecken.

4. Den Backofen auf 180°C vorheizen. Das Seelachsfilet unter fließendem Wasser abwaschen und trockentupfen. Mit Zitronensaft beträufeln und 5 Minuten ziehen lassen.

5. Den Blattspinat und das Fischfilet schichtweise in eine gefettete Auflaufform geben.

6. Die Sahne mit dem Käse gut verrühren, mit Meersalz, Pfeffer und Muskat abschmecken.

7. Die Masse über den Fisch geben und das Ganze 15 bis 20 Minuten backen.

VARIATION

Anstelle des Spinats paßt auch Mangold sehr gut zu diesem Gericht.

GETREIDE

Weizensprossen-salat

Für 4 Personen

1 rote Bete
1 Apfel
1 EL fein geriebener Meerrettich
150 g Weizensprossen
60 g körniger oder anderer Frischkäse
1 Zwiebel
gemahlener Fenchel
gemahlener Koriander
gemahlener Kümmel
2 EL Obstessig oder Saft von ½ Zitrone
4 bis 5 Salatblätter
½ Bund Schnittlauch

1. Die rote Bete und den Apfel waschen, die rote Bete dünn schälen, mit dem Apfel grob raspeln und vorsichtig mit dem Meerrettich mischen.
2. Die Weizensprossen unter fließendem Wasser abspülen, mit dem körnigen Frischkäse mischen. Die Zwiebel schälen und in feine Würfel schneiden. Zu den Sprossen geben, mit den Gewürzen, dem Obstessig oder Zitronensaft abschmecken.
3. Die Salatblätter waschen und trockentupfen. Die Rote-Bete-Apfel-Mischung unter die Weizensprossen heben.
4. Den Salat auf den Salatblättern anrichten. Mit dem fein geschnittenen Schnittlauch garnieren.

Grünkernsalat

Für 4 Personen

2 Zwiebeln
2 EL kalt gepreßtes Olivenöl
150 g Grünkern
300 ml Gemüsebrühe
3 EL saure Sahne
2 EL kalt gepreßtes Sonnenblumenöl
3 EL Obstessig
½ Bund frische Kräuter (Petersilie, Liebstöckel, Estragon und Dill)

1. Die Zwiebeln schälen und klein würfeln. Die Hälfte im heißen Olivenöl andünsten. Den Grünkern warm und kalt abspülen, dazugeben und 2 bis 3 Minuten mitdünsten.
2. Die Gemüsebrühe dazugeben, aufkochen lassen und den Grünkern auf kleiner Hitze 15 bis 20 Minuten garen, auf der ausgeschalteten Herdplatte nachquellen lassen.
3. Die saure Sahne mit dem Sonnenblumenöl, dem Obstessig, den restlichen Zwiebeln und den fein gehackten Kräutern mischen.
4. Den abgekühlten Grünkern mit der Sauce mischen, durchziehen lassen und leicht gekühlt servieren.

Hirsesalat mit Lauchzwiebeln und Sellerie

Für 4 Personen

150 g Hirse
400 ml Gemüsebrühe
2 Möhren
¼ Sellerieknolle
200 g Lauchzwiebeln
1 Paprikaschote
200 g Crème fraîche
Saft von ½ Zitrone
gemahlener Koriander
Currypulver
gemahlener Kümmel oder Kreuzkümmel
Meersalz

1. Die Hirse warm und kalt abspülen, in der Gemüsebrühe aufkochen, dann bei geringer Hitze 5 bis 10 Minuten köcheln lassen, auf der ausgeschalteten Herdplatte nachquellen lassen.
2. Die Möhren und den Sellerie putzen, waschen, dünn schälen und grob raspeln.
3. Die Lauchzwiebeln und die Paprikaschote putzen, waschen und in feine Streifen schneiden.
4. Die Crème fraîche mit Zitronensaft, Koriander, Currypulver, Kümmel und eventuell mit Meersalz pikant abschmecken.
5. Die Salatsauce mit den Gemüsen mischen und unter die ausgekühlte Hirse heben.

Hirsesalat mit Silberzwiebeln

Für 4 Personen

150 g Hirse
1 TL Currypulver
400 ml Gemüsebrühe
150 g Crème fraîche
2 EL Obstessig
Meersalz
frisch gemahlener Pfeffer
150 g Zucchini
4 Tomaten
200 g milchsauer eingelegte Silberzwiebeln
einige Radicchioblätter
1 Bund Schnittlauch

1. Die Hirse warm und kalt abspülen, im heißen Topf ohne Fettzugabe kurz darren, das Currypulver hinzufügen.
2. Die Gemüsebrühe angießen und aufkochen lassen, dann 5 bis 10 Minuten auf kleiner Hitze köcheln lassen, auf der ausgeschalteten Herdplatte ausquellen lassen.
3. Inzwischen die Crème fraîche mit dem Obstessig und mit Meersalz und Pfeffer verrühren.
4. Die Zucchini waschen und grob raspeln. Die Tomaten waschen, den grünen Stielansatz entfernen, die Tomaten in Würfel schneiden.
5. Zucchini, Tomaten und abgetropfte Silberzwiebeln mischen und mit der Hirse unter die Sauce heben.
6. Die Radicchioblätter waschen, trockentupfen. Den Salat darauf anrichten und mit fein geschnittenem Schnittlauch bestreuen.

Vollkornnudelsalat

Für 4 Personen

150 g Vollkornnudeln
5 Tomaten
1 Bund Radieschen
150 g Gurke
2 Zwiebeln
2 EL Obstessig
2 EL kalt gepreßtes Sonnen- blumenöl
4 EL saure Sahne
Kräutersalz
frisch gemahlener Pfeffer
½ Bund frische Kräuter (Schnittlauch, Dill, Kresse)

1. Die Vollkornnudeln in reichlich Salzwasser in etwa 10 Minuten kochen, sie sollten noch bißfest sein. Das Wasser abgießen, die Nudeln kalt abschrecken, damit sie nicht zusammenkleben und auskühlen lassen.

2. Die Tomaten waschen, den grünen Stielansatz herausschneiden und die Tomaten würfeln. Die Radieschen und die Gurken waschen und klein schneiden. Die Zwiebeln schälen und in kleine Würfel schneiden.

3. Den Obstessig mit dem Öl und der sauren Sahne mischen und mit den Gewürzen und den fein geschnittenen Kräutern pikant abschmecken.

4. Die Nudeln und das Gemüse mit der Sauce mischen und etwa 30 Minuten durchziehen lassen.

Vollkornnudel- Krabben-Salat

Für 4 Personen

200 g Vollkornnudeln
Meersalz
200 g saure Sahne
4 EL Crème fraîche
2 bis 3 EL Estragonessig
1 EL mittelscharfer Senf
Currypulver, Paprikapulver
frisch gemahlener weißer Pfeffer
1 Zwiebel
1 rote Paprikaschote
1 grüne Paprikaschote
100 g Salatgurke
200 g Krabben
½ Bund Petersilie

1. Die Vollkornnudeln in Salzwasser bißfest kochen, danach mit kaltem Wasser abspülen, abtropfen lassen.

2. In der Zwischenzeit die Sauce zubereiten. Die saure Sahne mit der Crème fraîche und dem Essig gut verrühren und mit Senf, Curry- und Paprikapulver, Meersalz und Pfeffer verrühren.

3. Die Zwiebel schälen und fein hacken. Die Paprikaschoten halbieren, entkernen, waschen, trockentupfen und in hauchdünne Streifen schneiden.

4. Die Salatgurke waschen, trockentupfen und in dünne Scheiben schneiden. Die Krabben kalt abspülen und abtropfen lassen.

5. Die Zwiebel, die Paprikaschoten, die Gurke und die Krabben mit den abgekühlten Nudeln mischen.

6. Den Salat vorsichtig mit der Sauce mischen und mit fein gehackter Petersilie bestreuen.

Curry-Reis-Salat mit Pilzen und Schalotten

Für 4 Personen

150 g Naturreis
etwa 300 ml Gemüsebrühe
½ TL Currypulver
100 g Schalotten
Meersalz
2 EL Obstessig
4 EL kalt gepreßtes Sonnen- blumenöl
frisch gemahlener Pfeffer
100 g Champignons
Saft von ½ Zitrone
150 g Zucchini
2 Tomaten

1. Den Reis warm und kalt abspülen und in der Gemüsebrühe mit Currypulver 30 bis 40 Minuten auf kleiner Hitze garen, dann auf der ausgeschalteten Herdplatte nachquellen lassen.

2. Die Schalotten schälen und vierteln, 6 bis 7 Minuten vor Garende zum Reis geben und mitdünsten.

3. Das Meersalz mit dem Obstessig so lange verrühren, bis es sich aufgelöst hat. Das Öl unterrühren, mit Pfeffer abschmecken.

4. Die Pilze putzen, in Zitronenwasser kurz waschen und in feine Scheiben schneiden. Dann sofort mit etwas Zitronensaft beträufeln.

5. Die Zucchini waschen, grob raspeln, die Tomaten waschen, den grünen Stielansatz entfernen, die Tomaten in Würfel schneiden.

6. Zucchini, Tomaten, Pilze und den abgekühlten Reis vorsichtig mit der Salatsauce verrühren.

Grünkernklößchen-suppe

Für 4 Personen

¼ l Milch
40 g Butter
Meersalz
frisch geriebene Muskatnuß
100 g feines Grünkernvollkorn-schrot
1 Ei
1 l Gemüsebrühe
½ Bund Petersilie

1. Die Milch mit der Butter, etwas Meersalz und Muskatnuß zum Kochen bringen. Das Grünkernvollkorn-schrot unter Rühren ein-streuen und so lange rühren, bis sich der Teig als glatter Kloß vom Topfboden löst.
2. Den Teig etwas abkühlen lassen und das Ei darunter-rühren.
3. Mit zwei nassen Kaffee-löffeln Klößchen in die leicht kochende Gemüse-brühe abstechen, darin etwa 10 Minuten ziehen lassen.
4. Dann mit der fein ge-hackten Petersilie bestreuen.

Hirseklößchen in Gemüsebrühe

Für 4 Personen

4 EL Hirse
150 g Quark
1 Eigelb
Meersalz
frisch geriebene Muskatnuß
40 g Butter
1 Eiweiß
1 l Gemüsebrühe
¼ Bund Schnittlauch

1. Die Hirse sehr fein mah-len, den Quark mit dem Eigelb, Meersalz, Muskatnuß und Butter schaumig rühren.
2. Die Hirse unterziehen und mindestens ½ Stunde quellen lassen.
3. Das Eiweiß sehr steif schlagen und unter die Quarkmasse heben. Mit zwei Kaffeelöffel kleine Klößchen in leicht siedende Gemüsebrühe abstechen und 10 bis 15 Minuten ziehen lassen.
4. Die Suppe mit dem fein geschnittenen Schnittlauch bestreuen.

Gemüsesuppe mit Dinkel

Für 4 Personen

1 kleine Zwiebel

2 EL kalt gepreßtes Olivenöl

4 EL feines Dinkelvollkorn-schrot

1 l Gemüsebrühe

200 g Knollensellerie

Meersalz

einige Zweige Liebstöckel

½ Bund Petersilie

1. Die Zwiebel schälen, fein hacken und in dem Öl leicht bräunen. Das Dinkelvoll-kornschrot zufügen und leicht anschwitzen.

2. Die kalte Gemüsebrühe unter Rühren zugießen, kurz aufkochen und das Schrot bei schwacher Hitze etwa 5 Minuten ausquellen lassen.

3. Den Sellerie gründlich waschen, schälen, fein reiben. Die Schrotsuppe mit Meersalz und fein gehacktem Liebstöckel abschmecken.

4. Den Sellerie und die gehackte Petersilie einstreuen.

Kerbelsuppe mit Gerste

Für 4 Personen

4 EL feines Gerstenvollkorn-schrot

1 l Gemüsebrühe

Meersalz

1 Prise Fenchel

1 Prise Anis

frisch geriebene Muskatnuß

4 EL Sahne

20 g Kerbel

1. Das Gerstenvollkorn-schrot im heißen Topf ohne Fettzugabe einige Minuten leicht darren.

2. Die kalte Gemüsebrühe dazugeben, gut durchrühren, aufkochen lassen, dabei ständig rühren, da die Gerste leicht anhängt, dann einige Minuten ausquellen lassen.

3. Die Suppe mit den Gewürzen pikant abschmecken. Die Sahne leicht anschlagen und in die Suppe rühren.

4. Den Kerbel waschen, fein hacken und über die Suppe geben.

Die meisten dieser romantischen Mühlräder stehen längst still, und auch der Hafer ist leider etwas in Vergessenheit geraten

Haferschrotsuppe mit Gemüsestreifen

Für 4 Personen

200 g Gemüse (Sellerie, Lauch und Möhren)
1 Zwiebel
1 EL Butter
4 EL feines Hafervollkornschrot
1 l Gemüsebrühe
4 EL Sahne
Meersalz
frisch geriebene Muskatnuß
etwas Majoran
½ Bund Petersilie oder Schnittlauch

1. Das Gemüse putzen, schälen und in sehr feine Streifen schneiden. Die Zwiebel schälen und in kleine Würfel schneiden.

2. Das Gemüse und die Zwiebel in der heißen Butter andünsten, das Hafervollkornschrot dazugeben und anschwitzen.

3. Die kalte Gemüsebrühe unter Rühren dazugeben, aufkochen und dann das Ganze 5 Minuten ausquellen lassen.

4. Die Sahne leicht anschlagen. Die Suppe mit Salz, Muskatnuß und Majoran abschmecken.

5. Die Sahne daraufgeben und mit der fein gehackten Petersilie oder dem Schnittlauch bestreuen.

Gefüllte Vollkornpfannkuchen

Für 4 Personen
Teig:

75 g feines Dinkelvollkornmehl

75 g feines Buchweizenmehl

300 ml Milch oder Mineralwasser

Meersalz

frisch geriebene Muskatnuß

Füllung:

500 g Mangold

2 Zwiebeln

1 Knoblauchzehe

2 EL kalt gepreßtes Olivenöl

Kräutersalz

Hefeflocken

frisch gemahlener weißer Pfeffer

außerdem:

1 Ei

Öl zum Ausbacken und Ausfetten

100 g Crème fraîche

40 g geriebener Käse

1. Das Mehl und die Milch oder das Mineralwasser mit Meersalz und Muskatnuß zu einem glatten Pfannkuchenteig verrühren, eventuell noch etwas Flüssigkeit zugeben. Den Teig etwa ½ Stunde quellen lassen.

2. Für die Füllung den Mangold putzen und waschen.

3. Die Zwiebeln schälen und in kleine Würfel schneiden. Die Knoblauchzehe schälen und sehr fein hacken.

4. Das Öl in einem Topf erhitzen und die Zwiebelwürfel und den Knoblauch darin glasig dünsten.

5. Die Mangoldstiele fein schneiden, dazugeben und bißfest dünsten. Kurz vor Garende die kleingeschnittenen Blätter dazugeben.

6. Das Gemüse mit Kräutersalz, Hefeflocken und Pfeffer würzen.

7. Das Ei unter den gequollenen Teig rühren. Aus dem Teig in wenig Öl dünne Pfannkuchen backen.

8. Den Mangold mit der Crème fraîche und dem Käse mischen und erhitzen, bis der Käse zu schmelzen beginnt.

9. Die Pfannkuchen mit der Gemüsemischung füllen und servieren.

VARIATION

Sehr gut schmeckt auch eine Gemüsefüllung aus Möhren, Fenchel und Champignons. Das Gemüse wird hierzu in Butter angedünstet, mit etwas Haferschrot oder Vollkornhaferflocken gebunden und in Weißwein gedünstet. Die Sauce wird anschließend mit etwas Sahne und Edelpilzkäse verfeinert. Geben Sie unter den Pfannkuchenteig geraspelte Zucchini oder geriebenen Parmesankäse, und servieren Sie sie ohne Füllung.

Buchweizenpfanne

Für 4 Personen

300 ml Gemüsebrühe

200 g Buchweizen

2 Lorbeerblätter

2 Gewürznelken

2 Zwiebeln

250 g Austernpilze

5 Möhren

250 g Staudensellerie

2 EL kalt gepreßtes Olivenöl

75 g Crème fraîche

2 Eier

¼ Bund frischer Majoran

1 Knoblauchzehe

Meersalz

frisch gemahlener Pfeffer

Butter zum Ausfetten

2 EL geriebener Käse

1. Die Gemüsebrühe aufkochen, den Buchweizen kalt und warm abspülen, in die Gemüsebrühe streuen, die Lorbeerblätter und die Nelken zufügen.

2. Den Buchweizen bei schwacher Hitze 15 bis 20 Minuten kochen, dann auf der ausgeschalteten Herdplatte nachquellen lassen.

3. Die Zwiebeln schälen und in kleine Würfel schneiden. Die Austernpilze putzen, kurz waschen, trockentupfen und fein hacken.

4. Die Möhren unter fließendem Wasser bürsten, eventuell schaben, den Sellerie putzen und beides in kleine Würfel schneiden.

5. Das Öl erhitzen, das Gemüse und die Pilze darin bei mittlerer Hitze andünsten, dann vom Herd nehmen und abkühlen lassen. Die Crème fraîche mit den Eiern verquirlen und unter das Gemüse ziehen.

6. Den Backofen auf 200° C vorheizen. Aus dem Buchweizen die Lorbeerblätter und die Nelken entfernen, die Gemüse-Sahne-Masse zufügen und unterrühren.

7. Das Ganze mit dem fein gehackten Majoran, der geschälten, zerdrückten Knoblauchzehe, Meersalz und Pfeffer würzen.

8. Die Masse in eine gefettete Auflaufform geben und im Backofen etwa 30 Minuten überbacken, dabei 10 Minuten vor Garende mit dem Käse bestreuen.

Buchweizen-Sauer-kraut-Auflauf

Für 4 Personen

200 g Buchweizen
300 ml Gemüsebrühe
2 Zwiebeln
200 g Äpfel
2 EL kalt gepreßtes Olivenöl
300 g unerhitztes Sauerkraut
100 ml Weißwein
wenig kalt gepreßtes Olivenöl zum Ausfetten
Meersalz
frisch gemahlener Pfeffer
120 g saure Sahne
etwas Salbei, Liebstöckel und Majoran
½ Bund Petersilie

1. Den Buchweizen kalt und warm abspülen, in der Gemüsebrühe 15 bis 20 Minuten bei geringer Hitzezufuhr kochen, dann auf der ausgeschalteten Herdplatte nachquellen lassen.

2. Die Zwiebeln schälen, die Äpfel waschen, vierteln, das Kerngehäuse entfernen, die Äpfel und die Zwiebeln in kleine Würfel schneiden.

3. Das Olivenöl erhitzen, die Zwiebel- und die Apfelwürfel darin andünsten, das Sauerkraut und den Weißwein dazugeben und das Ganze etwa 10 Minuten dünsten. Mit Meersalz und Pfeffer abschmecken.

4. Inzwischen eine feuerfeste Form mit etwas Öl auspinseln. Den Backofen auf 180°C vorheizen. Die saure Sahne mit den fein gehackten Kräutern und Gewürzen mischen.

5. Den Buchweizen und das Gemüse vermengen und in die Form füllen. Mit der Sahnemasse übergießen und 20 bis 30 Minuten backen.

Überbackene Dinkelpfannküchlein

Für 4 Personen
Teig:

300 ml Milch
150 g feines Dinkelvollkornmehl
Meersalz

Füllung:

100 g Zwiebeln
100 g Lauch
100 g Weißkraut
100 g Möhren
100 g Sellerie
2 EL kalt gepreßtes Olivenöl
2 Eigelb
2 EL saure Sahne

1 Prise Currypulver
1 Prise Kurkuma
frisch gemahlener Pfeffer
frisch gemahlene Muskatnuß
2 EL geriebener Emmentaler Käse
100 g Tofu

außerdem:

1 Ei
kalt gepreßtes Olivenöl zum Ausbacken und Ausfetten

1. Die Milch mit dem Dinkelvollkornmehl und dem Meersalz zu einem glatten Teig verrühren und mindestens ½ Stunde quellen lassen.

2. Inzwischen die Füllung zubereiten. Die Zwiebeln schälen und in feine Würfel schneiden. Den Lauch und den Weißkohl putzen, waschen und in feine Streifen schneiden. Die Möhren abbürsten, eventuell schaben und den Sellerie waschen, dünn schälen, beides in kleine Würfel schneiden.

3. Das Gemüse im erhitzten Olivenöl etwa 10 Minuten dünsten, dann abkühlen lassen.

4. Die Eigelbe mit der sauren Sahne mischen und mit den Gewürzen pikant abschmecken.

5. Die Hälfte der Masse mit dem Emmentaler Käse verrühren. Die übrige Masse zusammen mit dem in Würfel geschnittenen Tofu unter das Gemüse heben.

6. Das Ei unter den gequollenen Teig rühren, kurz durchschlagen und in heißem Öl kleine Pfannkuchen backen.

7. Diese mit der Gemüsemasse füllen und aufrollen. In eine flache, gefettete Kasserolle geben, die Form mit Alufolie abdecken und die Pfannkuchen erhitzen. Die restliche Käsemasse darübergeben und bei 200°C so lange überbacken, bis der Käse zu bräunen beginnt.

Rotkohlrouladen mit Dinkel

Für 4 Personen

2 Zwiebeln

2 EL kalt gepreßtes Olivenöl

200 g grobes Dinkelvollkorn-schrot

400 ml Gemüsebrühe

2 EL grob gehackte Walnüsse

150 g Quark

1 Bund Kerbel oder Petersilie

gemahlener Koriander

Meersalz

12 blanchierte Rotkohlblätter

frisch gemahlener Pfeffer

1 EL ungehärtetes Kokosfett

¼ l Apfelsaft

100 g saure Sahne

1. Die Zwiebeln schälen, in feine Würfel schneiden und in Olivenöl andünsten. Das Dinkelschrot zufügen und kurz anschwitzen.

2. Die Gemüsebrühe angie-ßen, aufkochen lassen und zugedeckt bei kleiner Hitze 15 bis 20 Minuten kochen, dann auf der ausgeschalte-ten Herdplatte nachquellen lassen.

3. Inzwischen die Nüsse ohne Fettzugabe in einer heißen Pfanne goldgelb rö-sten. Den Quark mit ¾ des fein gehackten Kerbels oder der Petersilie, dem Korian-der, Meersalz und dem Dinkel glatt verrühren.

4. Die Rotkohlblätter mit Meersalz und Pfeffer wür-zen. Die Dinkelmasse darauf verteilen und die Blätter zu-sammenrollen. Eventuell mit einem Holzstäbchen zu-sammenstecken und in Ko-kosfett kurz anbraten.

5. Den Apfelsaft zugießen und die Rouladen zugedeckt bei schwacher Hitze 30 Mi-nuten schmoren lassen.

6. Die saure Sahne mit dem restlichen Kerbel oder der Petersilie verrühren, über die Rouladen geben und mit den Walnüssen garnieren. Den entstandenen Fond zur Roulade servieren.

TIP

Dazu paßt Pastinaken- oder Möhrengemüse.

Dinkelgemüse an Kressesauce

Für 4 Personen
Dinkelgemüse:

200 g Dinkel
500 ml ungesalzene Gemüsebrühe
2 Zwiebeln
200 g Möhren
200 g Sellerie
200 g Lauch
2 EL Butter
Meersalz
frisch gemahlener weißer Pfeffer
frisch gemahlene Muskatnuß

Kressesauce:

4 Schalotten
2 EL Butter
150 ml Gemüsebrühe
150 g Sahne
50 g Kresse
einige junge Spinatblätter

1. Den Dinkel kalt und warm abspülen, in der Gemüsebrühe über Nacht quellen lassen.

2. Am nächsten Tag die Dinkelkörner bei schwacher Hitze ½ Stunde garen und auf der ausgeschalteten Herdplatte ½ Stunde nachquellen lassen. Dann kräftig würzen.

3. Die Zwiebeln schälen, das Gemüse putzen, eventuell schälen, waschen, alles fein würfeln. Den Dinkel abtropfen lassen.

4. Die Zwiebeln, die Möhren und den Sellerie in der Butter andünsten, den Lauch dazugeben, mit Meersalz, Pfeffer und wenig Muskatnuß würzen.

5. 1 bis 2 Eßlöffel Gemüsebrühe dazugeben und zugedeckt bei milder Hitze 10 Minuten dünsten. Dann die Dinkelkörner unterheben.

6. Für die Sauce die Schalotten schälen, sehr fein würfeln und in der Butter glasig dünsten. Die Brühe und 50 g Sahne zugießen und im offenen Topf 10 Minuten einkochen, bis die Sauce cremig ist.

7. Die Kresse und die Spinatblätter waschen, mit 50 g Sahne pürieren und zu den Schalotten geben.

8. Die restliche Sahne leicht aufschlagen und unter die Sauce ziehen. Die Sauce auf vorgewärmte Teller verteilen. Das Gemüse darauf anrichten.

TIP

Einen Getreideauflauf erhalten Sie, wenn Sie 2 leicht verquirlte Eigelbe unter das Dinkelgemüse geben. Die 2 Eiweiße steif schlagen und ebenfalls unterheben. Dann streichen Sie die Masse in eine gefettete Auflaufform, streuen etwas geriebenen Käse darüber und backen den Auflauf bei 180°C etwa 35 Minuten.

Gefüllte Vollkornteigrolle in Tomaten-Basilikum-Sauce

Für 4 Personen
Teig:

250 g feines Weizenvollkornmehl
1 Ei
7 bis 8 EL Wasser
1 bis 2 EL kalt gepreßtes Olivenöl
½ TL Meersalz

Füllung:

1 kg Blattspinat oder Mangold
40 g Butter
200 g Quark
4 EL geriebener Parmesankäse
Meersalz
frisch gemahlener Pfeffer
2 EL Mandelstifte

Tomaten-Basilikum-Sauce:

1 Zwiebel
1 Knoblauchzehe
1 EL kalt gepreßtes Olivenöl
750 g reife Tomaten
1 Lorbeerblatt
1 großer Zweig Thymian
Meersalz
frisch gemahlener Pfeffer
½ Bund Petersilie
½ Bund Basilikum

außerdem:

1 EL Butter
2 EL geriebener Parmesankäse

1. Das Mehl auf ein Backbrett häufen. In die Mitte eine Mulde drücken, dahinein das Ei, das Wasser, das Öl und Meersalz geben. Alles etwa 10 Minuten lang zu einem festen, geschmeidigen Teig kneten. Diesen dann abgedeckt 30 Minuten ruhen lassen.

2. Inzwischen den Spinat oder den Mangold putzen und in der heißen Butter 5 Minuten dünsten, abkühlen lassen. Falls Flüssigkeit beim Dünsten entstanden ist, diese abgießen.

3. Den Quark und den Parmesankäse unterrühren und mit Meersalz und Pfeffer abschmecken. Die Mandelstifte in einer Pfanne ohne Fettzugabe rösten.

4. Den Teig zu zwei Platten von 25 x 50 cm ausrollen. Die Spinatfüllung jeweils zur Hälfte darauf verteilen, die Mandelsplitter darüberstreuen.

5. Die Teigplatten aufrollen und in ein Nesseltuch einschlagen. Die Enden mit Küchengarn zusammenbinden.

6. In einem Fischkessel Wasser zum Kochen bringen, Meersalz hinzugeben und die Teigrolle darin 30 bis 40 Minuten garen.

7. In der Zwischenzeit die Tomaten-Basilikum-Sauce zubereiten. Dazu die Zwiebel schälen und in Scheiben schneiden. Die Knoblauchzehe schälen und zerreiben. Beides in Olivenöl andünsten.

8. Die Tomaten waschen, würfeln und mit dem Lorbeerblatt, dem Thymian und dem Meersalz würzen. Das Ganze 10 bis 15 Minuten kochen lassen.

9. Die Sauce durch ein Sieb passieren und mit den fein gehackten Kräutern gut mischen.

10. Die gegarten Teigrollen aus dem Wasser heben, in Scheiben schneiden, mit der flüssigen Butter bestreichen und mit dem Käse bestreuen.

11. Das Gericht dann nochmals warm stellen, damit sich das Aroma voll entfalten kann.

Grüne Vollkorn-nudeln mit Pinienkernsauce

Für 4 Personen

Nudelteig:

125 g Spinat
250 g feines Weizenvollkorn-mehl
1 Ei
½ TL Meersalz
1 bis 2 EL kalt gepreßtes Olivenöl

Sauce:

40 g Pinienkerne
2 EL kalt gepreßtes Sonnen-blumenöl
75 g Sahne
50 g geriebener Parmesankäse

1. Den Spinat verlesen, kurz blanchieren, kalt abschrecken und sehr fein hacken oder pürieren.

2. Das Mehl auf ein Brett häufen, eine tiefe Mulde ein-drücken und das Ei hinein-schlagen. Den Spinat, das Meersalz und das Öl hinzu-geben.

3. Vom Rand das Mehl zur Mulde einarbeiten und einen geschmeidigen Teig herstellen. Den Teig etwa 5 Minuten kneten, bis er elastisch ist, eventuell noch etwas Mehl zugeben, dann etwa ½ Stunde abgedeckt ruhen lassen.

4. Den Teig dünn ausrollen und in beliebige Formen schneiden. Die grünen Nu-deln in reichlich Salzwasser bißfest kochen.

5. Für die Sauce die Pinien-kerne im Mörser zerstoßen, bis das Nußöl austritt. Dann tropfenweise das Öl, die Sah-ne und den Parmesankäse zufügen. Alles verrühren, bis eine dickflüssige Masse ent-steht. Diese mit etwas Meer-salz und Pfeffer kräftig ab-schmecken.

6. Die Pinienkernsauce auf den abgetropften Nudeln servieren.

Vollkorngnocchi mit Tofu

Für 4 Personen

½ l Wasser
80 g Butter
frisch geriebene Muskatnuß
Meersalz
200 g feines Weizenvollkorn- schrot
2 Eier
200 g Tofu
1 Handvol Beinwell oder Borretsch
1 l Gemüsebrühe
etwas Butter
frisch geriebener Parmesankäse

1. Das Wasser, die Butter, Muskatnuß und Meersalz zum Kochen bringen. Das Vollkornschrot unter Rüh- ren einstreuen und weiter- rühren, bis sich die Masse als glatter Kloß vom Topfboden löst. Den Teig abkühlen lassen.

2. Die Eier einzeln einrüh- ren und die fein gehackten Kräuter darunterrühren. Den Tofu abtropfen lassen, in Würfel schneiden oder im Mixer fein hacken und unter den Teig rühren.

3. Mit einem Kaffeelöffel Klößchen in die kochende Gemüsebrühe abstechen und etwa 10 Minuten ziehen lassen.

4. Aus der Brühe nehmen, mit flüssiger Butter und Parmesan anrichten.

Tip

Servieren Sie dazu eine Tomaten-Basilikum-Sauce (siehe Seite 114), die im Sommer, zur Haupterntezeit der Tomaten, zubereitet und eingefroren werden kann.

Weizen-Gemüse-Risotto

Für 4 Personen

200 g Weizen
500 ml ungesalzene Gemüse-brühe
2 Zwiebeln
100 g Petersilienwurzeln
100 g Möhren
100 g grüne Bohnen
100 g Lauch
Meersalz
gemahlener Koriander
frisch gemahlener Pfeffer
einige Zweige Majoran
25 g geriebener Parmesankäse
2 EL Butter

1. Den Weizen kalt und warm abspülen und über Nacht in der Gemüsebrühe einweichen.

2. Am nächsten Tag die Weizenkörner aufkochen, bei schwacher Hitze etwa 1 Stunde zugedeckt kochen.

3. In der Zwischenzeit die Zwiebeln schälen und fein hacken. Das Gemüse putzen, waschen und klein schneiden.

4. 15 bis 10 Minuten vor dem Garende des Weizens zuerst die Petersilienwurzeln und die Möhren, dann die Bohnen und zum Schluß den Lauch hinzufügen und das Gericht fertiggaren.

5. Wenn die Weizenkörner zu platzen beginnen, mit Meersalz, Koriander, Pfeffer und fein gehacktem Majoran abschmecken.

6. Den Topf von der Herdplatte nehmen, den Käse und die Butter untermischen.

Getreiderösti an Zwiebelsauce

Für 4 Personen
Getreiderösti:

100 g grobes Weizenvollkorn-
schrot

100 g grobes Roggenvollkorn-
schrot

450 ml Gemüsebrühe

1 Lorbeerblatt

etwas Kümmel

je 1 Zweig Rosmarin und
Thymian

2 Zwiebeln

200 g Möhren

100 g Knollensellerie

Zwiebelsauce:

250 g Zwiebeln

1 Knoblauchzehe

2 EL kalt gepreßtes Olivenöl

250 ml Gemüsebrühe oder
Weißwein

150 g Crème fraîche oder Milch

Meersalz

frisch gemahlener Pfeffer

frisch geriebene Muskatnuß

außerdem:

Kräutersalz

Hefeflocken

etwas Estragon und Rosmarin

2 EL kalt gepreßtes Olivenöl

½ Bund Petersilie

1. Das Getreideschrot mit der Gemüsebrühe und den Gewürzen aufkochen.
2. Dann 15 bis 20 Minuten leise kochen, ab und zu umrühren, auf der ausgeschalteten Herdplatte 20 bis 30 Minuten nachquellen lassen.
3. Die Zwiebeln schälen und fein hacken. Die Möhren unter fließendem Wasser bürsten, den Sellerie schälen, waschen und beides grob raspeln.

4. In der Zwischenzeit die Sauce zubereiten. Hierfür die Zwiebeln schälen und fein würfeln. Die Knoblauchzehe schälen und zerreiben. Beides in Olivenöl andünsten, aber keine Farbe nehmen lassen.
5. Die Brühe oder den Wein angießen und zugedeckt 20 Minuten dünsten. Dann die Sauce im Mixer pürieren. Mit der Crème fraîche oder der Milch aufschlagen und mit Salz, Pfeffer und Muskatnuß abschmecken.
6. Das geraspelte Gemüse unter das Getreide geben und mit Kräutersalz, Hefeflocken und Kräutern abschmecken. Die Hälfte des Öls in einer Pfanne erhitzen, den Getreide-Gemüse-Brei dazugeben, mit einem Pfannenwender glattstreichen und wie Kartoffelrösti von beiden Seiten braten.
7. Vor dem Wenden das restliche Öl in die Pfanne geben. Das Getreiderösti nach Belieben mit der gehackten Petersilie bestreuen.
8. Mit der Zwiebelsauce servieren.

TIP

Auf diese Art lassen sich alle Getreidesorten zubereiten. Auch vorgekochtes Getreide kann so Grundlage für ein einfach und schnell zubereitetes Gericht sein.

Grünkernbraten mit Rahmsauce

Für 4 Personen
Grünkernbraten:

2 Zwiebeln

2 Möhren

1 Lauchstange

40 g Butter

200 g grobes Grünkernvollkornschrot

400 ml Gemüsebrühe

40 g geriebene Nüsse

2 Eier

40 g geriebener Emmentaler
Käse

80 g Vollkornsemmelbrösel
Meersalz

frisch gemahlener Pfeffer

frisch geriebene Muskatnuß

einige Zweige frischer Thymian
und Estragon

wenig Butter zum Ausfetten

Rahmsauce:

1 Zwiebel

½ Bund Petersilie

1 TL kalt gepreßtes Sonnenblumenöl

¼ l Gemüsebrühe

1 EL kalte Butter

1 EL Weizenvollkornmehl

¼ l Sahne oder Milch

Kräutersalz

frisch gemahlener Pfeffer

etwas Zitronensaft

1. Die Zwiebeln und die
Möhren waschen, schälen
und in sehr kleine Würfel
schneiden. Die Lauchstange
putzen, waschen und in
dünne Ringe schneiden.
2. Die Butter erwärmen und
das Grünkernvollkornschrot
darin andünsten. Das
Gemüse dazugeben, mit der
Gemüsebrühe aufkochen.

3. Dann 15 Minuten auf
kleiner Hitze kochen lassen,
dabei mehrmals umrühren.
Die Herdplatte ausschalten,
das Ganze zugedeckt 15 Minuten nachquellen, an-
schließend abkühlen lassen.
4. Den Backofen auf 175°C
vorheizen. Die Nüsse, die
Eier, den Käse und die Voll-
kornbrösel zum Grünkern
dazugeben. Mit den Gewür-
zen und den fein gehackten
Kräutern kräftig abschmekken.
5. Den Grünkernteig zu
einem Braten formen, in
eine gefettete Auflaufform
setzen und 35 bis 40 Minuten backen. Vor dem An-
schneiden den Braten etwas
ruhen lassen.
6. Die Zwiebel schälen und
fein hacken, mit der grob
zerschnittenen Petersilie in
Öl andünsten. Die Gemüse-
brühe angießen und 15 Mi-
nuten köcheln lassen.
7. Die Sauce durch ein Sieb
streichen. Die kalte Butter
mit dem Mehl verkneten
und in die Sauce geben.
8. Mit der Sahne oder der
Milch zusammen aufkochen
und die Sauce pikant mit
den Gewürzen und Zitronensaft abschmecken.
9. Den Braten aufschneiden
und mit der Sauce servieren.

Grünkernbratlinge

Für 4 Personen

150 g mittelgrobes Grünkern-vollkornschrot
50 g grobes Dinkelvollkorn-schrot
400 ml Gemüsebrühe
1 Zwiebel
1 Knoblauchzehe
1 Lauchstange
2 EL kalt gepreßtes Olivenöl
2 Eier
Currypulver
4 EL Hefeflocken
1 Bund frische Kräuter (Dill, Petersilie, Oregano)
Öl

1. Das Grünkern- und das Dinkelvollkornschrot mit der Gemüsebrühe aufkochen, bei kleiner Hitzezufuhr 15 bis 20 Minuten unter häufigem Umrühren kochen lassen. Dann auf der ausgeschalteten Herdplatte nachquellen lassen.

2. Die Zwiebel und die Knoblauchzehe schälen und fein hacken. Die Lauchstange putzen und in dünne Streifen schneiden.

3. Die Zwiebelwürfel und die Lauchstreifchen in 1 Eßlöffel Öl kurz dünsten und abkühlen lassen.

4. Mit den Eiern mischen und mit den Gewürzen, den Hefeflocken und den feingehackten Kräutern abschmekken. Die Gemüsemasse unter das Getreide rühren.

5. Das restliche Öl in einer Pfanne erhitzen, aus der Masse kleine, runde Bratlinge formen, diese von beiden Seiten goldgelb backen.

TIP

Sehr fein schmecken die Bratlinge, wenn Sie sie mit Ananas belegen und mit Käse überbacken. Dazu paßt eine Rahmsauce, gewürzt mit Currypulver.

Hirsebratlinge

Für 4 Personen

1 Knoblauchzehe, 1 Zwiebel
1 Möhre, 50 g Lauch
2 EL Butter
125 g Hirse
¼ l Gemüsebrühe
1 Lorbeerblatt, Meersalz
frisch gemahlener schwarzer Pfeffer, Cayennepfeffer
2 Eier
einige Zweige frischer Majoran
Vollkornsemmelbrösel zum Binden
1 Bund Dill
ungehärtetes Kokosfett zum Braten

1. Die Knoblauchzehe und die Zwiebel schälen und fein hacken. Die Möhre und den Lauch putzen, die Möhre eventuell schaben, beides waschen und in kleine Würfel schneiden.

2. Die Butter erhitzen, den Knoblauch und die Zwiebel darin glasig schwitzen.

3. Das Gemüse dazugeben und kurz mitschwitzen. Die Hirse warm und kalt waschen, abtropfen lassen, unterrühren und andünsten.

4. Mit der Gemüsebrühe auffüllen, das Lorbeerblatt dazugeben, mit Meersalz, Pfeffer und Cayennepfeffer würzen und bei mäßiger Hitze 5 bis 10 Minuten kochen lassen, dann auf der ausgeschalteten Herdplatte 20 Minuten nachquellen lassen.

5. Den Hirsebrei vom Feuer nehmen, abkühlen lassen, die Eier und den fein gehackten Majoran unterrühren. Ist die Hirsemasse zu flüssig, mit Vollkornsemmelbröseln binden, dann den fein gehackten Dill untermischen.

6. Die Hirsemasse nochmals abschmecken, daraus kleine Bratlinge formen. Diese von beiden Seiten goldgelb backen.

Gefüllte Paprika auf serbische Art

Für 4 Personen

4 große Paprikaschoten (à 150 g)
1 Zwiebel
1 Knoblauchzehe
2 Zucchini
100 g Hirse
1 TL Butter
250 ml Gemüsebrühe
1 EL kalt gepreßtes Olivenöl
frisch gemahlener Pfeffer
etwas frische Petersilie und Oregano
8 EL Quark
4 EL geriebener Parmesankäse
4 EL geriebener Ziegenkäse
1 Ei
1 Rezept „Tomaten-Basilikum-Sauce" (siehe Seite 114)

1. Die Paprikaschoten waschen, oben einen Deckel abschneiden. Das Samengehäuse entfernen. Die Zwiebel und den Knoblauch schälen und fein würfeln. Die Zucchini waschen und grob raspeln.
2. Die Hirse warm und kalt abspülen, gut abtropfen lassen, in der Butter andünsten, die Gemüsebrühe dazugeben und aufkochen.
3. Die Hirse 5 bis 10 Minuten auf kleiner Hitze kochen, dann etwa 20 Minuten nachquellen und auskühlen lassen.
4. Das Olivenöl erhitzen, den Knoblauch und die Zwiebel andünsten. Die Zucchiniraspel kurz mitdünsten. Die Masse abkühlen lassen.
5. Dann mit den Gewürzen und den fein gehackten Kräutern abschmecken. Den Quark, den Käse und das Ei dazugeben, gut mischen.
6. Die Masse in die Paprikaschoten füllen und 40 Minuten in Tomaten-Basilikum-Sauce dünsten.

Pastinaken-Hirse-Pfanne

Für 4 Personen

160 g Hirse
2 EL kalt gepreßtes Olivenöl
400 ml Gemüsebrühe
2 Zwiebeln
400 g Pastinaken (hellfleischige Wurzelrübe)
¼ Bund Blattpetersilie
frisch gemahlener weißer Pfeffer
Meersalz
Hefeflocken
250 g Quark
2 Eier
kalt gepreßtes Olivenöl zum Ausbacken
4 EL geriebener Parmesankäse

1. Die Hirse warm und kalt abspülen, in 1 Eßlöffel Olivenöl andünsten, die Gemüsebrühe angießen und aufkochen. Bei geringer Hitze 5 bis 10 Minuten kochen, dann 20 Minuten auf der ausgeschalteten Herdplatte ausquellen lassen.
2. Die Zwiebeln schälen und würfeln. Die Pastinaken schälen, waschen, abtrocknen und grob raspeln.
3. Das restliche Öl in einer Pfanne erhitzen, die Zwiebelwürfel darin glasig dünsten. Die Pastinaken zufügen und bißfest dünsten, die Pfanne vom Herd nehmen.
4. Die Gemüsemischung mit der fein gehackten Petersilie, dem Pfeffer, dem Meersalz und den Hefeflocken würzen. Den Quark, die Eier und die gedünstete Hirse unterziehen.
5. Öl in einer Pfanne erhitzen und die Masse darin stocken lassen, mit dem Parmesankäse bestreuen.

Vollkornravioli mit Wirsing-Lauch-Füllung auf Ratatouille

Für 4 Personen
Ravioli:

240 g feines Hafervollkornmehl
2 Eier, 2 Eigelb
2 bis 3 EL Wasser
2 EL kalt gepreßtes Olivenöl
Meersalz
4 Schalotten
200 g Wirsing
150 g Lauch
80 g Butter
frisch gemahlener Pfeffer
1 Eiweiß

Ratatouille:

200 g Sahne oder Milch
200 ml trockener Weißwein
½ TL feines Weizenvollkorn-mehl
½ TL Butter
½ Bund Blattpetersilie
2 Zwiebeln
1 Knoblauchzehe
200 g Zucchini
400 g Champignons
4 Tomaten

1. Das Hafermehl mit den Eiern, dem Eigelb, dem Oli-venöl, etwas Meersalz und 2 bis 3 Eßlöffeln Wasser zu einem Teig verkneten, die-sen abgedeckt etwa 30 Mi-nuten ruhen lassen.
2. In der Zwischenzeit die Schalotten schälen und fein würfeln, den Wirsing und den Lauch putzen und in feine Streifen schneiden.
3. Die Hälfte der Butter er-wärmen, die Schalotten, den Wirsing und den Lauch dar-in 10 Minuten andünsten, abkühlen lassen, salzen und pfeffern. Die beim Dünsten entstandene Flüssigkeit ab-gießen und für die Sauce verwenden.

4. Den Ravioliteig dünn ausrollen, Kreise von 10 cm Durchmesser ausstechen, die Ränder mit Eiweiß be-streichen, etwas Wirsing-Lauch-Masse daraufsetzen, die Ravioli zusammen-klappen und mit der Gabel andrücken.
5. Die Ravioli in kochen-dem Salzwasser 10 Minuten garen.
6. Die Gemüseflüssigkeit mit der Sahne oder der Milch und dem Wein leicht einkochen lassen. Das Voll-kornmehl und die Butter verkneten, zur Sauce geben und aufkochen lassen.
7. Die Sauce mit Salz und der gehackten Petersilie ab-schmecken.

8. Die Zwiebeln und den Knoblauch schälen, fein würfeln, die Zucchini wa-schen und würfeln, die Champignons putzen, je nach Größe vierteln bzw. halbieren. Die Tomaten waschen und würfeln. Das Gemüse und den Knob-lauch in der restlichen Butter dünsten.
9. Das Gemüse pikant ab-schmecken, auf einem Teller anrichten, die Ravioli darauf plazieren und mit der Sauce nappieren.

TIP

Die Ravioli bekommen einen leicht nußartigen Ge-schmack, wenn Sie den Hafer vor dem Mahlen kurz darren. Jedoch nicht zu lan-ge, sonst verliert der Hafer seine Bindefähigkeit.

Hafercurry

Für 4 Personen

200 g entspelzter Hafer oder Nackthafer
350 bis 400 ml Gemüsebrühe
200 g Zwiebeln
200 g Äpfel
1 EL Zitronensaft
1 EL Butter
1 TL Currypulver
20 g gemahlene Cashewkerne
Meersalz
frisch gemahlener Pfeffer
20 g Mandeln

1. Den Hafer waschen, noch feucht in einen Topf geben und unter Rühren so lange erhitzen, bis die Körner anfangen zu platzen.
2. Die Gemüsebrühe auffüllen und aufkochen lassen, 15 bis 20 Minuten bei kleiner Hitze kochen lassen. Auf der ausgeschalteten Herdplatte noch 10 Minuten nachquellen lassen.
3. Inzwischen die Zwiebeln schälen und fein hacken. Den Apfel waschen, vom Kerngehäuse befreien und in kleine Würfel schneiden, mit Zitronensaft beträufeln.

4. Die Butter erhitzen und die Zwiebel darin glasig dünsten. Die Apfelwürfel dazugeben und mitdünsten. Das Currypulver einstreuen und kurz mitdünsten.
5. Die Cashewkerne dazugeben, mit 2 bis 3 Eßlöffeln Gemüsebrühe auffüllen und aufkochen lassen. Mit Meersalz, Pfeffer und Zitronensaft abschmecken.
6. Die Mandeln klein hacken und in einer Pfanne ohne Fettzugabe leicht bräunen. Den Hafer auf die Sauce geben und mit den Mandeln bestreuen.

Haferschrotbratlinge mit Spinat

Für 4 Personen

150 ml Milch

200 g grobes Hafervollkornschrot

2 Zwiebeln

300 g Spinat

2 EL kalt gepreßtes Olivenöl

2 Eigelb

50 g Quark

Meersalz

gemahlener Koriander

gemahlener Fenchel

Liebstöckel

2 Eiweiß

1. Die Milch erwärmen, das Haferschrot einstreuen, vom Herd nehmen und aus-quellen lassen.
2. Die Zwiebeln schälen und klein hacken. Den Spinat verlesen, waschen, gut abtropfen lassen und grob hacken. Die Zwiebeln in wenig Olivenöl andünsten, den Spinat dazugeben und mitdünsten.
3. Die Eigelbe mit dem Quark unter die Hafermasse ziehen. Die Spinat-Zwiebel-Mischung mit den Gewürzen abschmecken und eben-falls untermischen.

4. Die Eiweiße zu steifem Schnee schlagen und locker unter die Hafermasse ziehen.
5. Das restliche Öl erhitzen. Mit einem Löffel Bratlinge in die Pfanne setzen und von jeder Seite in 4 bis 6 Minuten knusprig braten.

Tip

Wenn der Spinat Flüssigkeit zieht, gießen Sie diese ab, sonst wird die Hafermasse zu weich.

Mangoldröllchen

Für 4 Personen

100 g Gerste
450 bis 500 ml ungesalzene Gemüsebrühe, Meersalz
100 g feines Gerstenvollkornschrot
1 Zwiebel, 200 g Austernpilze
2 EL kalt gepreßtes Olivenöl
einige Zweige Thymian
Kräutersalz
frisch gemahlener Pfeffer
2 Eier, 2 bis 3 EL Butter
12 Mangoldblätter
Gemüsebrühe

1. Die Gerste am Vorabend in der Gemüsebrühe einweichen. Am nächsten Tag etwa 40 Minuten kochen lassen, das Gerstenschrot etwa 15 Minuten vor Ende der Garzeit einrühren und unter ständigem Rühren weitere 15 Minuten kochen lassen. Das Rühren ist wichtig, weil das Gerstenschrot leicht anhängt. Danach salzen, vom Feuer nehmen und zugedeckt ausquellen lassen.
2. Die Zwiebel schälen und fein würfeln. Die Pilze putzen, waschen und klein schneiden. Die Zwiebelwürfel in wenig Olivenöl andünsten, die Thymianblättchen und die Pilze dazugeben und kurz mitdünsten, unter die Gerstenmasse heben.
3. Das Ganze mit dem Kräutersalz und Pfeffer pikant abschmecken. Dann die Eier und die Butter hinzufügen.
4. Die Mangoldblätter in kochendem Salzwasser blanchieren, kalt abschrecken und abtropfen lassen. Die Blätter mit Kräutersalz und Pfeffer würzen und mit etwas Gerstenmasse füllen.
5. Die Seiten einschlagen und aufrollen. Die Röllchen in einer flachen Kasserolle in heißem Öl von beiden Seiten kurz anbraten, etwas Gemüsebrühe angießen und 10 bis 15 Minuten dünsten.

Polenta mit Käse

Für 4 Personen

1 Zwiebel
1 Knoblauchzehe
½ l Gemüsebrühe
½ l Milch
frisch geriebene Muskatnuß
gemahlener Koriander
gemahlener Piment
Meersalz
frisch gemahlener schwarzer Pfeffer
250 g Maisgrieß
50 g geriebener Parmesankäse
1 Bund Petersilie

1. Die Zwiebel und die Knoblauchzehe schälen und fein hacken.
2. Die Gemüsebrühe und die Milch in einen Topf geben und zum Kochen bringen. Die Zwiebel und die Knoblauchzehe dazugeben und mit Muskat, Koriander, Piment, Meersalz und Pfeffer würzen.
3. Den Maisgrieß mit dem Schneebesen einrühren und bei mäßiger Hitze 10 bis 15 Minuten kochen, dann auf der ausgeschalteten Herdplatte 20 Minuten nachquellen lassen.
4. Anschließend den Parmesankäse sowie die fein gehackte Petersilie unter die Masse ziehen.

TIP

Polenta paßt sehr gut zu Fleischgerichten, wie Osso buco, Gulasch und vielen Hülsenfruchteintöpfen. Sollte etwas von der Polenta übrig bleiben, kann sie in Scheiben geschnitten und in heißem, ungehärtetem Kokosfett gebraten werden.

Gemüse-Reis-Pfanne

Für 4 Personen

1 Knoblauchzehe, 1 Zwiebel
2 EL kalt gepreßtes Olivenöl
250 g Naturreis
600 ml Gemüsebrühe
2 Möhren, 250 g Brokkoli
1 rote Paprikaschote
Meersalz
frisch gemahlener Pfeffer
1 TL Paprikapulver edelsüß
Currypulver
50 g geriebener Parmesankäse
50 g Sahne
1 Bund Schnittlauch

1. Die Knoblauchzehe und die Zwiebel schälen und sehr fein hacken. Die Hälfte des Olivenöls erhitzen, den Knoblauch und die Zwiebel darin andünsten.

2. Den Naturreis warm und kalt waschen, abtropfen lassen, zur Zwiebel-Knoblauch-Masse geben, so lange andünsten, bis die Körner vom Fett überzogen sind. Die Gemüsebrühe angießen, aufkochen und den Reis bei geringer Hitze 30 bis 40 Minuten kochen.

3. In der Zwischenzeit die Möhren putzen, eventuell schaben, waschen und in Würfel schneiden. Die Brokkoli putzen, in kleine Röschen teilen und waschen. Die Paprikaschote halbieren, entkernen, waschen und in kleine Würfel schneiden.

4. Das Gemüse im restlichen Olivenöl kurz andünsten. 15 Minuten vor Ende der Garzeit des Naturreises das Gemüse dazugeben.

5. Wenn Reis und Gemüse gar sind, mit Meersalz, Pfeffer, Paprika- und Currypulver würzen, den Käse unterheben, die Sahne angießen und den Reis auf der ausgeschalteten Herdplatte kurz nachquellen lassen. Mit frisch geschnittenem Schnittlauch bestreuen.

*Ausgebreitet wie Teppiche liegen
die Reisfelder unter der tropischen Sonne.
Sie liefern das „Brot Asiens",
das etwa für die Hälfte der Menschheit
Grundnahrungsmittel ist*

Exotisches Reisgericht

Für 4 Personen

200 g Naturreis
400 ml Gemüsebrühe
5 g getrocknete chinesische Pilze
1 Knoblauchzehe
1 Zwiebel
1 rote Paprikaschote
1 grüne Paprikaschote
200 g Mungobohnensprossen
4 Scheiben Ananas
3 EL kalt gepreßtes Olivenöl
1 Tasse Gemüsebrühe
Honig nach Geschmack
Obstessig nach Geschmack
3 EL Sojasauce
Kurkuma
Currypulver
Meersalz
eventuell grob geschroteter
Szechuanpfeffer

1. Den Naturreis warm und kalt abspülen, mit der Gemüsebrühe aufkochen, bei geringer Hitze 30 bis 40 Minuten kochen.
2. In der Zwischenzeit die chinesischen Pilze in Wasser einweichen. Die Knoblauchzehe und die Zwiebel schälen und fein schneiden. Die Paprikaschoten halbieren, entkernen, waschen und in dünne Streifen schneiden.
3. Die Mungobohnensprossen mit kaltem Wasser abspülen und abtropfen lassen. Die Ananas schälen, den Strunk herausschneiden und die Ananas in kleine Würfel schneiden.

4. Das Olivenöl erhitzen, den Knoblauch und die Zwiebel darin glasig dünsten. Die Paprikaschoten dazugeben, die Pilze in Streifen schneiden, ebenfalls dazugeben und kurz andünsten.
5. Die Ananaswürfel unter das Gemüse heben und alles etwa 5 Minuten bei mäßiger Hitze dünsten.
6. Die Gemüsebrühe zum Gemüse geben und mit dem Honig, dem Obstessig, der Sojasauce, dem Kurkuma und dem Currypulver süßsäuerlich abschmecken.
7. Die Mungobohnensprossen und den gegarten Reis dazugeben und nochmals ganz kurz erhitzen. Das Reisgericht mit Meersalz und Szechuanpfeffer nochmals kräftig abschmecken.

KARTOFFELN

Feine Kartoffel-cremesuppe

Für 4 Personen

250 g Kartoffeln
250 g Topinambur
50 g Lauch
1 Zwiebel
2 EL Butter
800 ml Gemüsebrühe
Meersalz
frisch gemahlener Pfeffer
Kümmel
frisch geriebene Muskatnuß
1 Glas Weißwein
100 g Sahne
1 Bund Schnittlauch

1. Die Kartoffeln und den Topinambur waschen, schälen und fein würfeln. Den Lauch putzen, waschen, in kleine Würfel schneiden, die Zwiebel schälen und fein würfeln.

2. Die Butter in einem Topf erhitzen und die Kartoffeln und den Topinambur darin anschwitzen. Den Lauch und die Zwiebel dazugeben und kurz anschwitzen.

3. Mit der Gemüsebrühe ablöschen und mit Meersalz, Pfeffer, Kümmel und Muskat kräftig würzen.

4. Das Ganze bei mäßiger Hitze etwa 15 Minuten köcheln lassen, bis das Gemüse gar ist. Anschließend die Suppe im Mixer oder mit dem Pürierstab pürieren.

5. Den Wein dazugeben und die Suppe nochmals erhitzen. Die Sahne leicht anschlagen und erst kurz vor dem Servieren unter die Suppe ziehen. Mit frisch geschnittenem Schnittlauch bestreuen.

TIP

Falls die Suppe zu dick geworden ist, mit etwas Gemüsebrühe verdünnen.

Kartoffelsuppe mit Kräutern

Für 4 Personen

1 Zwiebel
1 Stange Lauch
1 Petersilienwurzel
1 Möhre
400 g Kartoffeln
2 EL Butter
1 l Gemüsebrühe
1 Prise Meersalz
frisch geriebene Muskatnuß
1 TL Kräuter der Provence
Apfeldicksaft nach Geschmack
½ Bund Estragon
½ Bund Blattpetersilie
2 bis 3 EL grobes Hafervollkornschrot
100 g Crème fraîche

1. Die Zwiebel schälen, fein hacken, den Lauch putzen, waschen und in hauchdünne Streifen schneiden.

2. Die Petersilienwurzel schälen, fein hacken, die Möhre waschen, eventuell schaben und fein würfeln. Die Kartoffeln schälen, waschen und in kleine Würfel schneiden.

3. Die Butter in einem Topf erhitzen und die Zwiebel darin glasig schwitzen. Dann das vorbereitete Gemüse dazugeben.

4. Mit der Gemüsebrühe ablöschen und mit Meersalz, Muskatnuß, Kräutern der Provence und Apfeldicksaft würzen. Bei mäßiger Hitze 12 bis 15 Minuten köcheln lassen.

5. Die fein gehackten Kräuter unterziehen, die Kartoffelsuppe nochmals abschmecken. Das Hafervollkornschrot kurz anrösten.

6. Die Suppe portionsweise anrichten, einen Klecks Crème fraîche daraufgeben und leicht mit geröstetem Hafervollkornschrot bestreuen.

Pikanter Kartoffelsalat

Für 4 Personen

800 g Kartoffeln
1 kleine Zwiebel
1 EL Senf (selbst gemacht)
2 bis 3 EL Kräuteressig
100 ml heiße Gemüsebrühe
Kräutersalz
frisch gemahlener Pfeffer
¼ Salatgurke
2 Radieschen
1 Tomate
2 EL kalt gepreßtes Sonnen- blumenöl
1 Bund frische Kräuter (Schnittlauch, Petersilie, Kresse, Borretsch und Liebstöckel)

1. Die Kartoffeln unter Wasser abbürsten, in wenig Salzwasser in 20 bis 30 Minuten gar kochen. In der Zwischenzeit die Zwiebel schälen und in Würfel schneiden. Mit dem Senf, dem Kräuteressig und der Gemüsebrühe mischen.

2. Das Kartoffelwasser abgießen, die Kartoffeln noch heiß schälen, in Scheiben schneiden und mit der Salatmarinade mischen, mit Kräutersalz und Pfeffer abschmecken.

3. Die Salatgurke, die Radieschen und die Tomate waschen, die Gurke und die Radieschen in Scheiben schneiden, den grünen Stielansatz der Tomate herausschneiden und die Tomate achteln.

4. Das Gemüse unter den Salat heben, das Öl unterheben und den Salat mit den fein gehackten Kräutern bestreuen.

Frühlingszwiebel-Kartoffel-Gratin

Für 4 Personen

400 g Frühlingszwiebeln

400 g Kartoffeln

Butter zum Ausfetten

30 g Butter

40 g feines Weizenvollkorn-
schrot

³/₈ l Gemüsebrühe

150 g saure Sahne

Meersalz

frisch gemahlener weißer
Pfeffer

frisch geriebene Muskatnuß

Saft von ½ Zitrone

1 Ei

50 g geriebener Emmentaler
Käse

1. Die Frühlingszwiebeln putzen und waschen. Dann kurz blanchieren und kalt abschrecken.

2. Die Kartoffeln schälen und in sehr dünne Scheiben schneiden. In eine gefettete Auflaufform legen und die Frühlingszwiebeln darüber-geben.

3. Die Butter erhitzen und das Vollkornschrot darin anschwitzen, ohne Farbe nehmen zu lassen.

4. Mit der kalten Gemüse-brühe auffüllen und das Ganze mit dem Schneebe-sen kräftig durchrühren. Bei mäßiger Hitze etwa 10 Minu-ten unter ständigem Rühren kochen lassen.

5. Den Backofen auf 180°C vorheizen. Die Sauce etwas abkühlen lassen, mit der sauren Sahne mischen und mit Meersalz, Pfeffer, Muskat-nuß und Zitronensaft kräftig würzen. Das Ei unter die Sauce heben.

6. Die Sauce über das Gratin gießen und das Ganze etwa 40 Minuten backen; 15 Mi-nuten, bevor das Gratin fertig ist, den Käse darüber-streuen.

VARIATION

Anstelle der Frühlingszwie-beln können Sie auch sehr gut blanchierte Brokkoli-röschen nehmen.

Gourmetkartoffeln

Für 4 Personen

12 mittelgroße gekochte
Kartoffeln
4 EL weiche Butter
120 g saure Sahne
2 EL geriebener Käse
(Appenzeller)
Kräutersalz
einige Zweige frischer Majoran
100 g Knollensellerie
100 g Möhren
150 g Weizensprossen
kalt gepreßtes Olivenöl zum
Ausfetten
1 bis 2 EL Gemüsebrühe

1. Den Backofen auf 180°C
vorheizen. Die Kartoffeln
pellen, einen Deckel ab-
schneiden und vorsichtig
aushöhlen.

2. Die Kartoffelmasse mit
einer Gabel zerdrücken, die
Hälfte der Butter, die saure
Sahne und den Käse zufü-
gen und mit Kräutersalz und
fein gehacktem Majoran abschmecken.

3. Den Sellerie und die
Möhren putzen, waschen,
den Sellerie schälen, beides
fein reiben und mit den
abgespülten und gut abge-
tropften Weizensprossen
unter die Kartoffelmasse
mischen. Die Farce in die
Kartoffeln füllen.

4. Eine große Auflaufform
mit Öl auspinseln, die Kartoffeln hineinsetzen, mit den
restlichen Butterflöckchen
belegen, die Gemüsebrühe
angießen und die Kartoffeln
im Backofen 15 Minuten
backen.

Tip

Dazu paßt sehr gut der
„Sommerliche Salatteller“,
Seite 47. Wenn neue Kartof-
feln auf dem Markt sind, ver-
wenden Sie diese mit der
Schale.

Kartoffelgratin mit Wildkräutern

Für 4 Personen

800 g Kartoffeln
40 g Wildkräuter (Brennessel-spitzen, Sauerampfer, Löwen-zahn und Schafgarbe)
2 Zwiebeln
1 Knoblauchzehe
Meersalz
frisch gemahlener Pfeffer
frisch geriebene Muskatnuß
Butter zum Ausfetten
40 g Butter
2 Eier
4 EL saure Sahne
gemahlener Kümmel
80 g geriebener Emmentaler Käse

1. Die Kartoffeln dünn schä-len und grob raspeln. Die Wildkräuter verlesen, wa-schen, die Zwiebeln und die Knoblauchzehe schälen, al-les fein hacken, mit den Kar-toffeln mischen und mit Meersalz und Muskatnuß würzen.
2. Den Backofen auf 220°C vorheizen. Die Masse in eine gebutterte Auflaufform fül-len. Die Eier mit der sauren Sahne, etwas Meersalz und Kümmel verrühren und über die Kartoffelmischung gießen.
3. Die Butter in Flocken dar-aufsetzen. Im Backofen 40 Minuten backen. Kurz vor Garende den Käse dar-überstreuen, das Gratin noch einmal kurz überbacken.

Bircher-Kartoffeln mit Kräuterquark

Für 4 Personen
Bircher-Kartoffeln:

1 EL Kräutersalz
2 EL Kümmel
2 EL Majoran
800 g Kartoffeln
kalt gepreßtes Olivenöl zum Ausfetten und Bepinseln

Kräuterquark:

200 g Quark
100 ml Milch
4 EL Doppelrahmfrischkäse
Meersalz
1 Bund Kräuter (Petersilie, Schnittlauch, Kerbel, Pimpinelle und Ysop)

1. Das Kräutersalz mit dem Kümmel und dem Majoran mischen. Die Kartoffeln gründlich waschen, trocken-reiben, der Länge nach hal-bieren, jede Hälfte mit der Schnittfläche in die Gewürz-mischung tauchen.
2. Die Kartoffeln mit der Schnittfläche nach unten auf ein gefettetes Blech setzen und mit Öl bepinseln. Die restliche Gewürzmischung auf die Kartoffeln streuen. Bei 180 bis 200°C 20 bis 30 Minuten im Ofen backen.
3. Den Quark mit der Milch und dem Frischkäse verrüh-ren, mit dem Meersalz und den fein gehackten Kräutern abschmecken.
4. Die fertigen Kartoffeln mit dem Kräuterquark servieren.

Kartoffel-Lauch-Puffer

Für 4 Personen

200 g Lauch
400 g Kartoffeln
4 EL Weizenvollkornmehl
1 Prise Liebstöckel und Oregano
Meersalz
frisch gemahlener Pfeffer
frisch geriebene Muskatnuß
2 EL kalt gepreßtes Olivenöl

1. Den Lauch putzen, waschen, abtropfen lassen, klein schneiden und in der Butter andünsten. Abkühlen lassen und eventuell entstandene Flüssigkeit abgießen.
2. Die Kartoffeln gründlich waschen, eventuell schälen und grob reiben.
3. Mit dem Lauch, dem Weizenvollkornmehl und den Gewürzen mischen. Aus der Masse sofort kleine Puffer formen und in heißem Öl von beiden Seiten goldgelb backen.

VARIATION

Anstelle des Lauchs können Sie sehr gut Zucchini, rote Bete oder auch Möhren zu den Kartoffeln geben. Wichtig ist, daß Sie die Puffer sofort backen, da das Gemüse und die Kartoffeln sonst Flüssigkeit ziehen.

Austernpilz-Kartoffel-Gratin

Für 4 Personen

800 g Kartoffeln
etwas Butter zum Ausfetten
800 g Austernpilze
20 g Butter
Meersalz
frisch gemahlener schwarzer Pfeffer
250 ml Sahne oder Milch
2 Eier
50 g geriebener Parmesankäse
½ Bund Thymian
1 Bund Schnittlauch

1. Die Kartoffeln schälen, waschen, in Scheiben schneiden und in die gefettete Auflaufform schichten.
2. Die Austernpilze putzen, waschen und klein schneiden. Die Butter erwärmen und die Pilze 5 Minuten darin anbraten, mit Meersalz und Pfeffer würzen.
3. Die Sahne oder die Milch mit den Eiern, dem Käse, Meersalz, Pfeffer und dem gewaschenen, abgezupften Thymian verrühren. Die Pilze auf die Kartoffelscheiben geben und mit der Eiersahne übergießen.
4. Den Gratin im vorgeheizten Backofen bei 225°C etwa 25 bis 30 Minuten backen. Mit dem klein geschnittenen Schnittlauch bestreuen.

Anmutig und zart sind die Rispen des Hafers, der hier den Knödeln sein nußartiges Aroma verleiht

Kartoffel-Hafer-Knödel mit Lauchgemüse

Für 4 Personen
Knödel:

800 g gekochte Kartoffeln vom Vortag
150 bis 200 g grobes Hafervollkornschrot
½ Bund Petersilie
2 Eier
Meersalz
frisch geriebene Muskatnuß
2 l Gemüsebrühe

Lauchgemüse:

2 Zwiebeln
400 g Lauch
2 EL Butter
50 g Sahne

außerdem:

etwas abgeriebene Schale einer unbehandelten Zitrone

1. Die Kartoffeln pellen und fein raspeln. Das Haferschrot, die fein gehackte Petersilie und die Eier dazugeben. Mit Meersalz und Muskatnuß würzen und alles zu einem Teig verkneten.

2. Aus der Masse 8 Knödel formen und in reichlich Gemüsebrühe 15 bis 20 Minuten garen.

3. In der Zwischenzeit die Zwiebeln schälen und in kleine Würfel schneiden. Den Lauch putzen, waschen und in sehr feine Streifen schneiden.

4. Das Gemüse in der Butter kurz andünsten, mit Meersalz, Pfeffer und Muskatnuß abschmecken, die Sahne angießen und erhitzen. Mit den abgetropften Knödeln servieren. Diese mit geriebener Zitronenschale bestreuen.

Kartoffel-Quark-Auflauf

Für 4 Personen

600 g Kartoffeln
Meersalz
1 EL Kümmel
2 Zwiebeln
250 g Möhren
250 g Schwarzwurzeln
150 g Erbsen
250 g Quark
150 g Sahne oder saure Sahne
1 Ei
einige Zweige Majoran
frisch gemahlener Pfeffer
frisch geriebene Muskatnuß
Butter zum Ausfetten
1 Bund Schnittlauch

1. Die Kartoffeln unter fließendem Wasser waschen, abbürsten und mit dem Kümmel in Salzwasser 20 bis 30 Minuten gar kochen. Dann schälen und in 1 cm dicke Scheiben schneiden.
2. Inzwischen die Zwiebeln schälen und in Scheiben schneiden.
3. Die Möhren putzen, waschen, eventuell schaben und in feine Scheiben schneiden. Die Schwarzwurzeln schälen, waschen und in Stücke schneiden.
4. Möhren, Schwarzwurzeln und Erbsen kurz blanchieren und mit eiskaltem Wasser abschrecken, damit die Farbe der Gemüse besser erhalten bleibt.
5. Den Backofen auf 180°C vorheizen. Den Quark mit der Sahne, dem Ei und dem fein geschnittenen Majoran glattrühren und mit Meersalz, Pfeffer und Muskat kräftig würzen.
6. Alle Zutaten schichtweise in eine gefettete Auflaufform geben. Den Quark über den Auflauf verteilen und das Ganze etwa 30 Minuten bakken, herausnehmen und mit fein geschnittenem Schnittlauch bestreuen.

Kartoffel-Mangold-Auflauf

Für 4 Personen

800 g mehlig kochende Kartoffeln
Meersalz, Kümmel
1 Zwiebel
1 Knoblauchzehe
600 g Mangold
2 EL Butter
frisch gemahlener Pfeffer
frisch geriebene Muskatnuß
4 Tomaten
100 ml Milch, 50 g Sahne
50 g geriebener Käse
Butter zum Ausfetten

1. Die Kartoffeln unter fließendem Wasser waschen, abbürsten und in Salzwasser mit etwas Kümmel zugedeckt bei mäßiger Hitze etwa 20 bis 30 Minuten köcheln lassen.
2. Die Zwiebel und den Knoblauch schälen und fein hacken. Den Mangold verlesen, waschen und grob hacken.
3. Die Butter in einer Pfanne erhitzen und die Zwiebel und den Knoblauch darin andünsten. Den Mangold dazugeben, kurz andünsten und mit Meersalz, Pfeffer und Muskatnuß kräftig würzen.
4. Die Tomaten waschen, den grünen Stielansatz entfernen und die Tomaten in Scheiben schneiden.
5. Die Kartoffeln schälen und durch die Kartoffelpresse drücken. Mit der Milch und der Sahne schaumig schlagen, mit Meersalz und Pfeffer würzen.
6. Den Backofen auf 180°C vorheizen. Eine Auflaufform ausfetten und das Kartoffelpüree, den Mangold und die Tomatenscheiben schichtweise hineingeben.
7. Den Auflauf etwa 30 Minuten backen, in den letzten 10 Minuten den Käse darüberstreuen.

Kartoffelgratin mit Sauerkraut

Für 4 Personen

500 g Kartoffeln
Meersalz
frisch geriebene Muskatnuß
frisch gemahlener weißer Pfeffer
4 EL Crème fraîche
½ Bund Petersilie
1 Zwiebel, 2 EL Butter
400 g unerhitztes Sauerkraut
1 Apfel, 1 Lorbeerblatt
einige Nelken
einige Wacholderbeeren
1 Tasse Gemüsebrühe
Butter zum Ausfetten
75 g geriebener Käse

1. Die gewaschenen Kartoffeln in wenig Salzwasser 20 bis 30 Minuten garen, herausnehmen, schälen und durch die Kartoffelpresse drücken. Mit Meersalz, Muskatnuß und weißem Pfeffer kräftig würzen.
2. Die Crème fraîche mit der fein gehackten Petersilie, mit dem Schneebesen schaumig schlagen.
3. Die Zwiebel schälen und fein würfeln, in der heißen Butter anschwitzen. Das zerpflückte Sauerkraut zur Zwiebel geben und kurz mitschwitzen.
4. Den Apfel waschen, halbieren, entkernen, fein würfeln, mit den Gewürzen zum Sauerkraut geben.
5. Die Gemüsebrühe angießen und das Sauerkraut bei mäßiger Hitze 15 Minuten köcheln lassen.
6. Den Backofen auf 180°C vorheizen. Eine Auflaufform mit Butter ausfetten und das Kartoffelpüree und das Sauerkraut einschichten.
7. Den Kartoffelauflauf 20 bis 30 Minuten backen, 10 Minuten vor Ende der Garzeit mit dem Käse bestreuen.

Schwäbische Bauzen

Für 4 Personen

800 g Kartoffeln
1 EL Meersalz
1 EL Kümmel
2 Lorbeerblätter
150 g feiner Weizenvollkorn-grieß
1 großes Ei
Meersalz
frisch gemahlener schwarzer Pfeffer
frisch geriebene Muskatnuß
geklärte Butter zum Braten

1. Die Kartoffeln unter fließendem Wasser waschen, abbürsten und mit Meersalz, Kümmel, Lorbeerblättern und etwas Wasser bei mittlerer Hitze etwa 30 Minuten köcheln lassen.
2. Anschließend die Kartoffeln schälen und noch warm durch die Kartoffelpresse drücken.
3. Den Weizenvollkorngrieß und das Ei zu den Kartoffeln geben und alles zu einem glatten, geschmeidigen Teig verkneten.
4. Den Teig mit Meersalz, Pfeffer und Muskat kräftig würzen und zu fingerdicken und fingerlangen Nudeln ausrollen.
5. Die Butter in einer Pfanne erhitzen und die Bauzen darin goldgelb braten.

Variation

Sie können auch Kräuter oder Nüsse unter den Teig mischen. Eine weitere Variante erhalten Sie, wenn Sie weniger Grieß verwenden und dafür Quark und geriebenen Käse unter den Teig kneten.

Allgäuer Reiberdatschi

Für 4 Personen

750 g Kartoffeln
1 Zwiebel
50 g saure Sahne
50 g Weizenvollkorngrieß oder Weizenvollkornmehl
Meersalz
frisch gemahlener Pfeffer
frisch geriebene Muskatnuß
125 g geriebener Käse
1 Bund Petersilie
ungehärtetes Kokosfett zum Braten

1. Die Kartoffeln waschen, schälen, fein reiben und in eine Schüssel geben. Die Zwiebel schälen und fein hacken.
2. Die saure Sahne, den Weizenvollkorngrieß oder das Weizenvollkornmehl und die Zwiebel unter die Kartoffeln mischen.
3. Mit Meersalz, Pfeffer und Muskatnuß kräftig würzen. Den Käse und die sehr fein gehackte Petersilie unter die Kartoffelmasse mischen.
4. Das Fett in einer Pfanne erhitzen, portionsweise jeweils 1 bis 2 EL Kartoffelmasse in die Pfanne geben und auf beiden Seiten goldgelb backen.

Variation

Für die süße Geschmacksversion bereiten Sie die Datschi ohne Zwiebel, Pfeffer, Muskatnuß und Käse zu und servieren sie mit einem Apfelschnee. Dafür Äpfel reiben, mit etwas Zitronensaft beträufeln und geschlagene Sahne oder Eiweiß unterheben. Den Apfelschnee mit Zimt und Honig oder etwas Birnensaft abschmecken.

Italienische Gnocchi

Für 4 Personen

800 g Kartoffeln
Meersalz
1 EL Kümmel
150 g feiner Hartweizen-vollkorngrieß
frisch geriebene Muskatnuß
½ Tasse lauwarmes Wasser
5 EL geriebener Käse
1 l Gemüsebrühe

1. Die Kartoffeln unter fließendem Wasser waschen, abbürsten und mit Meersalz, Kümmel und etwas Wasser zugedeckt bei mäßiger Hitze etwa 30 Minuten köcheln lassen.
2. Anschließend die Kartoffeln schälen und durch die Kartoffelpresse drücken.
3. Den Weizenvollkorngrieß, Meersalz, Muskatnuß, Wasser und Käse zu den Kartoffeln geben und alles zu einem glatten, geschmeidigen Teig verkneten.
4. Diesen zu einer 5 bis 6 cm dicken Rolle formen. Davon 1 bis 2 cm dicke Scheiben abschneiden und diese zu Knödeln formen.
5. Die Gemüsebrühe erhitzen und die Knödel darin bei mäßiger Hitze 8 bis 10 Minuten gar ziehen lassen.

Tip

Ein typisch italienisches Gericht, erhalten Sie, wenn Sie die Gnocchi mit einer „Tomaten-Basilikum-Sauce", Seite 114, und einem Salat servieren. Sie können auch eine „Rahmsauce", Seite 119, mit Basilikum und Thymian verfeinern und zu den Gnocchi reichen.

Helgoländer Kartoffelgulasch

Für 4 Personen

400 g Kartoffeln

1 Zwiebel

2 EL Butter

1 Glas Weißwein

¾ l Gemüsebrühe

1 Lorbeerblatt

4 Nelken

einige Wacholderbeeren

einige Pfefferkörner

1 Salatgurke

500 g Fischfilet

Saft von ½ Zitrone

100 g Sahne

Meersalz

frisch gemahlener weißer
Pfeffer

1 Bund Dill

1. Die Kartoffeln waschen, schälen, in kleine Würfel schneiden. Die Zwiebel schälen und fein hacken.
2. Die Butter erhitzen und die Zwiebel darin glasig dünsten. Die Kartoffelwürfel dazugeben und kurz mitdünsten.
3. Mit Weißwein und der Gemüsebrühe auffüllen, das Lorbeerblatt und die Gewürzkörner hineingeben (am besten in einem Leinensäckchen, so können die Körner sehr leicht wieder entfernt werden) und bei mäßiger Hitze 10 bis 15 Minuten köcheln lassen.

4. Das Fischfilet unter fließendem Wasser abwaschen, trockentupfen, mit Zitronensaft beträufeln und 5 bis 10 Minuten marinieren.
5. Inzwischen die Salatgurke waschen, eventuell schälen, der Länge nach durchschneiden, entkernen und in Würfel schneiden.
6. Anschließend das Fischfilet in Würfel schneiden und mit der Gurke in den Kartoffeltopf geben. Bei mäßiger Hitze 10 bis 15 Minuten gar ziehen lassen.
7. Das Kartoffelgulasch mit Sahne verfeinern, mit Meersalz und Pfeffer kräftig würzen und den fein gehackten Dill unterziehen.

Kartoffeltopf
mit Rettich

Für 4 Personen

1 Zwiebel

1 Knoblauchzehe

600 g Kartoffeln

2 EL kalt gepreßtes Olivenöl

1 l Gemüsebrühe

je 1 Zweig Majoran und

Thymian

1 TL Paprikapulver edelsüß

1 TL Currypulver

Meersalz

frisch gemahlener schwarzer

Pfeffer

1 Stange Lauch

2 grüne Paprikaschoten

1 mittelgroßer Rettich

6 Tomaten

100 g saure Sahne

1. Die Zwiebel und die Knoblauchzehe schälen und fein hacken. Die Kartoffeln schälen, waschen und in dünne Scheiben schneiden.
2. Das Olivenöl in einem Topf erhitzen und die Knoblauchzehe und die Zwiebel darin glasig dünsten. Die Kartoffeln dazugeben, kurz anschwitzen und mit der Gemüsebrühe auffüllen.
3. Mit dem fein geschnittenen Majoran und Thymian würzen und mit Paprika- und Currypulver, Meersalz und Pfeffer abschmecken. Bei mäßiger Hitze etwa 10 Minuten köcheln lassen.

4. Den Lauch putzen, waschen und in hauchdünne Streifen schneiden. Die Paprikaschoten halbieren, entkernen, waschen und ebenfalls in dünne Streifen schneiden.
5. Den Rettich fein schälen, in hauchdünne Scheiben schneiden. Die Tomaten waschen, den grünen Stielansatz entfernen und die Tomaten in kleine Würfel schneiden.
6. Das vorbereitete Gemüse zu den Kartoffeln geben und alles bei mäßiger Hitze noch etwa 10 Minuten köcheln lassen.
7. Den Kartoffeltopf nochmals abschmecken, portionsweise anrichten. Mit je einem Klecks saurer Sahne servieren.

HÜLSENFRÜCHTE

Maissalat mit Adzukibohnen- sprossen

Für 4 Personen
Sauce:

1 Tomate
Meersalz
2 EL Obstessig
4 EL kalt gepreßtes Sonnen- blumenöl
etwas Kräutersenf (selbst gemacht)
frisch gemahlener Pfeffer

außerdem:

1 grüne Paprikaschote
1 Zwiebel
250 g Adzukibohnensprossen
250 g blanchierte Maiskörner
1 Bund frische Kräuter (Bohnenkraut, Liebstöckel und Basilikum)

1. Für die Sauce die Tomate würfeln und pürieren, dann durch ein Sieb streichen. Das Meersalz mit dem Obst- essig so lange verrühren, bis es sich aufgelöst hat.
2. Nach und nach das Sonnenblumenöl mit dem Tomatenpüree dazurühren, bis eine sahnige Sauce ent- steht. Mit Senf und Pfeffer abschmecken.
3. Die Paprikaschote put- zen, waschen, die Zwiebel schälen und beides in Wür- fel schneiden. Die Adzuki- bohnensprossen blanchie- ren, kalt abspülen und ab- tropfen lassen. Mit den Mais- körnern, der Paprikaschote und den Zwiebelwürfeln mischen.
4. Die Salatmischung unter die Sauce heben und mit den fein gehackten Kräutern bestreut servieren.

TIP

Wie Maiskörner aus den Kol- ben gelöst und blanchiert werden, wird im Rezept „Mais-Tomaten-Gurken- Frischkost" Seite 59 erklärt.

Mungobohnen- sprossensalat

Für 4 Personen

200 g Mungobohnensprossen
4 EL Crème fraîche
2 TL Obstessig
Meersalz
frisch gemahlener Pfeffer
Apfeldicksaft nach Geschmack
1 Zwiebel
1 Apfel
½ Gurke
1 Bund Schnittlauch

1. Die Mungobohnenspros- sen 1 Minute blanchieren und mit sehr kaltem Wasser abschrecken, abtropfen lassen.
2. Die Crème fraîche mit Obstessig, Meersalz, Pfeffer und eventuell etwas Apfel- dicksaft verrühren. Die Mungobohnensprossen mit der Sauce mischen und durchziehen lassen.
3. Die Zwiebel schälen, den Apfel waschen, vierteln, das Kerngehäuse entfernen, die Gurke waschen. Die Zwie- bel, den Apfel und die Gurke in Würfel schneiden.
4. Das Gemüse und den Ap- fel mit den Mungobohnen- sprossen und dem fein ge- schnittenen Schnittlauch mischen.

Löwenzahnsalat mit Erbsensprossen

Für 4 Personen

Meersalz
2 TL Obstessig
frisch gemahlener Pfeffer
2 EL kalt gepreßtes Sonnen- blumenöl
150 g Erbsensprossen
250 g Spargel
¼ l Gemüsebrühe
100 g Austernpilze
1 EL Butter
100 g Löwenzahn
200 g Tomaten

1. Etwas Meersalz in eine Schüssel geben und so lange mit dem Obstessig ver- rühren, bis es sich aufgelöst hat. Mit Pfeffer würzen und das Sonnenblumenöl dazu- geben.
2. Die Erbsensprossen 1 bis 2 Minuten blanchieren, kalt abspülen und abtropfen las- sen. Dann mit etwas Salat- sauce mischen und durch- ziehen lassen. Den Spargel gut schälen und in der Ge- müsebrühe 15 Minuten biß- fest kochen.
3. Die Pilze putzen, falls er- forderlich kurz abspülen, dann in mundgerechte Stücke schneiden. Die Butter erhitzen und die Pilze darin 5 Minuten braten, mit Meer- salz und Pfeffer würzen.
4. Den Löwenzahn putzen, waschen und trockenschleu- dern, dann grob zerzupfen. Die Tomaten waschen, den grünen Stielansatz heraus- schneiden und die Tomaten achteln. Den Löwenzahn in der Sauce wenden und auf Tellern anrichten.
5. Die Pilze, den Spargel und die Tomaten darauf ver- teilen. Die marinierten Erb- sensprossen darüberstreuen und mit der restlichen Salat- sauce beträufeln.

Kidneybohnen-pfanne

Für 4 Personen

250 g Kidneybohnen
1 Zwiebel
2 Möhren
50 g Lauch
1 Peperoni
2 EL kalt gepreßtes Olivenöl
¾ l ungesalzene Gemüsebrühe
1 rote Paprikaschote
1 grüne Paprikaschote
2 EL Tomatenmark (selbstgemacht)
3 EL feines Weizenvollkorn-mehl
1 EL Paprikapulver
1 TL Currypulver
100 g saure Sahne
1 Bund Schnittlauch

1. Die Kidneybohnen in ungesalzener Gemüsebrühe über Nacht einweichen.
2. Am folgenden Tag die Zwiebel fein hacken, die Möhren abbürsten, eventuell schälen und würfeln.
3. Den Lauch putzen, waschen und ebenfalls fein würfeln. Die Peperoni waschen und fein hacken.
4. Die Hälfte des Öls in einem Topf erhitzen und die Zwiebel darin andünsten. Die Bohnen mit der Gemüsebrühe zugeben und das Ganze bei mäßiger Hitze 40 bis 50 Minuten köcheln lassen.
5. Das restliche Gemüse 15 bis 20 Minuten vor Ende der Garzeit zugeben und garen.
6. Die Paprikaschoten halbieren, entkernen, waschen, in feine Würfel schneiden.

7. Das restliche Olivenöl erhitzen, die Paprikawürfel zugeben.
8. Das Tomatenmark unterrühren und das Ganze mit Vollkornmehl bestäuben. Leicht abkühlen lassen und unter die Bohnen rühren.
9. Die Bohnen mit Paprika- und Currypulver, Meersalz und Pfeffer kräftig abschmecken.
10. Das Bohnengemüse portionsweise anrichten, mit je einem Klecks saurer Sahne bedecken und mit frisch geschnittenem Schnittlauch bestreuen.

Variation

Schneiden Sie 400 g Rinderfilet in feine Streifen, braten Sie diese in Olivenöl an, und geben Sie sie zu den Bohnen.

Mexikanisches Bohnengericht

Für 4 Personen
Bohnengericht:

250 g weiße Bohnen
¾ l ungesalzene Gemüsebrühe

Tortillas:

60 g feines Maismehl
60 g Weizenvollkornmehl
1 Tasse Wasser
Meersalz, Koriander
1 EL kalt gepreßtes Olivenöl

außerdem:

2 Zwiebeln, 2 Knoblauchzehen
1 Chilischote, 2 EL Butter
3 EL Tomatenmark, (selbst-
gemacht)
frisch gemahlener Pfeffer
Honig nach Geschmack
Meersalz, Chilipulver
100 g fester Schafskäse

1. Die Bohnen über Nacht in der ungesalzenen Gemüsebrühe einweichen.
2. Am nächsten Tag für die Tortillas das Maismehl und das Vollkornmehl mit dem Wasser, dem Meersalz, dem Koriander und dem Olivenöl so lange verkneten, bis ein geschmeidiger, noch leicht feuchter Teig entstanden ist.
3. Den Teig in 10 bis 15 cm große Fladen streichen und diese in einer heißen Pfanne auf beiden Seiten backen. Dann erkalten lassen.

4. Die Zwiebeln und die Knoblauchzehen schälen und fein hacken. Die Chilischote waschen und in feine Streifen schneiden. Wer das Gericht nicht ganz so scharf mag, sollte vorher die Kerne der Chilischote entfernen.
5. Die Butter erhitzen und die Zwiebeln, die Knoblauchzehen und die Chilischote darin anschwitzen. Die Bohnen mit der Gemüsebrühe und dem Tomatenmark dazugeben. Mit Pfeffer und Honig würzen und die Bohnen in etwa 1 Stunde weich kochen, eventuell Gemüsebrühe nachgießen.
6. Das Gericht nochmals mit Meersalz, Pfeffer und etwas Chilipulver abschmekken. Mit geriebenem Schafskäse bestreuen und mit den Tortillas servieren.

Borschtsch mit Mungobohnensprossen

Für 4 Personen

100 g Buchweizen
2 Zwiebeln
200 g rote Bete
100 g Knollensellerie
2 EL Butter
1 TL gemahlener Kümmel
0,8 l Gemüsebrühe
0,2 l Rote-Bete-Most
1 TL Honig
1 bis 2 EL Rotweinessig
120 g Mungobohnensprossen
1 Gemüsegurke
Meersalz
100 g Crème fraîche
½ Bund Blattpetersilie

1. Den Buchweizen heiß waschen und abtropfen lassen. Die Zwiebeln schälen und würfeln. Die rote Bete und den Sellerie waschen, schälen und in dünne Stifte schneiden.

2. Den Buchweizen und die Zwiebeln in der Butter hellbraun anrösten. Das Gemüse hinzugeben und zugedeckt kurz andünsten.

3. Mit Kümmel würzen, die Gemüsebrühe zugießen und den Borschtsch mit Honig und Essig abschmecken. Zugedeckt bei schwacher Hitze 10 bis 15 Minuten garen.

4. Die Mungobohnensprossen waschen, die Gemüsegurke waschen, in Stifte schneiden und zusammen mit dem Rote-Bete-Most zur Suppe geben.

5. Die Suppe mit Meersalz würzen und nochmals erhitzen. In Teller füllen und mit einem Klecks Crème fraîche und fein gehackter Petersilie servieren.

Currylinsen mit gedünstetem Gemüse

Für 4 Personen

200 g rote Berglinsen
3 Zwiebeln
1 Knoblauchzehe
10 g frischer Ingwer
4 EL Butter
1 TL Curry
1 TL Kurkuma
700 ml Gemüsebrühe
100 g Zucchini
100 g rote Paprikaschoten
100 g Petersilienwurzeln
100 g saure Sahne
Obstessig
Meersalz
frisch gemahlener Pfeffer
einige Zweige Oregano und Basilikum

1. Die Linsen waschen und abtropfen lassen. Eine Zwiebel schälen und in Scheiben schneiden. Den Knoblauch und den Ingwer schälen und fein hacken. Zwiebel, Knoblauch und Ingwer in 2 Eßlöffeln Butter andünsten.

2. Den Topf vom Herd nehmen, den Curry und den Kurkuma untermischen, die Linsen dazugeben und unter Rühren 1 bis 2 Minuten braten.

3. Mit etwa 600 ml Gemüsebrühe auffüllen und die Linsen auf kleiner Flamme 25 bis 30 Minuten garen.

4. In der Zwischenzeit das Gemüse putzen, waschen und in Würfel schneiden. Die restliche Butter erhitzen, das Gemüse darin andünsten, die restliche Gemüsebrühe dazugeben und das Gemüse gar dünsten.

5. Mit Meersalz, Pfeffer und fein gehackten Kräutern würzen, auf den Linsen anrichten.

6. Die saure Sahne mit dem Obstessig abschmecken und über die Linsen geben.

Linsen-Weizen-Curry

Für 4 Personen

75 g Weizen
600 ml Wasser
150 g rote Berglinsen
Meersalz
frisch gemahlener Pfeffer
1 EL mildes Currypulver
2 Zwiebeln
1 EL Butter
2 EL kalt gepreßtes Olivenöl
75 g Mandeln, halbiert
300 g frische Ananas
2 Knoblauchzehen
etwas frische Ingwerwurzel

1. Die Weizenkörner über Nacht im Wasser quellen lassen.

2. Am nächsten Tag 30 bis 35 Minuten auf kleiner Flamme mit dem Einweichwasser kochen, die gewaschenen Berglinsen dazugeben und weitere 20 Minuten köcheln lassen. Wenn die Körner zu platzen beginnen, mit Meersalz, Pfeffer und Currypulver würzen und ausquellen lassen.

3. Die Zwiebeln schälen und in dünne Streifen schneiden, dann in der Butter und dem Olivenöl bei milder Hitze glasig dünsten. Die Linsen-Weizen-Mischung dazugeben und anschwitzen.

4. Die Mandeln in einer Pfanne ohne Fettzugabe hellbraun rösten. Die Ananas vom Strunk und der Schale befreien, das Fruchtfleisch würfeln und mit den Mandeln zum Currygericht geben. Alles mit fein gehacktem Knoblauch und Ingwer abschmecken.

TIP

Frischer Ingwer wird geschält und ganz fein über das Gericht gerieben. Getrockneter Ingwer kann mitgekocht werden.

Dicke Bohnen mit Kruste

Für 4 Personen

1 Knoblauchzehe
1 Zwiebel, 1 Stange Lauch
400 g frische dicke Bohnen
2 EL Butter
1 Tasse Gemüsebrühe
Meersalz
frisch gemahlener weißer Pfeffer
1 Prise Cayennepfeffer
einige Zweige Bohnenkraut
1 Tasse Crème fraîche
1 TL feines Weizenvollkornmehl
½ Bund Petersilie
4 EL eingeweichtes Weizenvollkornschrot oder Vollkornhaferflocken
100 g geriebener Käse

1. Die Knoblauchzehe und die Zwiebel schälen und fein hacken. Den Lauch putzen, waschen und in Streifen schneiden. Die Bohnen verlesen und waschen.

2. Die Butter in einem Topf erhitzen und die Knoblauchzehe und die Zwiebel darin anschwitzen.

3. Den Lauch und die dicken Bohnen dazugeben und kurz mitschwitzen. Die Gemüsebrühe angießen.

4. Mit Meersalz, Pfeffer, Cayennepfeffer und Bohnenkraut kräftig würzen und bei mäßiger Hitze 25 bis 30 Minuten köcheln lassen.

5. Nach Ende der Garzeit die Crème fraîche mit dem Vollkornmehl verrühren und mit der Petersilie unter die Bohnen geben. Nochmals abschmecken und die Bohnen in eine Auflaufform geben.

6. Das Vollkornschrot oder die Haferflocken mit dem Emmentaler Käse mischen und über die Bohnen streuen. Im Ofen oder unter dem Grill so lange überbacken, bis der Käse goldgelb ist.

Die feurige Schärfe der Peperoni paßt gut zu dem leicht süßlichen Geschmack der schwarzen Bohnen

Feurige Bohnensuppe

Für 4 Personen

200 g schwarze Bohnen

650 bis 750 ml ungesalzene Gemüsebrühe

einige Zweige Bohnenkraut

1 Lorbeerblatt

4 Nelken

einige Wacholderbeeren

einige Pfefferkörner

2 Knoblauchzehen

1 Zwiebel

2 Möhren

50 g Lauch

1 kleine Peperoni

2 EL kalt gepreßtes Olivenöl

Meersalz

frisch gemahlener schwarzer Pfeffer

Apfeldicksaft nach Geschmack

Obstessig nach Geschmack

4 EL Crème fraîche

1. Die Bohnen über Nacht in der Gemüsebrühe einweichen.

2. Am nächsten Tag mit dem Bohnenkraut und dem Lorbeerblatt, den Nelken, den Wacholderbeeren und den Pfefferkörnern etwa 40 bis 50 Minuten kochen. Geben Sie die Körner und das Lorbeerblatt in ein Leinensäckchen, so lassen sie sich nach dem Garen der Suppe leicht entfernen.

3. In der Zwischenzeit die Knoblauchzehen und die Zwiebel schälen und fein hacken. Die Möhren abbürsten, eventuell schaben, waschen, den Lauch putzen, waschen und beides in kleine Würfel schneiden.

4. Die Peperoni halbieren, die sehr scharfen Kerne mit einem Messer herausschaben und die Peperoni fein hacken.

5. Das Olivenöl erhitzen, den Knoblauch darin anschwitzen. Die Zwiebel, die Möhren, den Lauch und die Peperoni dazugeben und kurz mitschwitzen.

6. Das Gemüse je nach Größe 10 bis 20 Minuten, bevor die Bohnen fertig sind, dazugeben und mitkochen.

7. Die Gewürzkörner und das Lorbeerblatt aus der Suppe nehmen und die Bohnensuppe mit Meersalz, Pfeffer, Apfeldicksaft und Weinessig kräftig abschmecken. Mit je einem Klecks saurer Sahne servieren.

TIP

Wer die Suppe lieber etwas dicker mag, bindet sie mit Johannisbrotkernmehl.

Kichererbsen-
pfanne

Für 4 Personen

1 Knoblauchzehe	
1 Stange Lauch	
100 g Staudensellerie	
3 Möhren	
2 EL Butter	
400 g Kichererbsensprossen	
5 g chinesische Pilze, in Wasser eingeweicht	
½ Tasse Sojasauce	
250 ml Gemüsebrühe	
Honig nach Geschmack	
1 Lorbeerblatt	
Kurkuma	
einige Zweige Thymian und Salbei	
Meersalz	
frisch gemahlener Pfeffer	

1. Die Knoblauchzehe schälen und fein hacken. Den Lauch, den Staudensellerie und die Möhren putzen, waschen, die Möhren eventuell schaben und in dünne Streifen oder dünne Scheiben schneiden.

2. Die Butter in einem Topf erhitzen und die Knoblauchzehe darin anschwitzen. Das Gemüse dazugeben und mitschwitzen.

3. Die Kichererbsensprossen unter fließendem Wasser waschen. Die Pilze in Streifen schneiden. Beides zum Gemüse geben.

4. Die Sojasauce, die Gemüsebrühe, den Honig und das Lorbeerblatt dazugeben und zum Kochen bringen.

5. Mit Kurkuma, dem fein gehackten Salbei und dem Thymian würzen und bei mäßiger Hitze 10 Minuten kochen lassen. Dann nochmals mit Meersalz und Pfeffer würzen.

Türkisches Bohnengericht

Für 4 Personen

600 g frische dicke Bohnen
2 Gemüsezwiebeln
2 Knoblauchzehen
1 TL Salz
2 EL kalt gepreßtes Olivenöl
¼ l Gemüsebrühe
1 Lorbeerblatt
1 Zweig Rosmarin
1 Zweig Thymian
Meersalz
frisch gemahlener Pfeffer
Honig nach Geschmack
Olivenöl
1 Zitrone
½ Tasse schwarze Oliven
½ Bund Petersilie

1. Die dicken Bohnen verlesen, waschen, gut abtropfen lassen. Die Gemüsezwiebeln schälen und in feine Würfel schneiden. Die Knoblauchzehen schälen und mit Salz zerreiben.

2. Das Olivenöl in einem Topf erhitzen und die Knoblauchzehen darin anschwitzen. Die Zwiebeln dazugeben und kurz mitschwitzen.

3. Die dicken Bohnen unterrühren, mit der Gemüsebrühe auffüllen. Das Lorbeerblatt und die Kräuterzweige unterrühren und das Gericht mit Meersalz, Pfeffer und Honig würzen.

4. Die Bohnen bei mäßiger Hitze 30 bis 35 Minuten köcheln lassen. Anschließend das Lorbeerblatt und die Kräuterzweige herausnehmen, die Bohnen gut abtropfen lassen und in eine Schüssel geben.

5. Die Bohnen nochmals kräftig mit Meersalz und Pfeffer abschmecken und etwas Olivenöl darüberträufeln.

6. Die Zitrone so schälen, daß auch die weiße Innenhaut entfernt wird. Anschließend in feine Würfel schneiden. Mit den Oliven und der fein gehackten Petersilie unter die Bohnen ziehen. Das Gericht noch warm servieren.

Gratinierte Linsenbratlinge

Für 4 Personen

200 g rote Berglinsen
½ l Gemüsebrühe
1 Lorbeerblatt
1 Zwiebel
1 Möhre
2 EL kalt gepreßtes Olivenöl
½ Bund Kräuter (Schnittlauch, Dill und Estragon)
2 Eier
60 g feines Weizenvollkornmehl
50 g Crème fraîche
3 EL grobes Hafervollkornschrot
Kräutersalz
frisch gemahlener Pfeffer
100 g Emmentaler Käse

1. Die Linsen in der Gemüsebrühe mit dem Lorbeerblatt im offenen Topf in 20 bis 30 Minuten weich kochen. Dann das Lorbeerblatt entfernen.
2. Die Zwiebel schälen, die Möhre abbürsten, waschen, eventuell schaben, die Zwiebel und die Möhre in kleine Würfel schneiden. Die Kräuter waschen und fein hacken.
3. Die Zwiebel und die Möhrenwürfel in der Hälfte des Olivenöls fast gar dünsten, zusammen mit den fein gehackten Kräutern, den Eiern, dem Mehl, der Crème fraîche und dem Hafervollkornschrot unter die Linsen mischen und diese kräftig abschmecken.
4. Aus der Masse mit feuchten Händen kleine Frikadellen formen, im restlichen Öl von beiden Seiten 2 bis 3 Minuten braten. Mit Käsescheiben belegen und kurz im Backofen bei 220°C überbacken.

Chinesische Bohnenpfanne

Für 4 Personen

1 Zwiebel
2 Knoblauchzehen
2 Möhren
1 rote Paprikaschote (150 g)
1 gelbe Paprikaschote (150 g)
400 g Adzukibohnensprossen
2 EL kalt gepreßtes Sesamöl
½ Tasse Sojasauce
1 Tasse Gemüsebrühe
Honig nach Geschmack
Obstessig nach Geschmack
Fünfgewürzpulver
Currypulver
Meersalz
frisch gemahlener Pfeffer

1. Die Zwiebel und die Knoblauchzehen schälen und fein hacken. Die Möhren abbürsten, waschen, eventuell schaben und in sehr feine Streifen schneiden.
2. Die Paprikaschoten halbieren, entkernen, waschen und in feine Streifen schneiden. Die Adzukibohnensprossen kalt abspülen und abtropfen lassen.
3. Das Sesamöl am besten in einem Wok erhitzen und den Knoblauch und die Zwiebel darin anschwitzen. Die Möhren und die Paprikaschoten dazugeben und ebenfalls kurz anschwitzen.
4. Die Adzukibohnensprossen dazugeben und unter Rühren erhitzen.
5. Die Sojasauce mit der Gemüsebrühe verrühren, zum Gemüse geben, aufkochen lassen und mit dem Honig, dem Obstessig, dem Fünfgewürzpulver, dem Currypulver, Meersalz und Pfeffer süß-säuerlich abschmecken.

TIP

Servieren Sie zu diesem Gericht Vollkornnudeln oder Naturreis.

Gewürzplätzchen mit Sesamsauce

Für 4 Personen
Gewürzplätzchen:

200 g gelbe Sojabohnen oder Kichererbsen

800 ml ungesalzene Gemüsebrühe

2 Knoblauchzehen

1 Zwiebel

2 EL kalt gepreßtes Olivenöl

½ TL frisch gemahlener Koriander

½ TL Paprika edelsüß

½ TL frisch gemahlener Kreuzkümmel

¼ TL frisch geriebene Muskatnuß

1 bis 2 TL feines Dinkelvollkornmehl

1 Ei

Meersalz

20 g ungehärtetes Kokosfett

Sauce:

4 Knoblauchzehen

4 EL gesalzenes Tahin (Sesammus)

4 EL Mandelmus

Saft von 1 Zitrone

Mineralwasser

zum Garnieren:

20 g Mandelblättchen

einige Friséeblätter

1. Die Bohnen oder Kichererbsen über Nacht in der Gemüsebrühe einweichen.
2. Am nächsten Tag etwa 1 Stunde in der Gemüsebrühe kochen, bis die ganze Flüssigkeit von den Bohnen aufgenommen worden ist.
3. In der Zwischenzeit die Knoblauchzehen und die Zwiebel schälen. Den Knoblauch mit etwas Salz zerdrücken und die Zwiebel fein hacken. Beides in Olivenöl andünsten.
4. Die Bohnen durch die feine Scheibe des Fleischwolfes drehen und mit den Gewürzen, dem Dinkelvollkornmehl und dem Eigelb zu einem Teig verarbeiten. Die Zwiebel-Knoblauch-Mischung zusammen mit dem steif geschlagenen Eiweiß unterziehen.
5. Die Masse mit Meersalz abschmecken und zu kleinen Plätzchen formen. Diese im heißen Kokosfett von beiden Seiten goldbraun braten.
6. Für die Sauce die Knoblauchzehen schälen und zerdrücken. Zusammen mit dem Sesam- und dem Mandelmus sowie dem Zitronensaft verrühren. Mit so viel Mineralwasser verdünnen, bis eine cremige Sauce entstanden ist.
7. Die Mandelblättchen ohne Fett hellbraun rösten. Die Gewürzplätzchen auf den gewaschenen und trockengetupften Salatblättern anrichten, mit etwas Sesamsauce und den Mandeln garnieren. Die restliche Sauce extra dazu reichen.

Tofuschnitte nach „Müllerin Art"

Für 4 Personen

4 EL Sojasauce
2 EL Zitronensaft
Kräutersalz
frisch gemahlener Pfeffer
400 g Tofu
50 bis 80 g feines Weizenvollkornmehl
2–3 EL Olivenöl
Scheiben von 1 unbehandelten Zitrone

1. Aus der Sojasauce, dem Zitronensaft, etwas Kräutersalz und Pfeffer eine Marinade anrühren.

2. Den Tofu gut abtropfen lassen, in Scheiben schneiden und 15 Minuten in der Sauce marinieren, dann nochmals abtropfen lassen.

3. Den Tofu in dem Vollkornmehl wenden. In dem heißen Olivenöl kurz von beiden Seiten 2 bis 3 Minuten braten und mit Zitronenscheiben garnieren.

TIP

Zu diesem Gericht servieren Sie am besten Pellkartoffeln oder „Gourmetkartoffeln" (siehe Seite 135). Tofu ist im Reformhaus oder im Naturkostladen erhältlich. Probieren Sie auch mehrere Handelsmarken aus, sie sind geschmacklich oft sehr unterschiedlich.

Tofugeschnetzeltes mit Austernpilzen

Für 4 Personen

200 g Tofu
Meersalz
frisch gemahlener weißer Pfeffer
2 EL Zitronensaft
Currypulver
2 EL Sojasauce
1 Zwiebel
400 g Austernpilze
2 bis 3 EL kalt gepreßtes Olivenöl
1 EL feines Weizenvollkornmehl
100 g Crème fraîche oder saure Sahne
2 bis 3 EL Weißwein
frisch geriebene Muskatnuß
Cayennepfeffer

1. Den Tofu in dünne Streifen schneiden und mit Meersalz und weißem Pfeffer würzen, in Zitronensaft, Currypulver und Sojasauce etwa 15 Minuten marinieren.

2. Die Zwiebel schälen und in feine Würfel schneiden. Die Austernpilze putzen, kurz waschen und klein schneiden.

3. Die Hälfte des Öls erhitzen und die Zwiebel darin anschwitzen. Die Austernpilze dazugeben und kurz mitschwitzen.

4. Das Ganze mit dem Vollkornmehl bestäuben und die Crème fraîche oder die saure Sahne und den Weißwein unterziehen.

5. Die Sauce mit Muskatnuß, Cayennepfeffer, Meersalz und weißem Pfeffer kräftig würzen und das Ganze bei mäßiger Hitze 6 bis 8 Minuten köcheln lassen.

6. Die Tofustreifen abtropfen lassen, in dem restlichen Öl von allen Seiten braten und mit den Austernpilzen anrichten.

VOLLWERTKOST FÜR KINDER

Apfel-Nuß-Auflauf

Für 4 Personen

400 g Äpfel

4 EL geriebene Nüsse, 2 Eigelb

2 EL Hafervollkornschrot

½ TL Zimt, Saft von 1 Zitrone

2 Eiweiß, 4 EL Honig

Butter zum Ausfetten

1. Die Äpfel waschen, vierteln, vom Kerngehäuse befreien, sehr fein würfeln oder grob raspeln, dann mit den Nüssen, den Eigelben, dem Hafervollkornschrot, Zimt und Zitronensaft verrühren und quellen lassen.
2. Den Backofen auf 175°C vorheizen. Die Eiweiße sehr steif schlagen, zum Schluß den Honig dazugeben und unter die Apfelmasse heben.
3. In eine gefettete Auflaufform füllen und 15 bis 20 Minuten backen.

Dinkelschmarren

Für 4 Personen
Teig:

150 g feines Dinkelvollkornmehl

175 ml Milch oder Mineralwasser

Meersalz

einige Tropfen Apfeldicksaft

außerdem:

4 EL Mandelblättchen

2 Eier

Butter zum Ausbacken

2 EL Rosinen, in Wasser eingeweicht

etwas Zimt

1. Das Mehl mit der Milch oder dem Mineralwasser verrühren, mit Meersalz und Apfeldicksaft abschmecken und den Teig 30 Minuten quellen lassen.
2. In der Zwischenzeit die Mandeln in einer Pfanne ohne Fettzugabe rösten.
3. Die Eier zum Teig geben und nochmals gut durchrühren.
4. Etwas Butter in einer Pfanne vorsichtig erhitzen und den Dinkelschmarren in 2 bis 3 Portionen backen. Dazu den Teig in die Pfanne geben, leicht anbacken lassen, wenden und ebenfalls leicht backen lassen.
5. Die Mandelblättchen und die Rosinen dazugeben und den Pfannkuchen mit Gabeln zerreißen, nochmals kurz durchbacken lassen und mit etwas Zimt bestreut servieren.

Hirseauflauf

Für 4 Personen

200 g Hirse

250 ml Wasser

250 ml Milch

abgeriebene Schale von

½ unbehandelten Zitrone

Mark von 1 Vanilleschote

2 bis 3 Äpfel

2 bis 4 EL Honig

2 Eier

Butter zum Ausfetten

1. Die Hirse kalt und warm abspülen. Mit dem Wasser aufsetzen, aufkochen und bei geringer Hitze so lange köcheln lassen, bis die Hirse das Wasser aufgesogen hat.
2. Dann die Milch mit der Zitronenschale und dem Vanillemark dazugeben und die Hirse fertiggaren. Auf der ausgeschalteten Herdplatte nachquellen lassen.
3. Die Äpfel waschen, halbieren, das Kerngehäuse entfernen und in dünne Scheiben schneiden.
4. Den erkalteten Hirsebrei mit Honig süßen. Die Eier trennen, die Eigelbe unter die Hirsemasse ziehen.
5. Die Eiweiße sehr steif schlagen und unterheben, die Masse schichtweise mit den Äpfeln in eine gefettete Auflaufform geben und bei 180°C 30 bis 40 Minuten backen.

Maisgrießflammeri mit Erdbeeren

Für 4 Personen

400 ml Milch	
100 g Maisgrieß	
2 Eier	
1 TL Mark von einer Vanille-schote	
etwas abgeriebene Schale von 1 unbehandelten Zitrone	
2 bis 3 EL Honig	
120 g Erdbeeren	
4 EL Sahne	

1. In die Milch den Maisgrieß rühren und unter ständigem Rühren zum Kochen bringen. Sobald die Masse bindet, den Topf vom Herd nehmen.
2. Die Eier trennen. Die Eigelbe, das Vanillemark und die Zitronenschale unter den Flammeri heben. Die Eiweiße sehr steif schlagen, zum Schluß den Honig unterrühren und die Schaummasse vorsichtig unter den Flammeri heben.
3. Den Flammeri in Glasschälchen füllen, die Erdbeeren putzen, waschen, vierteln, auf den Flammeri legen und mit der geschlagenen Sahne garnieren.

Hirsespeise

Für 4 Personen

100 g Hirse	
250 ml Wasser	
4 EL Quark	
2 EL Honig	
2 EL Zitronensaft	
100 g Sahne	
200 g Himbeeren	

1. Die Hirse kalt und warm abspülen. Mit dem Wasser kalt aufsetzen, aufkochen, bei kleiner Hitze 5 bis 10 Minuten köcheln, dann auf der ausgeschalteten Herdplatte nachquellen und dann erkalten lassen.
2. Den Quark mit dem Honig und etwas Zitronensaft verrühren und mit der Hirse vermengen.
3. Die Sahne aufschlagen und die Hälfte der verlesenen, gewaschenen Früchte beifügen. Die Sahne-Früchte-Masse locker unter die Hirse ziehen. Mit den restlichen Früchten garnieren.

TIP

Dies ist eine kleine Zwischenmahlzeit für Kinder. Wenn Sie die angegebene Menge verdoppeln, erhalten Sie die Menge für eine Hauptmahlzeit.

Vollkornwaffeln mit Fruchtsauce

Für 4 Personen
Waffelteig:

125 g Butter
125 g Akazienhonig
3 Eier
½ TL Weinsteinbackpulver
etwas abgeriebene Schale von
1 unbehandelten Zitrone
Mark von ½ Vanilleschote
250 g feines Weizenvollkorn-mehl
¼ l Milch

Fruchtsauce:

250 g Beerenobst
1 bis 2 EL Honig
Mark von ¼ Vanilleschote
125 g Sahne

außerdem:

Butter zum Ausbacken

1. Die Butter mit dem Honig schaumig rühren. Die Eier trennen. Nach und nach die Eigelbe dazugeben.
2. Das mit Backpulver, Zitronenschale und Vanille-mark vermischte Mehl unterrühren.
3. Die Milch langsam ein-rühren, bis ein dickflüssiger Teig entsteht, diesen etwa 30 Minuten quellen lassen.
4. In der Zwischenzeit die Früchte verlesen, waschen, pürieren und mit dem Honig und dem Vanillemark abschmecken.
5. Die Eiweiße sehr steif schlagen und unter den Waffelteig geben. Die Waffeln in einem leicht ge-fetteten Waffeleisen backen.
6. Die Sahne leicht schla-gen, unter die Früchte geben, mit den Waffeln servieren.

Die blumig duften-den Blütendolden des Holunders haben geschmacklich nichts mit den dunkel-violetten Beeren gemein, beide sind jedoch auf ihre Weise ein Genuß

Holunder-pfannküchlein

Für 4 Personen
Teig:

150 g feines Dinkelvollkorn-mehl
300 ml Milch oder Mineral-wasser
Meersalz
einige Tropfen Apfeldicksaft

Füllung:

200 g Holunderbeeren
2 Äpfel
wenig Vollkornmehl
Honig nach Geschmack
1 Prise Zimt
etwas abgeriebene Schale von
1 unbehandelten Zitrone
100 g Sahne

außerdem:

1 Ei
geklärte Butter zum Ausbacken

1. Das Mehl und die Milch oder das Wasser zu einem glatten, geschmeidigen Teig verrühren. Mit Meersalz und Apfeldicksaft abschmecken und den Teig 30 Minuten quellen lassen.

2. In der Zwischenzeit die Holunderbeeren verlesen und waschen. Die Äpfel waschen, vierteln, das Kerngehäuse entfernen und die Äpfel in sehr kleine Würfel schneiden. Mit den Holunderbeeren auf kleiner Flamme dünsten. (Entsteht sehr viel Flüssigkeit, diese mit etwas Vollkornmehl binden.)

3. Die Früchte mit Honig, Zimt und Zitronenschale abschmecken und abkühlen lassen.

4. Die Sahne steif schlagen und unter die kalte Fruchtmasse heben.

5. Das Ei unter den Teig rühren und daraus vorsichtig in heißer, geklärter Butter kleine Pfannküchlein backen.

6. Mit der Frucht-Sahne-Mischung füllen und sofort servieren.

Tip

Auch aus Holunderblüten läßt sich ein sehr gutes Gericht zaubern. Tauchen Sie dazu die Blütendolden in den beschriebenen Pfannkuchenteig und backen Sie sie in Butter aus.

Nudelauflauf mit Früchten

Für 4 Personen

100 g Rosinen
150 g Vollkornnudeln
Meersalz
2 säuerliche Äpfel
2 EL Butter
250 g entsteinte Süßkirschen
Saft von 2 Orangen
50 g gehackte Haselnüsse
Apfeldicksaft nach Geschmack
250 g Quark
2 Eier
1 Tasse Sahne
etwas Mark von 1 Vanilleschote
Honig nach Geschmack
½ TL Zimt
Butter zum Ausfetten

1. Die Rosinen am besten über Nacht im Wasser einweichen. Die Nudeln in gesalzenem Wasser in etwa 10 Minuten bißfest kochen.
2. Die Äpfel gut waschen und abreiben. Vierteln, das Kerngehäuse entfernen und die Äpfel in kleine Würfel schneiden.
3. Die Butter in einer Auflaufform erhitzen und die Äpfel darin dünsten. Die Süßkirschen und die Rosinen zu den Äpfeln geben, kurz mitdünsten.
4. Mit dem Orangensaft ablöschen und die Haselnüsse unter die Früchte rühren. Mit etwas Apfeldicksaft abschmecken.
5. Den Backofen auf 180°C vorheizen. Die Vollkornnudeln zu den Früchten geben und alles gut mischen. In eine gefettete Auflaufform geben.
6. Den Quark mit den Eiern und der Sahne verrühren. Mit dem Vanillemark und dem Honig abschmecken, über die Nudeln verteilen.
7. Den Auflauf etwa 30 Minuten backen. Vor dem Servieren mit Zimt bestreuen.

Süßer Reis mit Mandeln

Für 4 Personen

2 EL Butter
200 g Naturreis
200 ml Wasser
200 ml Milch
½ Vanilleschote
etwas abgeriebene Schale von 1 unbehandelten Zitrone
Zimt nach Geschmack
Honig oder Apfeldicksaft nach Geschmack
3 EL Mandelblättchen

1. Die Butter erhitzen, den Naturreis kalt und warm abspülen, dann in der Butter anschwitzen. Das Wasser angießen, aufkochen, dann auf kleiner Hitze kochen, bis das gesamte Wasser vom Reis aufgenommen ist.
2. Die Milch zugießen, die halbierte Vanilleschote und die Zitronenschale dazugeben und den Reis fertig garen. Auf der ausgeschalteten Herdplatte nachquellen lassen.
3. Die Vanilleschote herausnehmen, den Reis mit Zimt, Honig oder Apfeldicksaft abschmecken und mit gerösteten Mandelblättchen servieren.

Variation

Geben Sie unter den Reis fein geschnittenes Obst, zum Beispiel Kirschen, Ananas oder Pfirsiche. Dann ziehen Sie 2 Eigelbe mit etwas Honig unter die Reismasse, schlagen 2 Eiweiße steif und ziehen diese ebenfalls vorsichtig unter. Der Reis wird dann in eine gefettete Auflaufform gegeben und im vorgeheizten Backofen bei 200°C 20 bis 30 Minuten gebacken. Servieren Sie dazu rohes Fruchtpüree.

Milchreis mit Trockenfrüchten

Für 4 Personen

200 ml Wasser
200 g Naturreis (Rundkorn)
200 ml Milch
100 g gemischtes, ungeschwefeltes Trockenobst
100 ml frisch gepreßter Orangensaft
2 bis 3 EL Honig
Mark von ½ Vanilleschote
etwas abgeriebene Schale von 1 unbehandelten Zitrone
1 Msp. Zimt
200 g Sahne

1. Das Wasser aufkochen lassen, den Naturreis kalt und warm abspülen, in das Wasser streuen, aufkochen und so lange auf kleiner Flamme köcheln lassen, bis der Reis das Wasser aufgesogen hat. Dann die Milch dazugießen und den Reis fertig garen.
2. In der Zwischenzeit das Trockenobst in Orangensaft einweichen.
3. Den Reis auskühlen lassen, mit Honig, Vanillemark, Zitronenschale und Zimt abschmecken. Die Sahne aufschlagen und ein Teil des klein geschnittenen Trockenobstes unterziehen.
4. Den Reis mit dem restlichen Trockenobst garnieren.

*Die Früchte des zart blühenden
Apfelbaums geben im Herbst zusammen
mit Zimt und Nelken den Bratlingen den letzten Pfiff*

Hirse-Topfen-Bratlinge

Für 4 Personen

600 g Kartoffeln
100 g Quark, 2 Eier
5 EL feines Hirsemehl
oder -flocken
8 getrocknete ungeschwefelte
Feigen
Honig nach Geschmack
1 Msp. Zimt
1 Msp. abgeriebene Schale von
1 unbehandelten Zitrone
1 Prise Meersalz
4 EL Weizenvollkornmehl
geklärte Butter zum Ausbacken

1. Die Kartoffeln gründlich abbürsten, dann in wenig Salzwasser in 25 bis 30 Minuten gar kochen lassen. Die Kartoffeln anschließend schälen und grob reiben.
2. Den ausgedrückten Quark, die Eier und das Hirsemehl oder die -flocken unter die Kartoffelmasse mischen.

3. Die Feigen klein schneiden und mit dem Honig und den Gewürzen unter den Teig mengen.
4. Mit einem Eßlöffel Klöße abstechen, diese etwas flachdrücken und in Vollkornmehl wenden. In der Butter von beiden Seiten 2 bis 3 Minuten goldgelb backen.

TIP

Sehr gut schmeckt zu den Hirse-Topfen-Bratlingen ein Apfelmus. Dazu reiben Sie Äpfel in eine Schüssel und schmecken sie mit Zitronen- und Orangensaft und nach Belieben mit etwas Weißwein ab. Mit Zimt, gemahlenen Nelken, Honig und eventuell fein gehackter Zitronenmelisse wird das Mus dann abgeschmeckt.

Kräuterküchle mit Käse

Für 4 Personen

800 g Kartoffeln
Meersalz
1 EL Kümmel
150 g feines Weizenvollkorn-mehl
100 g Quark
2 Eier
frisch gemahlener weißer Pfeffer
frisch geriebene Muskatnuß
125 g geriebener Käse
1 Bund frische Kräuter (Peter-silie, Estragon, Kerbel und Dill)
Öl zum Ausbacken

1. Die Kartoffeln gründlich abbürsten, mit wenig Wasser, Meersalz und dem Kümmel zugedeckt 25 bis 30 Minuten köcheln lassen.
2. Anschließend die Kartoffeln schälen und durch die Kartoffelpresse drücken.
3. Das Vollkornmehl, den Quark und die Eier zu den Kartoffeln geben und gut mischen.
4. Mit Meersalz, Pfeffer und Muskatnuß kräftig würzen und zuletzt den Käse und die fein gehackten Kräuter unterziehen.
5. Aus dem Teig kleine Küchlein formen und diese in Öl auf beiden Seiten gold-gelb backen.

VARIATION

Der Kartoffelteig kann auch als Grundlage für süß gefüll-te Knödel verwendet wer-den. Schmecken Sie ihn dann jedoch nur mit 1 Prise Meersalz ab, und füllen Sie die Knödel mit Zwetschgen oder Marillen. Die Knödel in kochendes Salzwasser ge-ben und ziehen lassen. Sie werden mit einer Zimtsauce serviert.

Maisplätzchen mit Kräutern

Für 4 Personen

¼ l Gemüsebrühe
¼ l Milch
125 g Maisgrieß
1 Lorbeerblatt
1 Zweig Thymian
1 Zweig Rosmarin
Meersalz
frisch gemahlener weißer Pfeffer
½ Bund Petersilie
½ Bund Estragon
½ Bund Schnittlauch
2 bis 3 EL geriebener Käse
einige Tropfen Zitronensaft
Butter zum Ausfetten
1 Ei
Vollkornsemmelbrösel
ungehärtetes Kokosfett zum Braten

1. Die Gemüsebrühe und die Milch in einen Topf geben, den Maisgrieß unterrühren. Das Lorbeerblatt, den Thymian und den Rosmarin dazugeben und alles bei mäßiger Hitze 10 bis 15 Minuten kochen.

2. Nach Ende der Garzeit mit Meersalz und Pfeffer würzen. Das Lorbeerblatt und die Kräuterzweige herausnehmen.

3. Die fein gehackten Kräuter mit dem Käse unter den Maisbrei ziehen, mit Zitronensaft aromatisieren und nochmals sehr kräftig abschmecken.

4. Den Brei auf ein gefettetes Backblech streichen und vollständig erkalten lassen.

5. Mit Hilfe eines Messers den Maisgrieß in Rauten schneiden.

6. Das Ei mit etwas Wasser verquirlen. Die Maisplätzchen zuerst in dem verquirlten Ei und dann in den Vollkornsemmelbröseln wenden.

7. Das Fett in einer Pfanne erhitzen und die Maisplätzchen darin goldgelb backen.

Bei Nudel- und Reisgerichten sind Italiens Köche Meister

Reistopf kunterbunt

Für 4 Personen

125 g Naturreis
750 ml Gemüsebrühe
1 Zwiebel
1 rote Paprikaschote
1 kleiner Zucchino
150 g Mais
2 EL kalt gepreßtes Sesamöl
Meersalz
frisch gemahlener Pfeffer
einige Zweige frischer Oregano
und frisches Basilikum
4 EL geriebener Parmesankäse
1 Bund Petersilie

1. Den Naturreis kalt und warm abspülen, mit der Gemüsebrühe aufkochen, dann auf kleiner Hitze 30 bis 40 Minuten kochen.
2. Die Zwiebel schälen und in kleine Würfel schneiden. Die Paprikaschote und den Zucchino putzen, waschen und klein schneiden.

3. Den Mais 2 bis 3 Minuten blanchieren, dann in kaltem Wasser abschrecken, damit er seine Farbe behält.
4. Das Sesamöl erhitzen, die Zwiebel und die Paprikaschote dazugeben und anschwitzen. Zum Schluß den Zucchino dazugeben und ebenfalls kurz anschwitzen.
5. 10 bis 15 Minuten, bevor der Reis fertig ist, das Gemüse dazugeben, mit Meersalz, Pfeffer und fein gehacktem Oregano und Basilikum würzen, fertig garen.
6. Den Parmesankäse in den Reistopf rühren und nochmals kurz erhitzen. Mit fein gehackter Petersilie bestreuen.

Nudelpfanne

Für 4 Personen

1 Zwiebel
50 g Lauch
1 rote Paprikaschote (150 g)
1 grüne Paprikaschote (150 g)
1 Möhre
2 Tomaten
200 g Vollkornnudeln
Meersalz
2 EL kalt gepreßtes Öl
1 Tasse Gemüsebrühe
einige Zweige Majoran
Currypulver
Paprikapulver edelsüß
frisch gemahlener Pfeffer
100 g Sahne
1 Bund Schnittlauch

1. Die Zwiebel schälen, den Lauch, die Paprikaschoten und die Möhre putzen, eventuell schaben, waschen und in Streifen schneiden. Die Tomaten waschen, den grünen Stielansatz entfernen und die Tomaten würfeln.
2. Die Vollkornnudeln in kochendem Salzwasser etwa 10 bis 12 Minuten kochen.
3. In der Zwischenzeit das Öl erhitzen, die Zwiebel darin glasig schwitzen.
4. Erst den Lauch, dann die Paprikaschoten und die Möhren zu den Zwiebeln geben und mitschwitzen.
5. Die Gemüsebrühe dazugeben, mit dem fein gehackten Majoran, dem Curry- und dem Paprikapulver sowie Meersalz und dem Pfeffer abschmecken und das Gemüse bei geringer Hitze 5 bis 6 Minuten dünsten.
6. Die Sahne unterziehen und das Gericht mit fein geschnittenem Schnittlauch bestreuen.
7. Das Gemüse zu den abgeseihten Nudeln servieren.

Gefüllte Tomaten

Für 4 Personen

100 g Naturreis
200 ml Gemüsebrühe
8 Fleischtomaten
100 g Möhren
2 EL Butter
200 g grüne Erbsen
Meersalz
frisch gemahlener weißer
Pfeffer
80 g geriebener Emmentaler
Käse
Butter zum Ausfetten

1. Den Naturreis kalt und warm abspülen, mit der Gemüsebrühe aufkochen, dann bei kleiner Hitze 30 bis 40 Minuten kochen.
2. In der Zwischenzeit die Tomaten unter fließendem Wasser waschen, trockentupfen und mit einem scharfen Messer eine kleine Haube abschneiden.
3. Mit einem Teelöffel die Kerne herausnehmen, beiseite stellen und die Tomaten mit der Schnittfläche nach unten auf ein Küchentuch zum Ablaufen legen.
4. Die Möhren abbürsten, eventuell schaben, waschen und klein schneiden. In etwas Butter andünsten, die Erbsen dazugeben und ebenfalls kurz andünsten.
5. 10 bis 15 Minuten, bevor der Reis fertig ist, das Gemüse zugeben und fertig garen. Dann auf der ausgeschalteten Herdplatte nachquellen lassen.
6. Mit Meersalz und Pfeffer würzen, das Innere der Tomaten und den Emmentaler Käse untermischen.
7. Die Masse in die Fleischtomaten füllen, gut andrükken und die Tomaten in eine gefettete Auflaufform geben.
8. Die Tomaten unter dem Grill oder bei 220°C im vorgeheizten Backofen goldgelb überbacken.

Frisch Gefangenes aus dem Meer ist ein leichtes Schlemmervergnügen, das in der Vollwertküche nicht fehlen darf

Fischfilet mit Zitronenkruste

Für 4 Personen

4 EL grobes Weizenvollkorn-schrot
4 Seelachsfilet (à 150 g)
etwas Zitronensaft
Meersalz
frisch gemahlener weißer Pfeffer
Butter zum Ausfetten
1 Zwiebel
250 g frische Champignons
Saft von 1 Zitrone
2 EL kalt gepreßtes Öl
4 Tomaten
2 EL Vollkornsemmelbrösel
abgeriebene Schale von 1 unbehandelten Zitrone
¼ Bund Zitronenmelisse
2 EL geriebener Parmesankäse
100 g Sahne

1. Das Vollkornschrot in 4 Eßlöffeln Wasser ½ Stunde einweichen.
2. Die Seelachsfilets unter fließendem Wasser abwaschen, trockentupfen, mit Zitronensaft beträufeln und 10 Minuten marinieren.
3. Die Seelachsfilets mit Meersalz und Pfeffer würzen und in eine gefettete Auflaufform legen.
4. Die Zwiebel schälen und fein hacken. Die Champignons putzen, in Zitronenwasser kurz waschen, dann in Scheiben schneiden.
5. Das Öl in einer Pfanne erhitzen und die Zwiebel darin glasig schwitzen, die Champignons dazugeben und kurz mitschwitzen.
6. Die Tomaten waschen, den grünen Stielansatz entfernen und die Tomaten in Scheiben schneiden. Den Backofen auf etwa 180°C vorheizen.

7. Die Champignon-Zwiebel-Masse auf die Fischfilets geben, die Tomaten darauflegen und mit Meersalz und Pfeffer würzen.
8. Das Vollkornschrot mit den Vollkornsemmelbröseln, der Zitronenschale, der fein gehackten Zitronenmelisse und dem Käse mischen.
9. Diese Mischung auf das Gemüse geben, die Sahne angießen und den Fisch etwa 20 Minuten backen.

*Hauchdünn und knusprig
wie ihre französischen Vorbilder
sind diese vollkörnigen
Crêpes. Ob sie jedoch die
Hauptmahlzeit bilden oder lieber
in der Nachspeisen-
küche glänzen, hängt ganz allein
von der Füllung ab*

Crêpes mit Champignonfüllung

Für 4 Personen
Teig:

125 g feines Weizenvollkornmehl

¼ l Milch, Meersalz

frisch geriebene Muskatnuß

Füllung:

1 Zwiebel

250 g frische Champignons

Saft von ½ Zitrone

2 EL Butter

2 bis 3 EL grobes Hafervollkornschrot

100 ml Gemüsebrühe

100 g Crème fraîche

außerdem:

2 Eier

2 EL flüssige Butter

geklärte Butter zum Ausbacken

Meersalz

frisch gemahlener weißer
Pfeffer

frisch geriebene Muskatnuß

1 Bund Petersilie

2 bis 3 EL geriebener Parmesankäse

1. Das Weizenvollkorn-
mehl mit der Milch, dem
Meersalz und Muskatnuß
verrühren und mindestens
30 Minuten quellen lassen.
2. In der Zwischenzeit die
Zwiebel schälen und sehr
fein hacken. Die Champi-
gnons putzen, kurz in Zitronenwasser waschen, in
Scheiben schneiden und mit
Zitronensaft beträufeln.
3. Die Butter erhitzen und
die Zwiebel darin glasig
dünsten. Die Champignons
dazugeben und kurz mit-
dünsten.

4. Das Hafervollkornschrot
dazugeben, mit der Gemüsebrühe auffüllen und die Crème fraîche unterrühren. Bei
mäßiger Hitze etwa 5 Minuten köcheln lassen.
5. Die Eier und die flüssige
Butter zum Teig geben und
gut durchrühren. In geklärter Butter daraus 16 kleine,
dünne Crêpes backen, diese
warm stellen.
6. Die Champignons mit
Meersalz, Pfeffer und Muskatnuß kräftig würzen, die fein
gehackte Petersilie mit dem
Parmesankäse unterziehen.

7. Die Crêpes mit etwas
Champignonmasse füllen
und zusammenklappen.

VARIATION

Die Champignon-Käse-Sauce
schmeckt auch sehr gut mit
Vollkornspaghetti.

Möhren-Reis-Auflauf

Für 4 Personen

125 g Naturreis
½ l Gemüsebrühe
500 g Möhren
1 Zwiebel
Saft von 1 Zitrone
Meersalz
frisch geriebene Muskatnuß
frisch gemahlener weißer Pfeffer
1 Bund Kerbel
2 Eier
2 EL geriebenen Käse
Butter zum Ausfetten

1. Den Reis kalt und warm abspülen. Die Gemüsebrühe zum Kochen bringen. Den Reis dazugeben und auf kleiner Hitze 30 bis 40 Minuten kochen.

2. In der Zwischenzeit die Möhren putzen, waschen, eventuell schälen und grob raspeln. Die Zwiebel schälen und sehr fein würfeln.

3. Nach der Hälfte der Garzeit das Gemüse zum Reis geben und mitkochen lassen. Nach Ende der Garzeit die Reis-Möhren-Masse mit Zitronensaft, Meersalz, Muskatnuß und Pfeffer würzen und den fein gehackten Kerbel unterziehen. Die Masse vollständig erkalten lassen.

4. Die Eier trennen, die Eigelbe mit dem Käse verrühren und unter die Reismasse geben, nochmals kräftig abschmecken.

5. Die Eiweiße steif schlagen und unter die Auflaufmasse heben. Diese in eine gefettete Auflaufform geben und bei 190°C 30 Minuten lang backen.

Sellerieschnitzel mit Zitronenpanade

Für 4 Personen

600 g Sellerie
Meersalz
frisch gemahlener weißer Pfeffer
einige Tropfen Zitronensaft
1 Tasse Weizenvollkornmehl
1 Ei
2–3 EL Milch
2 Tassen Vollkornsemmelbrösel
abgeriebene Schale von 1 unbehandelten Zitrone
kalt gepreßtes Öl zum Ausbacken
Scheiben von 1 unbehandelten Zitrone

1. Den Sellerie schälen, waschen, in 1 bis 2 cm dicke Scheiben schneiden, diese in Salzwasser bißfest kochen.
2. Die Scheiben herausnehmen, gut abtropfen lassen, mit Meersalz und Pfeffer würzen und mit Zitronensaft beträufeln.
3. Anschließend in Vollkornmehl, dann in dem mit Milch verquirlten Ei wenden. Die Vollkornsemmelbrösel mit der Zitronenschale mischen und die Selleriescheiben darin wenden.
4. Die panierten Selleriescheiben in Öl von beiden Seiten goldgelb backen, mit Zitronenscheiben garnieren.

VARIATION

Geben Sie unter die Panade statt der Zitronenschale Sesam und geriebenen Emmentaler Käse.

MÜSLI UND ANDERE KLEINIGKEITEN

Frischkornmüsli mit Dinkel

Für 4 Personen

8 EL grobes Dinkelvollkorn-schrot

4 TL ungeschwefelte Korinthen

1 Banane

280 g Dickmilch

4 TL Sanddornsaft

200 g Obst der Saison
(Apfel, Orange, Beeren)

4 TL Leinsamen oder Nüsse

Honig nach Geschmack

1. Das Dinkelvollkorn-schrot in einer Schüssel mit 8 Eßlöffeln Wasser über Nacht abgedeckt im Kühlschrank einweichen. Die Korinthen ebenfalls in Wasser einweichen.
2. Die Banane schälen und zerdrücken, mit der Dick-milch, den Korinthen, dem Sanddornsaft, dem zerklei-nerten Obst und dem einge-weichten Schrot mischen.
3. Das Müsli mit Leinsamen oder Nüssen bestreuen, mit einigen Früchten garnieren. Eventuell mit Honig nach-süßen.

Müsli mit Roggensprossen

Für 4 Personen

4 EL Sahne oder Dickmilch

150 g Joghurt

Saft von ½ Zitrone

Zimt

2 EL Honig

2 kleine Äpfel

2 EL grobes Roggenvollkorn-schrot

4 EL Roggensprossen

2 EL Leinsamen oder Lein-samensprossen

100 g Kirschen oder andere Früchte der Saison

2 weiche Datteln

1. Das Roggenvollkorn-schrot mit 2 Eßlöffeln Wasser verrühren und ab-gedeckt im Kühlschrank über Nacht quellen lassen.
2. Die Sahne mit dem Jo-ghurt, dem Zitronensaft, Zimt und Honig verrühren.
3. Die Äpfel waschen, vier-teln, vom Kerngehäuse be-freien und dazureiben. Zu-sammen mit den Roggen-sprossen unter das Schrot geben.
4. Das Müsli mit Leinsamen-sprossen, Früchten und Datteln garnieren.

Pikantes Kräutermüsli

Für 4 Personen

2 TL kalt gepreßtes Sonnen-blumenöl
2 EL Quark
4 EL saure Sahne
½ Zwiebel
Kräuter (Estragon, Dill, Basilikum, Kerbel und Petersilie)
8 EL Getreidesprossen (Hafer, Gerste, Roggen)
Meersalz

1. Das Öl mit dem Quark und der sauren Sahne glatt rühren.

2. Die Zwiebel schälen, in feine Würfel schneiden, die Kräuter waschen, fein hakken. Die Getreidesprossen gut abspülen und abtropfen lassen.

3. Alles unter den Quark mischen und mit etwas Meersalz abschmecken.

TIP

Dieser Müsliquark paßt auch sehr gut zu Pellkartoffeln; erhöhen Sie dann die Quarkmenge aber gut auf das Doppelte.

Frischkornmüsli mit Hafer

Für 4 Personen

200 g Äpfel
300 g Joghurt
8 EL grobes Hafervollkorn-schrot
4 TL Sanddornsaft
Saft von ½ Zitrone
Honig oder Apfeldicksaft
4 TL Kürbiskerne
4 EL Johannisbeeren (schwarz oder rot)

1. Die Äpfel waschen, vierteln, das Kerngehäuse entfernen und die Äpfel grob raspeln.

2. Das Obst mit dem Joghurt, dem Hafervollkornschrot, dem Sanddornsaft und dem Zitronensaft mischen und mit Honig oder Apfeldicksaft abschmecken.

3. Das Müsli mit Kürbiskernen und den gewaschenen Johannisbeeren bestreuen und sofort servieren.

*Kernig-kräftiges
Getreide in allen
Spielarten ist die
Grundlage,
ohne die ein Müsli
keines ist*

Vitalmüsli mit Weizensprossen

Für 4 Personen

4 Stück ungeschwefeltes Trockenobst
2 Äpfel
8 Scheiben frische Ananas
8 EL Weizensprossen
4 TL Sonnenblumensprossen
¼ l Apfelsaft, Honig
1 TL ungesüßter Sanddornsaft
2 TL Zitronensaft

1. Das Trockenobst über Nacht mit Wasser bedeckt einweichen.
2. Am nächsten Tag die Äpfel waschen, abtrocknen, vierteln, vom Kerngehäuse befreien und grob raspeln.
3. Die Ananasscheiben schälen, halbieren, den harten Strunk in der Mitte entfernen und die Scheiben in kleine Stücke schneiden.
4. Die Trockenfrüchte grob hacken. Die Weizen- und die Sonnenblumensprossen in einem Sieb gut abspülen und abtropfen lassen.
5. Alle vorbereiteten Zutaten locker mit dem Apfelsaft, etwas Honig, dem Sanddornsaft und dem Zitronensaft mischen.
6. Das Müsli mit einigen Ananasstücken garnieren und sofort verzehren.

TIP

Frische Ananas enthält einen Stoff, der Eiweiß zersetzt. Wenn Sie das Müsli daher längere Zeit stehen lassen, schmeckt es leicht bitter.

Fünfkornmüsli

Für 4 Personen

8 EL grob geschrotete Fünfkornmischung (Weizen, Roggen, Hafer, Gerste, Hirse)
8 ungeschwefelte, getrocknete Aprikosen
100 g Trauben
2 Äpfel
150 g Kefir
2 EL Honig
Saft von ½ Zitrone
50 g Sahne

1. Das Fünfkornschrot in 8 Eßlöffeln Wasser über Nacht abgedeckt im Kühlschrank einweichen. Die Aprikosen ebenfalls einweichen.
2. Am nächsten Tag die Trauben und die Äpfel waschen, abtrocknen, die Äpfel vierteln, vom Kerngehäuse befreien und in den Brei reiben.
3. Den Kefir, den Honig und den Zitronensaft zufügen und alles locker untermischen. Die Sahne leicht anschlagen, auf das Müsli geben und mit den halbierten Trauben und Aprikosenstücken garnieren.

VARIATION

Schrot oder Sprossen in den angegebenen Müslirezepten können auch durch Getreideflocken oder Flockenmischungen ersetzt werden. Achten Sie jedoch auf alle Fälle darauf, daß Sie keine Müslimischung mit Zucker verwenden.

Pikanter Gerstenschrotbrei

Für 4 Personen

8 EL grobes Gerstenvollkornschrot
100 ml Gemüsebrühe
Meersalz
8 EL Sahne
einige Zweige Petersilie oder Schnittlauch

1. Das Gerstenvollkornschrot abends in ¼ l Wasser einweichen und über Nacht quellen lassen.
2. Am Morgen mit der Gemüsebrühe zum Kochen bringen und 8 bis 10 Minuten auf kleiner Hitze köcheln lassen. Danach mit dem Meersalz würzen und die Sahne unterrühren.
3. Mit fein gehackten Kräutern garnieren.

Käse-Oliven-Creme

Für 4 Personen

100 g schwarze Oliven
125 g Doppelrahmfrischkäse
75 g Joghurt
1 Knoblauchzehe
1 Bund Basilikum
frisch gemahlener weißer
Pfeffer
1 TL Sesam
Meersalz

1. Die Oliven entsteinen und zerkleinern. Den Doppelrahmfrischkäse mit dem Joghurt glattrühren.
2. Die Knoblauchzehe schälen und zerreiben. Das Basilikum waschen und fein hacken.
3. Die Oliven, den Knoblauch und das Basilikum mit der Käsemasse mischen und mit Pfeffer abschmecken.

4. Den Sesam in einer Pfanne ohne Fettzugabe rösten. Anschließend in einem Mörser mit wenig Salz zerreiben, bis eine Paste entsteht. Diese zum Aufstrich geben.

Tip

Die Sesampaste, auch Gomasio genannt, ist in Reformhäusern und Bioläden erhältlich. Sie können sie jedoch auch leicht selbst herstellen. Nehmen Sie dazu 5 Teile ungeschälten Sesam und 1 Teil Meersalz, rösten Sie beides in der Pfanne, und mischen Sie dann den Sesam und das Salz. Nachdem die Mischung abgekühlt ist, wird sie in einer Mühle mit Steinmahlwerk gemahlen oder in einem Mörser gut zerstoßen. Stellen Sie die Paste kühl.

Gemüse-Zwiebel-Aufstrich

Für 4 Personen

1 Zwiebel
1 Möhre
50 g Sellerie
50 g Lauch
200 g Butter
1 Bund gemischte Kräuter
(Petersilie, Dill, Estragon)
Meersalz
frisch gemahlener Pfeffer

1. Die Zwiebel, die Möhre und den Sellerie dünn schälen. Den Lauch waschen und putzen. Das gesamte Gemüse in sehr feine Würfel schneiden.
2. ¼ der Butter erhitzen, die Zwiebel- und Gemüsewürfelchen darin goldgelb dünsten.
3. Die restliche Butter dazugeben, mit den frischen, fein gehackten Kräutern und den Gewürzen pikant abschmecken, erkalten lassen, nochmals abschmecken.

Variation

Sie können die Gemüsewürfel auch in wenig Butter andünsten und dann unter 200 g Quark rühren. Den Quark dann wie beschrieben würzen und abschmecken.

Avocadoaufstrich

Für 4 Personen

½ kleine Zwiebel
1 Knoblauchzehe
1 Tomate
1 Avocado
1 TL Zitronensaft
frisch geriebene Muskatnuß
frisch gemahlener Pfeffer
1 bis 2 TL Hefeflocken
½ Bund Basilikum

1. Die Zwiebel schälen, in kleine Würfel schneiden, die Knoblauchzehe schälen, zerdrücken.
2. Die Tomate waschen, den grünen Stielansatz entfernen und die Tomate in kleine Würfel schneiden.
3. Die Avocado halbieren, entkernen, das Fruchtfleisch herauslösen und mit einer Gabel zerdrücken. Sofort mit Zitronensaft beträufeln.

4. Zwiebel, Knoblauch und Tomatenwürfel mit dem Avocadomus mischen. Den Brotaufstrich mit den Gewürzen, den Hefeflocken und dem fein gehackten Basilikum abschmecken.

Andalusische Paprikabutter

Für 4 Personen

1 Tomate
½ Paprikaschote
100 g Butter
Kräutersalz
6 schwarze entkernte Oliven
1 Knoblauchzehe
1 Zweig Thymian
frisch gemahlener Pfeffer
einige Tropfen Zitronensaft
etwas Hefeflocken

1. Die Tomate waschen, den grünen Stielansatz entfernen und die Tomate sehr fein würfeln. Die Paprikaschote waschen, putzen und ebenfalls fein würfeln.
2. Die Butter schaumig rühren, mit den Tomaten- und den Paprikawürfeln, dem Kräutersalz, den fein gehackten Oliven, der zerdrückten Knoblauchzehe und dem fein gehackten Thymian mischen.
3. Die Paprikabutter mit Pfeffer, Zitronensaft und Hefeflocken abschmecken.

Hafer-Meerrettich-Aufstrich

Für 4 Personen

1 kleine Zwiebel
100 ml Gemüsebrühe
50 g feines Hafervollkornmehl
1 EL frisch geriebener Meerrettich
Kräutersalz
einige Tropfen Zitronensaft
50 g Butter
1 bis 2 EL Hefeflocken

1. Die Zwiebel schälen, fein hacken, in der Gemüsebrühe kurz dünsten. Den Topf vom Herd nehmen, das Schrot einstreuen.
2. Den Meerrettich, etwas Kräutersalz und den Zitronensaft untermischen. Zum Schluß die weiche Butter und die Hefeflocken unterziehen.

Die kleinkörnige Hirse hält sich, im Gegensatz zum kräftig-würzigen Grünkern, geschmacklich lieber dezent im Hintergrund

Grünkerncreme

Für 4 Personen

50 g feines Grünkernvollkorn-schrot
100 ml Gemüsebrühe
½ kleine Zwiebel
1 kleine Knoblauchzehe
1 Bund frische Kräuter (Basilikum, Kerbel, Estragon, Petersilie, Liebstöckel)
50 g weiche Butter
1 EL kalt gepreßtes Sonnen-blumenöl
2 EL Hefeflocken
Kräutersalz
einige Tropfen Zitronensaft
etwas Senf
frisch gemahlener weißer Pfeffer
frisch geriebene Muskatnuß

1. Das Grünkernvollkorn-schrot in der Gemüsebrühe aufkochen, dann auf der ausgeschalteten Herdplatte nachquellen und erkalten lassen.
2. Die Zwiebel schälen und in feine Würfel schneiden. Die Knoblauchzehe schälen und zerreiben. Die Kräuter waschen und fein hacken.
3. Das Schrot mit der weichen Butter, dem Öl und den restlichen Zutaten mischen und pikant ab-schmecken.

Hirse-Sauerkraut-Aufstrich

Für 4 Personen

50 g Hirse
125 ml Gemüsebrühe
1 kleine Tomate
1 kleine Zwiebel
1 EL unerhitztes Sauerkraut
½ Bund frische Kräuter (Peter-silie, Basilikum, Schnittlauch und Liebstöckel)
50 g Butter
1 Knoblauchzehe
1 EL Hefeflocken

1. Die Hirse kalt und warm abspülen, in der Gemüse-brühe aufkochen, zugedeckt 5 bis 10 Minuten auf kleiner Hitze köcheln lassen, auf der ausgeschalteten Herdplatte 20 Minuten nachquellen lassen.
2. Die Tomate waschen, den grünen Stielansatz ent-fernen. Die Zwiebel schälen. Die Tomate und die Zwiebel in sehr feine Würfel schnei-den. Das Sauerkraut und die Kräuter fein hacken.
3. Das Gemüse, das Sauer-kraut und die Kräuter unter die Hirse mischen, die schaumig gerührte Butter dazugeben und mit dem ge-schälten, zerdrückten Knob-lauch und den Hefeflocken pikant abschmecken.

Birnenpaste

Für 4 Personen

100 g getrocknete,
ungeschwefelte Birnen
100 ml Apfelsaft
4 entsteinte, getrocknete Datteln
etwa 1 TL geriebene Mandeln
Zimt
1 EL abgeriebene Schale von
1 unbehandelten Zitrone
oder etwas Vanillemark

1. Die Birnen zerkleinern
und im Apfelsaft über Nacht,
am besten im Kühlschrank,
einweichen.
2. Am nächsten Tag mit
dem Saft und den Datteln
pürieren, so viel Mandeln
zufügen, daß eine streichfähige Paste entsteht, und
diese mit etwas Zimt,
der Zitronenschale oder
dem Vanillemark gut
abschmecken.

VARIATION

Aprikosenpaste wird auf die
gleiche Weise hergestellt.
Weichen Sie die Aprikosen
aber in Orangensaft ein, und
nehmen Sie statt der
Mandeln Nüsse.

Paprika-Tomaten-Aufstrich

Für 4 Personen

100 g Butter
4 EL Quark
1 Tomate
½ grüne Paprikaschote
½ Zwiebel
1 Bund frische Kräuter
(Basilikum und Thymian)
Meersalz
frisch gemahlener Pfeffer

1. Die Butter schaumig
rühren und den Quark
unterziehen.
2. Die Tomate und die
Paprikaschote waschen und
putzen, die Zwiebel schälen,
alles in sehr feine Würfel
schneiden und unter die
Quarkbutter heben.
3. Den Aufstrich mit den
fein gehackten Kräutern,
Meersalz und Pfeffer pikant
abschmecken.

Pilzbutter

Für 4 Personen

100 g Butter

2 bis 3 große Champignons

etwas Zitronensaft

½ Zwiebel

¼ Bund frische Kräuter (Dill und Petersilie)

Kräutersalz

frisch gemahlener Pfeffer

1. Die Butter schaumig rühren. Die Champignons putzen, in Zitronenwasser waschen, sehr fein würfeln. Die Zwiebel schälen, dann ebenfalls in feine Würfel schneiden.

2. Das Gemüse mit der Butter und den fein gehackten Kräutern mischen, mit Kräutersalz und Pfeffer abschmecken.

TIP

Die Pilzbutter sollte noch am gleichen Tag verbraucht werden.

Sprossenaufstrich

Für 4 Personen

3 EL Alfalfagrün

50 g Weizensprossen

1 EL Rettich- oder Senfsprossen

1 Tomate

einige Stengel Blattpetersilie

50 g weiche Butter

1 EL Hefeflocken, Kräutersalz

1. Das Alfalfagrün und die Sprossen gut durchspülen und abtropfen lassen.

2. Die Tomate waschen, den grünen Stielansatz entfernen und die Tomate fein würfeln.

3. Die Sprossen mit der Tomate und der fein gehackten Petersilie unter die schaumig gerührte Butter mischen und mit Hefeflocken und Kräutersalz abschmecken.

Feigenmus

Für 4 Personen

10 getrocknete Feigen

etwa 3 EL geriebene Walnüsse

Zimt

1. Die Trockenfrüchte mit Wasser bedeckt über Nacht einweichen.

2. Am nächsten Tag mit etwas Einweichwasser im Mixer pürieren. Soviel Walnüsse hinzufügen, bis eine streichfähige Paste entsteht und diese mit Zimt abschmecken.

Fruchtbutter

Für 4 Personen

100 g Butter

3 EL pürierte Früchte

etwas Zitronensaft

Apfeldicksaft oder Honig nach Geschmack

Die Butter schaumig rühren, das Fruchtpüree dazurühren, etwas Zitronensaft dazugeben und mit Apfeldicksaft oder Honig süßen.

Korsischer Schafskäse

Für 4 Personen

350 g korsischer Schafskäse
3 Knoblauchzehen
1 Zwiebel
1 rote Paprika (150 g)
1 grüne Paprika (150 g)
2 Tomaten
je 1 TL rosa und schwarze
eingelegte Pfefferkörner
2 Thymianzweige
2 Basilikumstengel
300 ml kalt gepreßtes Olivenöl
100 ml Obstessig

1. Den Schafskäse in kleine
Würfel schneiden. Die
Knoblauchzehen schälen
und zerdrücken. Die Zwie-
bel schälen und in feine
Ringe schneiden.
2. Die Paprikaschoten waschen, putzen und würfeln.
Die Tomaten waschen, hal-
bieren, die Kerne mit einem
Teelöffel entfernen und das
Fruchtfleisch in Würfel
schneiden.
3. Den Schafskäse mit dem
Gemüse, den Pfefferkörnern
und den Kräutern in eine
Schüssel schichten.
4. Das Olivenöl mit dem
Essig verrühren und über
die Zutaten geben. Über
Nacht durchziehen lassen.
Den Käse und das Gemüse
aus der Marinade nehmen
und mit Vollkornbrot
servieren.

Canapés mit Kaviar

Für 8 Personen

32 runde 5 cm große
kleine Scheiben Vollkornbrot
250 g Doppelrahmfrischkäse
(natur)
4 bis 5 EL Milch
50 g Kaviar
einige Zweige Dill

1. Die Brotscheiben leicht
toasten. Den Frischkäse mit
der Milch geschmeidig rühren und mit einem Spritz-
beutel einen Kranz auf die
Brote spritzen.
2. In die Mitte jeweils einen
Teelöffel Kaviar geben und
mit etwas Dill garnieren.

Knoblauchquark in Paprika

Für 4 Personen

1 Zwiebel
2 Knoblauchzehen
1 Salatgurke
1 Stange Staudensellerie
½ Bund frische Kräuter (Dill,
Schnittlauch und Petersilie)
500 g Quark
Meersalz
frisch gemahlener schwarzer
Pfeffer
2 rote Paprikaschoten

1. Die Zwiebel und die
Knoblauchzehen schälen
und beides sehr fein hacken.
Die Salatgurke und den Staudensellerie waschen und in
sehr feine Würfel schneiden.
2. Die Zwiebel, den Knoblauch und das Gemüse mit
einem Teil der fein gehackten Kräuter unter den Quark
mischen und mit Meersalz
und Pfeffer pikant ab-
schmecken.
3. Die Paprikaschoten längs
halbieren, die Kerne und die
weißen Innenwände entfer-
nen, dann nochmals durch-
schneiden, waschen und gut
abtropfen lassen.
4. Die Quarkmasse auf die
Paprikaviertel setzen und
mit den restlichen Kräutern
garnieren.

TIP

Der Knoblauchquark
ist auch ein sehr guter
Rohkostdip.

Gorgonzolabirnen

Für 4 Personen

4 kleine, gut reife Williams
Christbirnen
Saft von ½ Zitrone
100 g weicher Gorgonzola
80 g Quark
Meersalz
frisch gemahlener Pfeffer
8 Walnußkerne
8 Kirschen

1. Die Birnen waschen, halbieren, das Kerngehäuse mit
einem Teelöffel entfernen,
mit Zitronensaft beträufeln
und kühl stellen.
2. Den Gorgonzola mit der
Gabel zerdrücken, den
Quark unterrühren und
eventuell mit wenig Meer-
salz und Pfeffer abschmekken.
3. Die Käsecreme mit
einem Spritzbeutel in die
Birnenhälften spritzen und
mit den Walnüssen und den
Kirschen garnieren.

Preiselbeer-Sahne-Meerrettich in Roastbeefröllchen

Für 4 bis 6 Personen

600 g Roastbeef
Meersalz
frisch gemahlener Pfeffer
1 TL Senf
1 EL ungehärtetes Kokosfett
60 g Preiselbeeren
125 g Sahne
20 g frisch geriebener Meerrettich
Meersalz
einige Tropfen Zitronensaft

1. Das Roastbeef mit Meersalz, Pfeffer und Senf einreiben und in eine gefettete Alufolie wickeln.

2. Im vorgeheizten Backofen 20 Minuten auf der untersten Schiene bei 220°C braten, dann die Folie öffnen und weitere 10 Minuten braten. Das Fleisch dabei mehrmals mit dem entstehenden Bratenfond begießen. Herausnehmen und abkühlen lassen.

3. Die Preiselbeeren mit wenig Wasser dünsten, erkalten lassen. Die Sahne steif schlagen, die Preiselbeeren unterziehen, mit dem Meerrettich, Meersalz und Zitronensaft abschmecken.

4. Das Roastbeef in dünne Scheiben schneiden, einen Eßlöffel voll Preiselbeerfüllung daraufgeben, aufrollen und gut gekühlt servieren.

Tip

Die Roastbeefröllchen sind sehr gut für ein Buffet geeignet: Bereiten Sie das Roastbeef am Vortag zu, und füllen Sie die Scheiben kurz vor dem Servieren.

Feigen mit Kräuterkäse

Für 4 Personen

8 frische Feigen
100 g Doppelrahmfrischkäse
½ Bund Kräuter
1 TL Zitronensaft, Meersalz
frisch gemahlener Pfeffer
1 großer Estragonzweig

1. Die Feigen waschen, abtupfen und halbieren.

2. Den Frischkäse glattrühren, mit den fein gehackten Kräutern, dem Zitronensaft, Meersalz und Pfeffer abschmecken und mit einer Sterntülle Rosetten auf die Feigen spritzen.

3. Die Feigen mit Estragonspitzen verzieren.

Datteln
mit Käsecreme

Für 8 Personen

24 frische Datteln

15 g Pinienkerne

75 g Doppelrahmfrischkäse

75 g weicher Blauschimmelkäse

2 TL grüne Pfefferkörner

eventuell etwas Milch

etwas Petersilie

1. Die Datteln waschen, trockenreiben, der Länge nach auf einer Seite aufschneiden und die Steine herausnehmen.

2. Die Pinienkerne ohne Fettzugabe leicht rösten, abkühlen lassen und grob hacken.

3. Den Frischkäse mit dem Blauschimmelkäse und den Pfefferkörnern mischen. Eventuell etwas Milch dazugeben und so lange rühren, bis eine geschmeidige Masse entstanden ist.

4. Diese Creme mit einem Spritzbeutel in die Datteln spritzen. Die gerösteten Pinienkerne darüberstreuen und mit Petersilie garnieren.

Shrimps
in Kräutersauce auf
Chicoréeblättern

Für 4 Personen

400 g Shrimps

Saft von ½ Zitrone

100 g Mayonnaise

(siehe Seite 64)

100 g saure Sahne

Meersalz

frisch gemahlener Pfeffer

2 Zweige Estragon

¼ Bund Petersilie

2 Chicoréestauden

1 Zweig Dill

1. Die küchenfertigen Shrimps mit Zitronensaft marinieren.

2. Die Mayonnaise mit der sauren Sahne verrühren und mit Meersalz, Pfeffer, feingehacktem Estragon und Petersilie abschmecken.

3. Die Chicoréestauden putzen, den bitteren Strunk keilförmig herausschneiden und die Stauden in einzelne Blätter teilen. Die Blätter waschen, trockenschleudern und mit der Sauce bestreichen.

4. Die marinierten Shrimps daraufsetzen und mit Dill garnieren.

NACHSPEISEN UND KONFEKT

Maisgrießflammeri mit Holundersauce

Für 4 Personen
Maisgrießflammeri:

400 ml Milch
100 g Maisgrieß
2 EL Honig
2 EL gehackte Nüsse
abgeriebene Schale von
¼ unbehandelten Zitrone
Zimt

Holundersauce:

5 EL Holunderbeeren, gekocht
150 g geschlagene Sahne

1. Die Milch erhitzen, den Maisgrieß einrühren, aufkochen und dann unter häufigem Rühren ausquellen lassen.
2. Vom Herd nehmen und den Brei mit Honig, Nüssen, Zitronenschale und Zimt abschmecken. In Glasschälchen füllen und erkalten lassen.
3. Die Holunderbeeren pürieren, mit der Sahne mischen, eventuell mit etwas Honig abschmecken und zum Flammeri reichen.

TIP

Dieses Gericht eignet sich sowohl als kleine Zwischenmahlzeit als auch zum Nachtisch oder als süße Hauptspeise. Nehmen Sie dann jedoch die doppelte Menge.

Weizenschrotflammeri

Für 4 Personen

100 g feines Weizenvollkornschrot
400 ml Milch
2 Eier
Mark von ½ Vanilleschote
Zimt
etwas abgeriebene Schale von
1 unbehandelten Zitrone
2 EL Honig
4 EL Himbeeren
einige Blättchen Zitronenmelisse

1. Das Weizenvollkornschrot mit der Milch mischen und unter ständigem Rühren zum Kochen bringen. Sobald das Mehl anfängt zu binden, den Topf vom Herd nehmen.
2. Die Eier trennen, die Eigelbe, das Vanillemark, etwas Zimt und Zitronenschale zum Schrotbrei geben.
3. Die Eiweiße steif schlagen, zum Schluß mit dem Honig süßen, unter die Masse heben und den Flammeri in Glasschälchen füllen.
4. Den Flammeri mit den gewaschenen Himbeeren und der Zitronenmelisse garnieren.

Saure-Sahne-Soufflé

Für 4 Personen

100 g feines Weizenvollkorn- mehl
400 g saure Sahne
2 Eier
etwas abgeriebene Schale von
1 unbehandelten Zitrone
2 EL Honig
2 EL frisch geriebene Kokosnuß
4 EL Sauerkirschen
etwas Butter zum Ausfetten

1. Das Vollkornmehl mit der sauren Sahne glatt- rühren und unter ständigem Rühren erhitzen, bis die Masse zu dicken beginnt.
2. Die Eier trennen, die Ei- gelbe zur sauren Sahne ge- ben, leicht erhitzen, vom Herd nehmen und mit Zitro- nenschale abschmecken.
3. Den Backofen auf 180°C vorheizen. Die Eiweiße steif schlagen, zum Schluß den Honig dazugeben und vor- sichtig mit der geriebenen Kokosnuß unter die Sahne- masse heben.
4. Die Sauerkirschen wa- schen und entsteinen. In eine gefettete Auflaufform geben.
5. Die Soufflémasse über die Kirschen geben und 25 bis 30 Minuten backen. Dann sofort servieren.

*Gefüllte gebratene Äpfel
sind ein winterliches
Dessert, das unschlagbar ist.
Für alle, die darauf
im Sommer nicht verzichten möchten,
hier eine Variation
mit Williamsbirne, die
sich sehen lassen kann*

Gefüllte Äpfel

Für 4 Personen

4 kleine Äpfel

2 EL gehackte Nüsse oder frisch
geriebene Kokosnuß

2 EL Rosinen

2 EL Quark

etwas Zimt

etwas abgeriebene Schale von

1 unbehandelten Zitrone

60 ml Apfelsaft

120 ml Weißwein

1. Die Äpfel waschen, mit
einem Apfelausstecher die
Kerngehäuse entfernen und
die Äpfel in eine feuerfeste
Form stellen.
2. Den Backofen auf 200° C
vorheizen. Die Nüsse, die
Rosinen und den Quark mi-
schen und mit Zimt und Zitronenschale abschmecken.
Die Masse in die Äpfel füllen.
3. Das Wasser und den
Wein angießen und die Äpfel
15 bis 20 Minuten backen.

TIP

Servieren Sie die Äpfel mit
einer Vanillesauce (siehe
Seite 251).

Williamsbirne
mit Sesamhaube

Für 4 Personen

4 kleine Williams Christbirnen
4 EL frisch geriebene Kokosnuß
4 EL Aprikosenpaste
(siehe Seite 192)
2 EL Sesam
200 ml Weißwein oder Apfelsaft

1. Die Birnen waschen, halbieren, das Kerngehäuse entfernen und die Birnen nebeneinander in eine feuerfeste Form setzen.
2. Den Backofen auf 220°C vorheizen. Kokosnuß, Aprikosenpaste und Sesam mischen und in die Birnen geben.
3. Den Weißwein oder den Apfelsaft angießen und die Früchte im Backofen 15 bis 20 Minuten backen.

Das Sammeln der wildwachsenden Heidelbeeren ist etwas mühsam, doch es lohnt sich, denn nicht nur Nachspeisen werden durch den Geschmack gekrönt

Fruchtsalat mit Vanillesauce

Für 4 Personen

60 g Sahne
120 g Quark
1 EL Honig
Mark von 1 Vanilleschote
100 g weiße Trauben
1 Apfel
1 Birne
120 g Himbeeren
Zitronensaft
3 EL Sonnenblumensprossen

1. Die Sahne leicht aufschlagen. Unter den Quark mischen, mit Honig süßen und mit Vanillemark abschmecken.
2. Die Früchte putzen bzw. verlesen, waschen, klein schneiden und mit etwas Zitronensaft mischen.
3. Die Sauce auf tiefe Glasteller geben und den Fruchtsalat darauf anrichten. Mit Sonnenblumensprossen bestreuen.

Heidelbeercreme

Für 4 Personen

200 g Quark
6 EL Milch
etwas Zimt
etwas abgeriebene Schale von 1 unbehandelten Zitrone
2 EL Honig
120 g Heidelbeeren
2 EL ungesüßter Sanddornsaft
60 g Sahne
2 TL Pistazienkerne

1. Den Quark mit der Milch glattrühren. Mit dem Zimt, der Zitronenschale und dem Honig abschmecken.
2. Die Heidelbeeren waschen, verlesen und die Hälfte davon pürieren. Mit dem Sanddorn mischen und in Glasschälchen füllen.
3. Die Quarkcreme daraufgeben, mit den restlichen Beeren, der steif geschlagenen Sahne und den Pistazienkernen garnieren.

Brombeerjoghurt

Für 4 Personen

600 g Joghurt
2 EL Honig
2 EL ungesüßter Sanddornsaft
150 g Brombeeren oder andere Beerenfrüchte
2 EL Haselnüsse

1. Den Joghurt mit dem Honig und dem Sanddornsaft mischen. Die Brombeeren waschen, verlesen und mit der Joghurtcreme in Glasschälchen anrichten.
2. Die Nüsse grob hacken und in einer Pfanne ohne Fett leicht rösten. Über die Joghurtspeise geben.

Gefüllte Melonen

Für 4 Personen

2 kleine Honigmelonen
200 g Beerenfrüchte
100 g Sahne
4 TL Sanddornsaft
etwas Honig
einige Zweige Pfefferminze

1. Die Melonen halbieren, die Kerne entfernen und das Fruchtfleisch am besten mit einem Grapefruitmesser aus der Schale lösen, in Würfel schneiden.
2. Die Beeren verlesen, ganz kurz waschen. Einige Beeren zum Garnieren beiseite legen.
3. Die Sahne leicht anschlagen. Die Früchte mit dem Sanddornsaft und etwas Honig unter die Sahne ziehen und in die Melonenschale füllen. Mit den Beeren und Pfefferminzblättchen garnieren.

VARIATION

Im Winter können Sie den Obstsalat mit Sprossen bestreuen und anstelle der Melonen Grapefruit oder Orangen nehmen. Hübsch sieht es aus, wenn Sie die Melonen mit einem Zickzackrand versehen.

Rhabarbermousse

Für 4 Personen

250 g Rhabarber
400 ml Apfelsaft
etwa 50 g Honig
1 Msp. Zimt
2 TL Agar-Agar
100 g Sahne

1. Den Rhabarber waschen, schälen und in 2,5 cm lange Stücke schneiden. Dann mit 100 ml Apfelsaft 5 bis 8 Minuten köcheln lassen und pürieren.
2. Die Masse auf 30°C abkühlen lassen und mit dem Honig und dem Zimt abschmecken.
3. Inzwischen das Agar-Agar in dem restlichen Apfelsaft einweichen, dreimal hintereinander aufkochen und dann auf 30°C abkühlen lassen.
4. Die Sahne steif schlagen. Das Rhabarbermus unter die Agar-Agar-Masse rühren, schnell die Sahne unterheben und die Masse in eine mit kaltem Wasser ausgespülte Terrinenform oder in mehrere kleine Förmchen füllen.
5. Die Rhabarbermousse etwa 2 Stunden durchkühlen lassen. Dann entweder mit einem Löffel portionieren, in Scheiben schneiden, oder aus den Förmchen stürzen.

Kürbis-Orangen-Dessert

Für 4 Personen

60 g Sahne, 60 g Joghurt
1 TL Honig
Saft von ½ Zitrone
frisch geriebene Ingwerwurzel
200 g Kürbis
2 Orangen
2 säuerliche Äpfel
1 Kiwi

1. Die Sahne mit dem Joghurt, dem Honig und dem Zitronensaft sowie dem Ingwer verrühren.
2. Den Kürbis schälen und würfeln. Die Orangen mit einem Messer schälen, dabei die weiße Innenhaut entfernen und die Orangenfilets aus den Spalten lösen, einige Filets beiseite stellen.
3. Die Äpfel waschen, halbieren, das Kerngehäuse entfernen und das Fruchtfleisch klein würfeln. Die Kiwi schälen und in dünne Scheiben schneiden.
4. Den Kürbis, die Orangen- und Apfelstücke mit der Sahne-Joghurt-Sauce mischen, in Glasschälchen anrichten. Mit Orangenfilets und Kiwischeiben garnieren und sofort servieren, sonst wird das Dessert bitter, da Kiwis ein eiweißspaltendes Enzym besitzen.

Fruchtcreme

Für 4 Personen

3 Pfirsiche (400 g)
2 TL Zitronensaft
etwas Apfeldicksaft
250 g Dickmilch
100 g Sahne
2 TL Nüsse
1 Zweig Zitronenmelisse
50 g Himbeeren

1. Die Pfirsiche schälen, vierteln, den Kern entfernen, das Fruchtfleisch mit Zitronensaft beträufeln, 8 kleine Scheiben abschneiden und zum Garnieren beiseite stellen. Den Rest mit dem Apfeldicksaft im Mixer pürieren.
2. Die Dickmilch und die geschlagene Sahne unterheben und die Creme in eine gekühlte Glasschüssel oder mehrere Glasschälchen füllen.

3. Die Creme mit den Pfirsichscheiben, den Nüssen, Zitronenmelisseblättchen und Himbeeren garnieren.

<small>VARIATION</small>

Anstelle der Pfirsiche können Sie auch das Fruchtfleisch einer Mango oder Aprikosen nehmen.

Beerentraum

Für 4 Personen

400 g schwarze Johannisbeeren
2 EL Honig
200 g Sahne
1/2 TL abgeriebene Schale von
1 unbehandelten Zitrone
Mark von 1/2 Vanilleschote
einige Pfefferminz- und
Zitronenmelissezweige

1. Die Beeren verlesen, kurz waschen, 2 Eßlöffel Johannisbeeren zum Garnieren beiseite legen, die restlichen mit einer Gabel zerdrücken, mit etwas Honig süßen und in eine Glasschale füllen.
2. Die Sahne steif schlagen und mit dem restlichen Honig, der Zitronenschale und dem Vanillemark gut abschmecken.

3. Die Sahne über die Beeren geben und mit den zurückbehaltenen Johannisbeeren und je einem Zitronenmelisse- und Pfefferminzblatt garnieren.

<small>VARIATIONEN</small>

Anstelle der Johannisbeeren können Sie auch andere Beerenfrüchte verwenden. Sehr erfrischend schmeckt die Nachspeise auch, wenn Sie Dickmilch statt der Sahne nehmen.

Melonensorbet

Für 4 Personen

400 g Honigmelonenfrucht-fleisch
etwas Zitronensaft
1 bis 2 EL Honig
1 ganz frisches Eiweiß
1 Zweig Zitronenmelisse

1. Das Fruchtfleisch pürieren, mit dem Zitronensaft und dem Honig vorsichtig abschmecken. Die Menge des benötigten Honigs hängt von der Süße der Melone ab.
2. Das Fruchtpüree im Tiefkühlfach anfrieren lassen.
3. Das Eiweiß steif schlagen und unter die angefrorene Fruchtmasse geben. Die Eismasse in einer Sorbetière oder in der Tiefkühltruhe 2 bis 3 Stunden gefrieren lassen, dann aber mehrmals mit dem Schneebesen oder einer Gabel durchrühren.

4. Das fertige Sorbet in Gläser füllen und mit frischen Zitronenmelisseblättchen garnieren.

VARIATION

Anstelle der Melonen können Sie auch Kiwis, Pfirsiche und Aprikosen verwenden.

Ananassorbet

Für 4 Personen

400 g Ananasfruchtfleisch
Honig nach Geschmack
Saft von 1 Zitrone
Saft von 1 Orange, 1 Eiweiß
etwas Schale von
1 unbehandelten Orange

1. Das Fruchtfleisch pürieren, mit Honig, Zitronen- und Orangensaft mischen und im Tiefkühlfach anfrieren lassen.
2. Das Eiweiß leicht zu Schnee schlagen und unter die angefrorene Fruchtmasse ziehen.
3. In einer Sorbetière oder im Tiefkühlfach 2 bis 3 Stunden gefrieren lassen, dann aber mehrmals durchrühren.
4. Danach in Gläser füllen und mit dünnen Streifen Orangenschale garnieren.

*Kolibris sorgten ursprünglich
für die Bestäubung dieser
edlen Orchidee.*

*Heute übernehmen mensch-
liche Hände diese Aufgabe, denn
die Vanille ist ein gefragtes Gewürz*

Vanille-Nuß-Halbgefrorenes mit Orangensabayon

Für 4 Personen
Vanille-Nuß-Halbgefrorenes:

80 g Haselnüsse	
4 ganz frische Eigelbe	
40 g Honig	
Mark von ½ Vanilleschote	
1 Prise Meersalz	
200 g Sahne	

Orangensabayon:

2 ganz frische Eigelbe	
1 Prise Meersalz	
Mark von ½ Vanilleschote	
3 EL frisch gepreßter Orangensaft	
1 TL Honig	
Orangenlikör	
nach Belieben	

außerdem:

2 Orangen	
4 große Brombeeren	
1 Pfefferminzzweig	

1. Die Haselnüsse in einer Pfanne ohne Fettzugabe leicht rösten, abkühlen lassen, dann fein mahlen.

2. Die Eigelbe mit dem Honig, dem Vanillemark und Meersalz verrühren, im warmen Wasserbad aufschlagen, bis die Masse zu dicken beginnt. Den Topf aus dem heißen Wasserbad nehmen und im eiskalten Wasserbad kaltschlagen.

4. Die Haselnüsse unterheben und zum Schluß die steif geschlagene Sahne unterziehen. Das Eis in Portionsförmchen füllen und 6 Stunden gefrieren lassen.

5. Für das Sabayon die Eigelbe in einer Schüssel mit Meersalz und Vanillemark schaumig rühren.

6. Nach und nach den Orangensaft dazurühren und im warmen Wasserbad schaumig schlagen. Mit Honig und Orangenlikör abschmecken.

7. Die Orangen schälen, dabei die weiße Innenhaut entfernen und die Filets mit einem scharfen Messer herausschneiden.

8. Das Sabayon auf einen Dessertteller gießen, das Halbgefrorene in die Mitte setzen und mit Orangenfilets, Brombeeren und Pfefferminzblättchen garnieren.

VARIATION

Sehr gut schmeckt das Eis auch, wenn Sie anstelle der Haselnüsse frisch geriebene Kokosnuß verwenden.

Dattelschiffchen

6 frische Datteln
50 g Butter
50 g Honig
4 EL Kakao
½ TL Kaffeepulver
50 g fein gemahlene Mandeln
12 Mandelhälften
4 Orangenscheiben

1. Die Datteln halbieren und entsteinen.
2. Die Butter schaumig rühren. Den Honig nach und nach zugeben. Den Kakao und das Kaffeepulver mit den Mandeln zur Honigbutter geben.
3. Die Masse in die Dattelhälften füllen, mit halbierten, geschälten Mandeln und Orangenvierteln verzieren.

Sesamstreifen

250 g Sesam
100 g Honig

1. 200 g Sesam fein mahlen und so lange mit dem Honig verschlagen, bis eine marzipanähnliche Masse entstanden ist.
2. Den restlichen Sesam rösten und auf einen Teller geben. Die Sesammasse mit einem Nudelholz auf einer Marmor- oder Porzellanplatte etwa 1,5 cm dick ausrollen.
3. In Streifchen von 4 cm Länge schneiden und diese zum Schluß in dem gerösteten Sesam wenden.

Tip

Je nach Art und Konsistenz des verwendeten Honigs benötigen Sie etwas mehr Sesam. Sie können auch geriebene Mandeln zusetzen.

Himbeer-Mandel-Konfekt

½ Vanillestange
100 g Mandeln, fein gerieben
50 g Honig
30 Himbeeren
30 halbe Mandeln
Zitronenmelissenblättchen

1. Das Mark der Vanillestange mit dem Honig sehr gut verrühren. Die Mandeln dazugeben und so lange schlagen, bis ein marzipanähnlicher Teig entstanden ist.
2. Aus dem Teig eine Rolle formen und von dieser 1,5 cm lange Stücke abschneiden. Diese zu Kugeln formen und mit dem Stiel eines Kochlöffels eine Vertiefung hinein drücken.
3. In diese Vertiefung eine Himbeere setzen und mit einer halbierten gerösteten Mandel und Zitronenmelisse garnieren.

Kokoskugeln

150 g Kokosflocken
100 g Honig
2 EL Sahne
50 g Kokosflocken

1. Die Kokosflocken nochmals sehr fein reiben und mit dem Honig und der Sahne gut durchkneten, bis die Masse wie Marzipan aussieht.
2. Daraus Kugeln von 1,5 cm Durchmesser formen und in den restlichen Kokosflocken wälzen.

Variation

Die Kokoskugeln können auch in gerösteten Nüssen oder Sesam gewälzt werden. Auf die gleiche Art wie Kokosmarzipan kann auch Marzipan aus Mandeln hergestellt werden.

GEBACKENES AUS DEM VOLLEN KORN

Vollkornquiche mit Lauch

Teig:

125 g sehr feines Weizenvollkornmehl

60 g Butter

1 Prise Meersalz

1 bis 3 EL Wasser

1 Ei

Füllung:

600 g Lauch

100 g Zwiebeln

2 EL kalt gepreßtes Olivenöl

400 ml Milch

4 Eier

Meersalz

frisch gemahlener Pfeffer

frisch geriebene Muskatnuß

außerdem:

Butter zum Ausfetten

60 g geriebener Emmentaler
Käse

1. Mit einem Messer das
Mehl, die Butter und das Salz
hacken, das Wasser und das
Ei dazugeben, alles rasch zu
einem glatten Teig verkneten. Daraus eine Kugel formen und ½ Stunde ruhen
lassen.

2. Inzwischen den Lauch
putzen, waschen, in Streifen
schneiden, die Zwiebeln
schälen, ebenfalls in Streifen
schneiden. Beides in hei-
ßem Olivenöl andünsten.

3. Die Milch mit den Eiern
verrühren, mit Meersalz,
Pfeffer und Muskatnuß kräftig würzen, mit Lauch- und
Zwiebelstreifen mischen.

4. Eine Springform mit
28 cm Durchmesser einfet-
ten, den Teig ausrollen, in
die Form füllen, dabei einen
2 cm hohen Rand formen.

5. Mehrmals mit einer
Gabel einstechen und bei
175°C 10 bis 15 Minuten
ohne Belag, d. h. blind,
backen.

6. Die Füllung auf dem
Mürbeteigboden verteilen
und bei 175°C weitere 25
bis 30 Minuten backen. Etwa
10 Minuten vor Backende
mit Käse bestreuen.

TIP

Damit der Boden sich beim
Blindbacken nicht löst und
er gerade bleibt, belegen Sie
ihn mit einem Pergament-
papier, auf das Sie eine dicke
Lage Hülsenfrüchte geben.
Diese Hülsenfrüchte können
Sie immer wieder zum
Blindbacken von Böden ver-
wenden.

Tomaten-Käse-Kuchen

Für 4 Personen
Teig:

150 g feines Weizenvollkornmehl

150 g Quark

100 g Butter

Meersalz

Butter zum Ausfetten

Vollkornsemmelbrösel zum
Bestreuen

Füllung:

6 Tomaten

frisch gemahlener schwarzer
Pfeffer

Meersalz

1 Zwiebel

1 Bund Basilikum

100 g Sahne

2 Eier

100 g geriebener Emmentaler
Käse

1. Das Vollkornmehl auf
eine Arbeitsfläche sieben
und eine Mulde eindrücken.
Den Quark und die Butter
flöckchenweise auf das Mehl
verteilen.
2. Eine Prise Meersalz darüberstreuen und das Ganze
von außen nach innen mit
bemehlten Händen zu
einem glatten Teig kneten.
Den Teig in ein feuchtes
Küchentuch wickeln und
im Kühlschrank mindestens
1 Stunde ruhen lassen.
3. Den Backofen auf 180° C
vorheizen. Auf einer be-
mehlten Arbeitsfläche den
Teig ausrollen. Eine runde
Pie- oder Mürbeteigform ausfetten, mit Vollkornsemmelbröseln ausstreuen, den Teig
hineinlegen, dabei einen
2 cm hohen Rand formen.

4. Mit einer Gabel mehrmals einstechen. Anschließend 10 bis 15 Minuten
blind backen.
5. Die Tomaten waschen,
den grünen Stielansatz entfernen und die Tomaten in
Scheiben schneiden, auf den
Tortenboden legen, mit Pfeffer und Meersalz bestreuen.
6. Die Zwiebel schälen und
fein hacken und mit dem
fein gehackten Basilikum
über die Tomaten streuen.
7. Die Sahne mit den Eiern
und dem Käse verrühren.
Mit Meersalz und Pfeffer
würzen. Die Käsesahne über
den Kuchen gießen und
weitere 30 Minuten backen.

Gemüsestrudel

Teig:

250 g feines Dinkelvollkornmehl

½ TL Meersalz

4 EL kalt gepreßtes
Olivenöl

ca. 125 ml Wasser, 40°C warm

Füllung:

2 Zwiebeln

1,5 kg Blattspinat

2 EL kalt gepreßtes Olivenöl

frisch gemahlener Pfeffer

Meersalz

1 Bund frische Kräuter (Liebstöckel, Petersilie und Beifuß)

200 g körniger Frischkäse

2 Eigelb

3 EL grobes Hafervollkornschrot

außerdem:

Vollkornmehl zum Bestäuben

2 EL Butter

Butter zum Ausfetten

1. Das Mehl mit dem Meersalz auf ein Backbrett geben
und in die Mitte eine Vertiefung drücken. Das Öl und
das Wasser löffelweise dazugeben, gleichzeitig mit einer
Gabel alle Zutaten von innen nach außen vermengen.
2. Dann mit den Händen zu
einem geschmeidigen Teig
verarbeiten und so lange
kneten, bis der Teig ganz
glatt ist. Den Teig 60 Minuten unter einer angewärm-
ten Schüssel ruhen lassen.
3. Inzwischen die Zwiebeln
schälen und würfeln, den
Spinat putzen und in Streifen schneiden. Die Zwiebeln
im Öl andünsten, den Spinat
hinzugeben, mitdünsten.
4. Das Gemüse abkühlen
lassen, die beim Dünsten
eventuell entstandene Flüssigkeit abgießen und das Gemüse mit Pfeffer, Meersalz
und fein gehackten Kräutern
abschmecken.

5. Den Frischkäse mit den
Eigelben mischen und zu-
sammen mit dem Hafervoll-
kornschrot unter die Spinatmasse heben. Den Backofen
auf 190°C vorheizen.
6. Den Teig über den Handrücken ausziehen oder dünn
ausrollen. Auf ein bemehltes
Tuch geben und die Ränder
nochmals etwas ausziehen.
7. Den Strudelteig mit etwas flüssiger Butter bestreichen, die Spinatmasse auf-
tragen und den Strudel mit
Hilfe des Tuches von der
schmalen Seite her zusam-
menrollen. Auf ein gefettetes
Backblech setzen, mit der
restlichen Butter bestreichen
und 40 bis 45 Minuten
backen.

VARIATION

Sehr gut schmeckt im Win-
ter auch ein Gemüsestrudel,
der mit Grünkohl gefüllt ist.
Dünsten Sie dazu 1 kg in
Streifen geschnittenen Grünkohl mit den Zwiebeln an,
geben Sie 200 g saure Sahne, 2 Eigelbe und 2 Eßlöffel
Hafervollkornschrot dazu
und schmecken das Ganze
mit Meersalz, Pfeffer, Hefeflocken, Liebstöckel, Petersilie und Beifuß ab.
Auch mit Mangold oder Sellerie, Lauch und Möhren
läßt sich ein schmackhafter
Gemüsestrudel herstellen.
Anstelle des Frischkäses können Sie in diesem Fall Tofu
nehmen und zusätzlich mit
Currypulver abschmecken.

TIP

Der Strudelteig aus Voll-
kornmehl läßt sich, bedingt
durch den höheren Kleie-
anteil des Mehls, nicht so
dünn ausziehen wie Strudelteig aus weißem Mehl.
Dafür ist er aber feiner im
Geschmack.

Sauerkrautstrudel

Teig:

siehe Rezept „Gemüsestrudel"
(links)

Füllung:

150 g Zwiebeln
3 Knoblauchzehen
1 rote Paprikaschote (150 g)
1 grüne Paprikaschote (150 g)
2 EL kalt gepreßtes Olivenöl
125 g Schafskäse
1 kg Sauerkraut
Meersalz
frisch gemahlener Pfeffer

außerdem:

feines Vollkornmehl zum
Bestäuben
50 g Butter

1. Den Strudelteig wie beschrieben zubereiten und unter einer angewärmten Schüssel 60 Minuten ruhen lassen.

2. In der Zwischenzeit die Zwiebeln und die Knoblauchzehen schälen und beides fein würfeln. Die Paprikaschoten putzen, waschen und in kleine Würfel schneiden. Das Gemüse in wenig Olivenöl andünsten.

3. Den Schafskäse grob raspeln. Das Sauerkraut mit der Paprika-Zwiebel-Masse mischen und würzen.

4. Den Backofen auf 190°C vorheizen. Ein großes Küchentuch mit Mehl bestäuben. Den Teig darauf ausrollen oder über den Handrükken auf 50 x 60 cm ausziehen. Den Teig mit etwas flüssiger Butter bestreichen, die Füllung mit dem Schafskäse darauf verteilen und mit Hilfe des Tuches den Teig von der schmalen Seite her aufrollen.

5. Den Strudel auf ein mit Backtrennpapier ausgelegtes Blech legen, mit der restlichen Butter bestreichen und 45 bis 50 Minuten backen.

Käsestrudel

Teig:

siehe Rezept „Gemüsestrudel"
(links)

Füllung:

2 Zwiebeln
1 Knoblauchzehe
2 Stangen Lauch
2 EL Butter
250 g Quark
2 Eier
80 g geriebener Käse
frisch gemahlener Pfeffer
Meersalz
1 Bund Schnittlauch

außerdem:

feines Vollkornmehl zum
Bestäuben
2 EL Butter

1. Den Strudelteig wie beschrieben zubereiten und unter einer angewärmten Schüssel 60 Minuten ruhen lassen.

2. In der Zwischenzeit die Füllung zubereiten. Die Zwiebeln und die Knoblauchzehe schälen, die Zwiebeln in Scheiben schneiden, die Knoblauchzehe fein hacken. Den Lauch putzen, waschen und in dünne Streifen schneiden.

3. Das Gemüse in der Butter glasig dünsten, dann abkühlen lassen und eventuell beim Dünsten entstandene Flüssigkeit abgießen. Den Backofen auf 190°C vorheizen.

4. Den Quark mit den Eiern und dem Käse verrühren, die Gemüsemasse unter den Quark heben und mit Pfeffer und Meersalz kräftig würzen. Den fein geschnittenen Schnittlauch unterziehen.

5. Wie im Rezept „Gemüsestrudel" beschrieben, den Strudel füllen und backen.

Frischkäsetorte

Teig:

100 g feines Weizenvollkorn-mehl
Meersalz
1 kleines Ei
1 EL saure Sahne
80 g Butter

Füllung:

200 g Kräuterfrischkäse
200 g Quark
2 Eigelb
1 EL frisch gehackter Dill
frisch gemahlener Pfeffer
Meersalz
2 Eiweiß
Butter zum Ausfetten
einige frische Kräuter (Oregano und Basilikum)

1. Das Mehl mit etwas Meersalz und dem Ei mischen, die saure Sahne und die Butter dazugeben und das Ganze zu einem glatten Teig verarbeiten. Gut durchkneten und etwa 30 Minuten ruhen lassen.

2. Inzwischen die Füllung zubereiten. Den Frischkäse und den Quark mit den Eigelben, dem Dill, Pfeffer und Meersalz abschmecken. Die Eiweiße steif schlagen und locker unter die Käsemasse heben.

3. Den Backofen auf 200°C vorheizen. Den Teig ausrollen und in eine gefettete Springform mit 28 cm Durchmesser legen. Einen Rand von etwa 3 cm hochdrücken.

4. Die Frischkäsemasse auf den Teig verteilen und mit fein gehacktem Oregano und Basilikum bestreuen. Die Torte 30 bis 40 Minuten backen.

VARIATION

Wer mag, kann die Torte noch mit 2 in Scheiben geschnittenen Fleischtomaten belegen.

Vollkorngemüse-pizza

Teig:

10 g Hefe
125 ml lauwarmes Wasser
250 g feines Weizenvollkorn-mehl
½ TL Kräutersalz
etwas Salbei
3 EL kalt gepreßtes Olivenöl

Belag:

1 Zwiebel
1 Knoblauchzehe
5 große Tomaten
2 Paprikaschoten
100 g Champignons
Zitronensaft
1 EL kalt gepreßtes Olivenöl
2 EL Tomatenmark (selbst-gemacht)
etwas kalt gepreßtes Öl zum Ausfetten
6 bis 10 gekochte Artischocken-herzen (Zubereitung siehe Rezept „Artischocken mit Avocadocreme", Seite 76)
8 schwarze Oliven
300 g Mozzarellakäse
Meersalz
frisch gemahlener Pfeffer
½ Bund frischer Oregano und Basilikum

1. Die Hefe in lauwarmem Wasser auflösen, das Mehl und die Gewürze dazugeben und alles gut durchkneten.
2. Dann das Öl hinzufügen und gut einarbeiten. Den Teig etwa 30 Minuten ruhen lassen.
3. In der Zwischenzeit die Zwiebel schälen und in fei-ne Würfel schneiden, die Knoblauchzehe schälen und zerdrücken.
4. Die Tomaten waschen, halbieren und die Kerne mit einem Teelöffel herausneh-men. Die Tomaten in Strei-fen schneiden. Die Paprika-schoten waschen und wür-feln. Die Champignons put-zen, in Zitronenwasser kurz waschen und in Scheiben schneiden.

5. Die Zwiebeln und den Knoblauch in heißem Oli-venöl andünsten. Die Toma-tenkerne und das Tomaten-mark dazugeben und zu einer dicken Sauce ein-kochen lassen.
6. Den Backofen auf 225°C vorheizen. Den Teig zu einer Platte ausrollen und auf ein gefettetes Blech le-gen. Die Sauce auf die Teig-platte streichen, das Gemüse und die Oliven darauflegen.
7. Die Pizza mit Meersalz, Pfeffer und fein gehackten Kräutern bestreuen und den in Scheiben geschnittenen Käse darauflegen.
8. Etwa 20 Minuten auf der untersten Schiene backen.

TIP

Je öfter der Teig geht, um so lockerer wird das Gebäck.

*Weidende Kühe sorgen
in Alpenlandschaften nicht
nur für die Erhaltung
selten gewordener Wiesen,
sondern liefern auch
unentbehrliche Zutaten für
die Vollwertküche*

Pilzragout in Quarkblätterteig

Für 4 Personen
Quarkblätterteig:

250 g feines Weizenvollkornmehl

200 g gekühlte Butter

250 g Quark

¼ TL Meersalz

Pilzragout:

1 große Zwiebel

400 g braune Champignons

Saft von 1 Zitrone

3 EL kalt gepreßtes Olivenöl

Kräutersalz

frisch geriebene Muskatnuß

frisch gemahlener Pfeffer

1 bis 2 EL feines Weizenvollkornmehl

2 Eigelb

5 EL Sahne

1 EL gehackte Petersilie

außerdem:

1 Eigelb

1 EL Milch

50 g geriebener Emmentaler
Käse

1. In einer Schüssel mit dem Knethaken des Hand-rührgerätes das Weizenvollkornmehl, die klein geschnittene Butter, den Quark und das Meersalz kurz verkneten.

2. Dann dem Teig 2 bis 3 einfache Touren geben. Dazu den Teig zu einem Band ausrollen, von beiden Seiten zur Mitte hin einschlagen, dann zusammenklappen und wieder auswellen. Zwischen jeder Tour immer wieder kühl stellen.

3. Die Zwiebel schälen und in feine Scheiben schneiden. Die Champignons putzen und in Zitronenwasser kurz waschen, trockentupfen und in feine Scheiben schneiden.

4. Das Öl erhitzen, die Zwiebelscheiben darin andünsten und dann herausnehmen. Die Champignons in der gleichen Pfanne dünsten, dann mit Kräutersalz und den Gewürzen abschmecken.

5. Das Vollkornmehl dazugeben und anschwitzen. Die Eigelbe mit der Sahne mischen und mit den Zwiebeln zu den Pilzen geben. Kurz erhitzen, aber nicht kochen lassen. Das Ragout mit der fein gehackten Petersilie bestreuen.

6. Den Backofen auf 225°C vorheizen. Den Teig dünn ausrollen, mit einem Küchenrädchen in Quadrate von 10 x 10 cm schneiden.

7. Auf diese Quadrate etwas Pilzfüllung geben. Die 4 Ecken zur Mitte hin einschlagen.

8. Das Eigelb und die Milch verquirlen und die Teilchen damit bestreichen. Die Teigtaschen auf ein Backblech setzen. In 20 bis 25 Minuten goldgelb backen, dabei 10 Minuten vor Garende mit dem Käse bestreuen.

Käsetorte

Teig:

100 g feines Weizenvollkornmehl

50 g feines Hirsemehl

Meersalz

7 g Hefe

2 EL lauwarme Milch

1 Ei

2 bis 3 EL Buttermilch

Vollkornmehl zum Bestäuben

Füllung:

50 g Blauschimmelkäse

150 g Quark

2 Eigelb

4 EL Milch

2 EL grobes Hafervollkornschrot

frisch geriebene Muskatnuß

Meersalz

frisch gemahlener Pfeffer

etwas kalt gepreßtes Olivenöl

Butter zum Ausfetten

Vollkornmehl zum Ausstreuen

2 Eiweiß, 2 rote Zwiebeln

1. Das Weizen- und das Hirsemehl mit dem Meersalz
mischen. Die Hefe in der
Milch auflösen, zusammen
mit dem Ei und der Buttermilch unter das Mehl mi-
schen und alles rasch zu
einem Teig kneten. Den
Teig mit etwas Vollkorn-
mehl bestäuben und zuge-
deckt gehen lassen, bis er
sein Volumen gut verdop-
pelt hat.

2. Inzwischen die Füllung
zubereiten. Den Blauschimmelkäse zerdrücken, mit
dem Quark, den Eigelben
und der Milch verrühren.

3. Den Hafer unterheben
und mit den Gewürzen
pikant abschmecken.

4. Eine Tortenform mit
28 cm Durchmesser leicht
ausfetten und mit Vollkornmehl ausstreuen. Den Teig
ausrollen und in die Form
legen, seitlich einen 3 cm
hohen Rand andrücken und
den Teig nochmals gehen
lassen.

5. Inzwischen den Backofen auf 220°C vorheizen,
die Eiweiße sehr steif schlagen und locker unter die Käsemasse heben. Die Füllung
auf dem Teig verteilen.

6. Die Zwiebeln schälen
und in kleine Würfel schneiden, auf die Torte verteilen
und mit Meersalz und Pfeffer
würzen.

7. Die Torte bei 220°C
10 Minuten backen, dann
weitere 15 bis 20 Minuten
bei 190°C fertig backen. Sofort servieren, da die Füllung
sonst zusammenfällt.

Vollkornwindbeutel mit Frischkäsecreme

Teig:

50 g Butter

200 ml Wasser

140 g feines Weizenvollkornmehl

Meersalz

3 bis 4 Eier

Füllung:

250 g Doppelrahmfrischkäse

wenig Sahne

1 Zwiebel

1 Bund frische Kräuter
(Schnittlauch, Petersilie,
Estragon), Meersalz

frisch gemahlener weißer
Pfeffer

Cayennepfeffer

frisch geriebene Muskatnuß

einige Tropfen Zitronensaft

1. Die Butter und das Wasser in einen Topf geben und
zum Kochen bringen.
2. Das Weizenvollkornmehl und das Meersalz dazugeben und mit dem Koch-
löffel so lange rühren, bis
sich der Teig vom Topf-
boden löst.
3. Den Topf vom Feuer
nehmen, leicht erkalten lassen und die Eier einzeln darunter rühren. Den Backofen
auf 180°C vorheizen.

4. Den Teig in einen Spritzbeutel füllen, 16 kleine Häufchen auf ein bemehltes
Backblech spritzen und
40 bis 45 Minuten ausbak-
ken. Dann bei 225°C noch
5 Minuten backen.
5. In der Zwischenzeit den
Frischkäse mit etwas Sahne
cremig rühren.
6. Die Zwiebel schälen und
fein hacken, die verlesenen,
gewaschenen und klein ge-
schnittenen Kräuter mit der
Zwiebel unter die Creme ziehen. Mit Meersalz, Pfeffer,
Cayennepfeffer, Muskatnuß
und Zitronensaft kräftig abschmecken und gut durch-
rühren.

7. Die gebackenen Vollkornwindbeutel herausneh-
men, erkalten lassen, eine
Haube abschneiden, den
Frischkäse gleichmäßig auf
die Böden der Windbeutel
verteilen und die Hauben
wieder aufsetzen.

VARIATION

Anstelle des Frischkäses
können Sie auch Kräuter-
quark verwenden.

Kürbisbrot

30 g Hefe
400 ml lauwarmes Wasser
100 g Sesam
600 g feines Weizenvollkorn-mehl
200 g Kürbis
100 g Äpfel
60 g geriebene Nüsse
Saft von ½ Zitrone
je 1 Prise gemahlener Zimt und Nelken
150 g Dickmilch
2 TL Meersalz

1. Die Hefe im lauwarmen Wasser auflösen, den Honig und die Hälfte des Mehls zufügen, gut durchrühren und gehen lassen.
2. Inzwischen den Kürbis schälen und grob raspeln, den Apfel waschen, vom Kerngehäuse befreien und ebenfalls grob raspeln.
3. Den Kürbis, die Äpfel, die Nüsse, den Zitronensaft und die Gewürze miteinander mischen. Mit den restlichen Zutaten zu dem Vorteig geben.
4. Das restliche Mehl mit dem Salz dazugeben, den Teig in einer Schüssel etwa 5 Minuten kneten, anschließend 30 Minuten gehen lassen. Diesen Vorgang 2- bis 3mal wiederholen.
5. Den Backofen auf 250°C vorheizen. Den Teig zu einem Laib formen und nochmals 20 Minuten gehen lassen. 25 Minuten backen.

TIP

Je nach Feuchtigkeit des Kürbisses und der Äpfel ist es erforderlich, daß Sie noch etwas Mehl dazugeben.

Sesamvollkorn-brötchen

30 g Hefe
400 ml lauwarmes Wasser
150 g Sesam
150 g feines Roggenvollkorn-mehl
450 g feines Weizenvollkorn-mehl
1 bis 2 TL Meersalz
etwas Milch oder Wasser

1. Die Hefe in lauwarmem Wasser auflösen und mit dem noch mahlwarmen Vollkornmehl und den übrigen Zutaten zu einem geschmeidigen Teig verkneten.
2. Den Teig gut durchkneten und 30 Minuten ruhen lassen, zwischendurch 1- bis 2mal durchkneten.
3. Den Backofen auf 225°C vorheizen. Aus dem Teig 20 gleichgroße Brötchen formen. Mit Milch oder kaltem Wasser bestreichen und etwa 25 Minuten backen.

VARIATION

Anstelle des Sesams können die Vollkornbrötchen auch mit Sonnenblumenkernen oder gedünsteten Zwiebelwürfeln gebacken werden. Sehr hübsch sieht es aus, wenn Sie die Brötchen mit Sesam oder anderen Samen bestreuen.

Vollkornbrot mit Kräutern

250 g Roggen

250 g Dinkel

500 g Weizen

750 ml Wasser, eventuell etwas mehr

60 g Hefe

1 Zwiebel

2 bis 3 TL Meersalz

½ Bund Dill

½ Bund Petersilie

2 EL Kümmel

2 EL Leinsamen

200 g feines Weizenvollkornmehl

Butter zum Ausfetten

Vollkornmehl zum Ausstreuen

Wasser zum Bestreichen

1. Den Roggen, den Dinkel und den Weizen mischen und mittelfein mahlen. Das Wasser leicht erwärmen, die Hefe darin auflösen und das vom Mahlen noch warme Mehl untermischen.

2. Danach die Zwiebel schälen, fein würfeln, mit den fein gehackten Kräutern, dem Meersalz und den Gewürzen mischen.

3. Die Zwiebel-Kräuter-Mischung mit dem Teigansatz und dem Weizenvollkornmehl zu einem glatten Teig verkneten und kurz gehen lassen.

4. Inzwischen eine große oder 2 kleine Kastenformen leicht ausfetten und mit etwas Vollkornmehl ausstreuen. Den Brotteig nochmals kneten, bis alle Luftblasen entwichen sind. Den Teig zu einem länglichen Brot formen und in die Formen legen.

5. Die Brote bei Zimmertemperatur etwa ½ Stunde gehen lassen, danach mit Wasser bestreichen. Bei 220°C etwa 20 Minuten anbacken und bei 180°C in etwa 60 Minuten fertig backen.

Wildkräuterbrot

60 g Hefe
700 ml lauwarmes Wasser
1000 g feines Weizenvollkornmehl
2 bis 3 TL Meersalz
2 Bund gemischte Wildkräuter
60 g Butter
Butter zum Ausfetten

1. Die Hefe in etwas Wasser
auflösen, mit dem Mehl,
dem Salz, dem restlichen
Wasser und den fein gehackten Kräutern zu einem elasti-
schen Teig kneten. Die Butter nach 1 bis 2 Minuten dazukneten. Den Teig in der
Schüssel 30 Minuten gut bedeckt ruhen lassen.
2. Nochmals durchkneten
und wiederum 30 Minuten
ruhen lassen. Dann wieder
durchkneten, aus dem Teig
einen Laib formen und auf
ein gefettetes Blech oder in
eine Kastenform setzen.
20 Minuten ruhen lassen.
3. Das Brot wie folgt
backen:
Kastenform: 25 Minuten bei
275°C backen, dabei ein mit
Wasser gefülltes Gefäß dazu-
stellen. Dann das Brot vorsichtig aus der Form neh-
men und weitere 20 bis 25
Minuten ohne Wasserdampf
backen.
Blech: 20 Minuten bei
250°C backen, dabei ein mit
Wasser gefülltes Gefäß dazu-
stellen. Danach das Gefäß
herausnehmen und weitere
25 Minuten bei 200°C
backen.

Fladenbrot

250 g feines Weizenvollkornmehl
½ TL Meersalz
2 TL kalt gepreßtes Olivenöl
100 ml lauwarmes Wasser
Vollkornmehl zum Ausstreuen
etwas kalt gepreßtes Olivenöl
zum Backen

1. Das Vollkornmehl mit
dem Salz, dem Öl und dem
Wasser etwa 10 Minuten
verkneten, bis ein fester Teig
entsteht. Diesen abdecken
und etwa 1 Stunde ruhen
lassen.
2. Den Teig in 25 g schwere
Stücke teilen und auf einer
bemehlten Unterlage zu
dünnen Fladen ausrollen.
3. Diese in einer heißen,
schwach gefetteten Pfanne
von beiden Seiten je 1 Minute braten. Die Fladen sollten
weich sein.

Variation

Dieses Brot kann auch mit
Joghurt anstelle des Wassers
gebacken werden. Gewürze
wie Kümmel oder Koriander
geben ihm eine interessante
Note.

Mürbe Brezeln mit Käsefüllung

300 bis 350 ml Milch
20 g Honig
40 g Hefe
550 g feines Weizenvollkornmehl
1 Prise Meersalz
2 bis 3 EL kalt gepreßtes
Olivenöl
etwas kalt gepreßtes Öl zum
Ausfetten und Bestreichen
200 g Emmentaler Käse

1. Etwas Milch mit dem Honig leicht erwärmen, dann
die Hefe darin auflösen und
das Mehl einstreuen, mit
dem Knethaken des Rühr-
gerätes den Teig gut durchrühren, dabei die restliche
Milch dazugeben und den
Teig 15 Minuten gehen
lassen.
2. Dann das Salz und das Öl
dazugeben und nochmals
durchkneten. Den Teig in
16 Teile teilen und daraus
15 cm lange Rollen formen,
diese zu Brezeln schlingen.
3. Die Brezeln auf ein gefettetes Blech geben und mit
einem Tuch bedeckt 30 Mi-
nuten ruhen lassen.
4. Den Backofen auf 220°C
vorheizen. Die Brezeln mit
Öl bestreichen und in 20 bis
30 Minuten knusprig
backen.
5. Die noch warmen Brezeln vorne einschneiden
und eine kleine Käsescheibe
dazwischenschieben. Die
Brezeln nochmals in den
Ofen geben und so lange
backen, bis der Käse ge-
schmolzen ist. Dann warm
servieren.

*Emsige Bienen
sammeln den Blütennektar und
bereiten daraus den gold-
farbenen Honig zu.
Ein reines Naturprodukt, das
in der Vollwertküche für
Süße sorgt*

Apfelstrudel mit Vanillesauce

Teig:

250 g feines Dinkelvollkornmehl

½ TL Meersalz

4 EL kalt gepreßtes Sonnenblumenöl

12–14 EL Wasser, 40°C warm

Füllung:

1,5 kg Äpfel

100 g Rosinen

1 TL Zimt

Saft von ½ Zitrone

Honig nach Geschmack

250 g Quark, gut ausgedrückt

zum Bestreichen:

4 EL Butter

Vanillesauce

siehe Rezept Seite 251

1. Das Mehl auf ein Back-brett sieben, in die Mitte eine Vertiefung drücken. Das Salz hineingeben, Öl und Wasser löffelweise dazugeben, da-bei gleichzeitig mit einer Ga-bel alle Zutaten von innen nach außen vermengen.
2. Die Zutaten mit den Hän-den zu einem geschmeidi-gen Teig verkneten, er muß zum Schluß ganz glatt sein. 60 Minuten unter einer an-gewärmten Schüssel ruhen lassen.
3. Den Backofen auf 190°C vorheizen. Die Äpfel wa-schen, vierteln, das Kern-gehäuse entfernen und die Früchte fein raspeln oder schneiden. Die Rosinen waschen. Die Äpfel und die Rosinen mit dem Zimt, dem Zitronensaft und dem Honig mischen.

4. Den Teig ausrollen oder über den Handrücken aus-ziehen, er sollte ganz dünn sein, auf ein Tuch legen. Mit flüssiger Butter bestreichen, den Quark gleichmäßig dar-übergeben und die Füllung darauf verteilen.
5. Den Strudel aufrollen und auf ein gefettetes Blech legen, mit Butter bestreichen und 40 bis 45 Minuten backen.
6. Den warmen Apfel-strudel mit der Vanillesauce servieren.

Variation

Es schmeckt sehr gut, wenn man ⅛ l Sahne anschlägt und unter den Quark hebt. Backen Sie diesen Rahmstru-del besser in einer flachen Form. Sie können auch zwei Eiweiße steif schlagen und unter den Quark ziehen.

Gedeckter Apfelkuchen

Teig:

300 g feines Weizenvollkornmehl
100 g Akazienhonig
1 Prise Meersalz
1 TL Weinsteinbackpulver
1 Ei, 150 g Butter
Butter zum Ausfetten

Füllung:

1 kg Äpfel, 100 g Quark
Saft von ½ Zitrone
abgeriebene Schale von
1 unbehandelten Zitrone
50 g eingeweichte Rosinen
50 g geriebene Haselnüsse
2 EL Akazienhonig

zum Bestreichen:

1 Eigelb

1. Das Mehl mit dem Honig, dem Meersalz, dem Backpulver, dem Ei und der kalten Butter sehr gut verkneten und den Teig etwa 30 Minuten kalt stellen.

2. Den Backofen auf 200°C vorheizen. ⅔ des Teiges ausrollen und in eine gefettete Springform geben. Einen 3 cm hohen Rand andrücken.

3. Die Äpfel waschen, nicht schälen, vierteln, vom Kerngehäuse befreien und fein raspeln. Mit dem Quark mischen und mit dem Zitronensaft, der Zitronenschale, den Rosinen und den Haselnüssen abschmecken. Den Honig untermischen. Die Apfelmasse auf dem Teig verteilen.

4. Den restlichen Teig ausrollen, den Apfelkuchen damit abdecken und mit Eigelb bestreichen. Mit einer Fleischgabel gitterförmige Verzierungen in die Teigdecke ritzen und den Kuchen etwa 40 Minuten backen.

Apfelkuchen sind Klassiker der Backstube, die hier in kernigem Teig ihre Anhänger begeistern

Vollkorn-apfelkuchen

Teig:

125 g Butter

75 g Akazienhonig

250 g feines Dinkelvollkorn-mehl

1 Prise Meersalz

3 bis 4 EL Weißwein

Butter zum Ausfetten

Belag:

1 kg Äpfel

2 Eier

125 g Sahne

abgeriebene Schale von

1 unbehandelten Zitrone

Mark von 1 Vanilleschote

2 EL Honig

1. Die Butter mit dem Honig schaumig rühren. Das Mehl, das Salz und den Wein abwechselnd in die Buttermischung rühren. Den Teig gut durchkneten und 60 Minuten kühl stellen.

2. Den Backofen auf 225°C vorheizen. Eine gefettete Springform von 28 cm Durchmesser mit dem Teig auslegen, am Rand etwa 3 cm hochdrücken.

3. Die Äpfel waschen, vierteln und das Kerngehäuse entfernen. Die Äpfel an den Rundungen einritzen und mit der Rundung nach oben auf den Tortenboden setzen. Den Kuchen etwa 30 Minuten backen.

4. Inzwischen die Eier trennen, die Eigelbe mit der Sahne, der Zitronenschale und dem Vanillemark schaumig rühren.

5. Die Eiweiße steif schlagen und den Honig unterheben, beides unter die Eigelbmasse ziehen. Über die Äpfel verteilen und den Kuchen nochmal etwa 10 Minuten bei 180°C backen.

VARIATION

Statt der Sahne können Sie für den Guß die gleiche Menge Quark verwenden. Anstelle der Äpfel können Aprikosen genommen werden.

Vollkorn-Nuß-Kuchen

250 g Butter
200 g Akazienhonig
1 Prise Meersalz
2 Eier
100 ml Milch
250 g feines Weizenvollkorn-mehl
½ TL Weinsteinbackpulver
200 g gemahlene Haselnüsse
Butter zum Ausfetten

1. Den Backofen auf 175°C vorheizen. Die Butter mit dem Honig und dem Meersalz schaumig schlagen, nach und nach die Eier dazugeben. Dann die Milch darunterrühren.
2. Das Vollkornmehl mit dem Backpulver und den Nüssen mischen und unter die Buttermasse ziehen.
3. Den Teig in eine gefettete Kastenform füllen und etwa 60 Minuten backen.

Tip

Backen Sie diesen Kuchen schon 2 bis 3 Tage, bevor Sie ihn servieren. Erst nach einiger Zeit entfaltet er sein volles Aroma.

Möhrentorte

5 Eier
120 g Honig
je 1 Msp. gemahlene Nelken und Zimt
2 EL Kirschwasser
250 g Möhren
250 g Haselnüsse
80 g feines Weizenvollkorn-mehl
½ TL Weinsteinbackpulver
Butter zum Ausfetten
Saft von ½ Zitrone
1 Möhre zum Verzieren

1. Die Eier trennen. Die Eigelbe und den Honig zusammen mit den Nelken, dem Zimt und dem Kirschwasser schaumig schlagen.
2. Den Backofen auf 180 bis 200°C vorheizen. Die geputzten, gewaschenen Möhren und die Haselnüsse fein reiben. Das Mehl mit dem Backpulver mischen und mit den Möhren und den Haselnüssen zur Eimasse geben.
3. Die Eiweiße steif schlagen und locker unter die Eigelbmasse heben. Den Teig in eine gefettete Springform geben.
4. Die Torte etwa 40 Minuten backen und anschließend mit dem Zitronensaft tränken. Mit dünnen Möhrenscheiben garnieren.

Linzer Torte

100 g Akazienhonig
125 g Butter
1 großes Ei oder 2 kleine Eier
1 EL Zimt
1 Msp. Nelken
abgeriebene Schale von ½ unbehandelten Zitrone
2 EL Kirschwasser
125 g fein geriebene Haselnüsse
1 TL Weinsteinbackpulver
300 g feines Weizenvollkornmehl
Butter zum Ausfetten
100 g roh gerührte Himbeermarmelade
1 Eigelb

1. Den Honig, die Butter und das Ei/die Eier schaumig rühren. Die Gewürze, das Kirschwasser und die Haselnüsse dazugeben. Zum Schluß das mit Backpulver vermischte Vollkornmehl unterkneten. Den Teig für etwa 30 Minuten in den Kühlschrank stellen.

2. Den Backofen auf 200°C vorheizen. ⅔ des Teiges ausrollen und in eine gefettete Springform legen. Den restlichen Teig zu einer 3–4 mm dicken Platte ausrollen und kühl stellen.

3. Den Boden mit Marmelade bestreichen. Aus der gekühlten Teigplatte mit einem Rädchen Streifen schneiden und einen Rand formen. Die Streifen wie ein Gitter auf die Torte legen und mit Eigelb bepinseln. Die Torte 30 bis 40 Minuten backen.

Johannisbeerkuchen

Mürbeteig:

250 g feines Weizenvollkornmehl

80 g Honig

1 Prise Meersalz

1 Ei oder 2 Eigelb

125 g Butter

Butter zum Ausfetten

Vollkornmehl zum Ausstreuen

Belag:

500 g rote Johannisbeeren

4 bis 5 Eiweiß

150 bis 200 g Honig

150 g geriebene Mandeln oder Nüsse

1. Das Mehl mit dem Honig, dem Salz, dem Ei/dem Eigelb und der kalten Butter rasch verkneten und den Teig für mindestens 30 Minuten kühl stellen.

2. Den Backofen auf 200°C vorheizen. Den Mürbeteig in eine gefettete, mit Mehl ausgestreute Springform drükken und einen 2 cm hohen Rand formen.

3. Die Johannisbeeren waschen, abtropfen lassen. Die Eiweiße zu steifem Schnee schlagen. Mit dem Honig und den Nüssen mischen.

4. Die Hälfte der Eiweißmasse mit den Johannisbeeren leicht vermengen, auf den Teigboden geben und den Rest der Nußmasse darüber verteilen. Den Kuchen 45 bis 50 Minuten backen.

TIP

Wenn der Kuchen zu bräunen beginnt, decken Sie ihn mit Alufolie oder Pergamentpapier ab.

VARIATION

Anstelle der roten Johannisbeeren, können Sie auch Heidelbeeren oder anderes Beerenobst nehmen. Süßen Sie dann jedoch mit Vorsicht, die angegebene Menge ist meist zuviel.

Hefezopf
mit Nußfüllung

Teig:

300 ml Milch
100 g Honig
1 Würfel Hefe
750 g feines Weizenvollkorn- mehl
2 Eier
1 Prise Meersalz

Nußfüllung:

250 g gemahlene Nüsse
100 g Honig
1 Eiweiß
etwas abgeriebene Schale von
1 unbehandelten Zitrone
Zimt, Sahne

außerdem:

Butter zum Ausfetten
1 Eigelb, 1 EL Milch

1. Die Milch leicht erwärmen, den Honig dazugeben und die Hefe darin auflösen.
2. Das Mehl, die Eier und das Meersalz dazugeben und den Teig 10 Minuten gut durchkneten. Dann zugedeckt gehen lassen, bis der Teig das Volumen verdoppelt hat.
3. Die Nüsse mit dem Honig, dem Eiweiß, der Zitronenschale und etwas Zimt sehr gut mischen. So viel Sahne hinzugeben, bis eine streichfähige Masse entsteht.
4. Den Teig auf Blechgröße dünn ausrollen und mit der Nußfüllung bestreichen. Die Teigplatte in 3 Teile teilen und jede einzelne aufrollen.

5. Aus den Teigplatten einen Zopf flechten, auf ein gefettetes Blech legen und nochmals an einem warmen Ort 30 Minuten gehen lassen. Den Backofen in der Zwischenzeit auf 180°C vorheizen.
6. Das Eigelb mit der Milch verquirlen, den Zopf damit bestreichen. Auf der mittleren Schiene 30 bis 40 Minuten backen.

Tips

Wer den Hefezopf mit viel Füllung mag, sollte die Menge um die Hälfte erhöhen oder den Teig entsprechend reduzieren.
Anstelle der Sahne können Sie auch Milch oder Apfelsaft nehmen.

Die Wärme der Sonne
weckt einheimische Kräuter und
Blumen und lädt zur Kuchenpause im
Freien ein

Vollkornbiskuit-roulade

Teig:

3 Eier

3 EL warmes Wasser

3 EL Honig

Mark von ¼ Vanilleschote

1 EL Kirschwasser nach
Belieben

100 g sehr feines Weizenvollkornmehl

abgeriebene Schale von
½ unbehandelten Zitrone

½ TL Weinsteinbackpulver

etwas Vollkornsemmelbrösel

Füllung:

50 g ungeschwefelte Trockenfrüchte, eingeweicht in 50 ml
Orangensaft

50 g geriebene Nüsse

250 g Sahne

1 EL Honig

Mark von ½ Vanilleschote

etwas abgeriebene Schale von
1 unbehandelten Orange

zum Verzieren:

20 g grob gehackte Nüsse

1. Den Backofen auf 180°C
vorheizen. Die Eier trennen.
Die Eigelbe mit dem Wasser,
1 Eßlöffel Honig, dem Va-
nillemark und dem Kirsch-
wasser etwa 10 Minuten
schaumig schlagen.
2. Die Eiweiße steif schlagen. Mit dem restlichen Honig mischen und vorsichtig
unter die Eigelbe heben.
3. Das Vollkornmehl mit
der Zitronenschale und dem
Backpulver mischen. Vor-
sichtig unter den Teig
heben.
4. Die Biskuitmasse auf ein
mit Pergamentpapier belegtes Backblech streichen und
in 12 bis 15 Minuten nicht
zu kroß backen.
5. Die Teigplatte auf ein mit
Vollkornsemmelbröseln
ausgelegtes Tuch geben, das
Pergamentpapier mit kaltem
Wasser betupfen und abzie-
hen. Die noch heiße Platte
mit Hilfe des Tuches von der
breiten Seite her aufrollen.

6. Die Trockenfrüchte mit
den Nüssen mischen. Die
Sahne steif schlagen, mit
dem Honig süßen, das Vanillemark und die Orangen-
schale dazugeben. Etwas
Sahne zum Verzieren bei-
seite stellen. Die restliche
Sahne und die Trockenobst-
masse vorsichtig mischen.
7. Die Biskuitrolle wieder
vorsichtig aufrollen, die Füllung daraufstreichen und
die Platte wieder zusammen-
rollen. Die restliche Sahne
auf die Rolle streichen und
mit grob gehackten Nüssen
bestreuen.

Variation

Geben Sie den Teig in 6 gefettete, gemehlte Förmchen,
und backen Sie sie bei
180°C 20 bis 30 Minuten.
Dazu schmecken frische
Früchte, zum Beispiel
Ananas, sehr gut.
Verwenden Sie statt der
Trockenfrüchte die Apri-
kosenpaste (siehe Seite 192)
oder frische Früchte.

Vollkorn-gewürzkuchen

200 g Butter
175 g Honig
4 Eigelb
150 g Haselnüsse
2 TL Lebkuchengewürz oder Delifrut
Mark von 2 Vanilleschoten
2 TL Kakao
1 TL Weinsteinbackpulver
200 g feines Weizenvollkornmehl
4 Eiweiß
Butter zum Ausfetten
1 TL feines Weizenvollkornmehl
¼ TL Meersalz
¼ l Sahne
Honig nach Geschmack

1. Die Butter schaumig rühren und den Honig löffelweise dazugeben. Die Eigelbe nach und nach unterrühren.
2. Den Backofen auf 175°C vorheizen. Die Haselnüsse grob raspeln. Die Gewürze und das Vanillemark mit dem Kakao und dem Backpulver unter das Vollkornmehl mischen und zusammen mit den Nüssen unter die Buttermasse rühren.
3. Die Eiweiße mit dem Salz zu sehr steifem Schnee schlagen und locker unter den Teig heben.
4. Eine Kastenform ausfetten und mit dem Vollkornmehl ausstreuen. Den Teig hineinfüllen und 30 bis 35 Minuten backen.
5. Den Kuchen auskühlen lassen. Die Sahne steif schlagen, nach Belieben mit dem Honig süßen und zum Kuchen reichen.

Quarkvollkorn-stollen

175 ml Milch, 30 g Hefe
75 g Akazienhonig
250 g Quark
je 1 Prise Meersalz, Kardamom und Muskatblüte
1 TL Zimt
etwas abgeriebene Schale von 1 unbehandelten Zitrone
etwas Mark einer Vanilleschote
1 TL Rum
450 g feines Weizen- oder Dinkelvollkornmehl
150 g Butter, 100 g Rosinen
200 g ungeschwefelte Trockenfrüchte nach Belieben
100 g ganze geschälte Mandeln
Vollkornmehl zum Ausstreuen
Butter zum Bestreichen

1. Die lauwarme Milch mit der Hefe verrühren. Den Honig, den Quark, die Gewürze, den Rum und das Mehl dazugeben, alles gut verkneten. Den Teig 20 bis 30 Minuten gehen lassen.
2. Den Backofen auf 190°C vorheizen. Die Butter, die Trockenfrüchte und die Mandeln einkneten. Den Teig nochmals gut durchkneten, zu einem Stollen formen und auf ein bemehltes, mit Backpapier belegtes Blech geben.
3. Den Stollen etwa 30 Minuten bei 190°C, dann 20 bis 30 Minuten bei 160°C, backen. Nach dem Backen den Stollen mit flüssiger Butter bestreichen.

TIP

Sollten die Trockenfrüchte zu hart sein, weichen Sie sie vorher einige Zeit in Wasser ein und fügen dem Teig eventuell noch etwas Mehl hinzu.
Bräunt der Stollen zu stark, decken Sie ihn mit Alufolie oder Pergamentpapier ab.

Vollkornwind-beutel mit Sauerkirschsahne

200 ml Wasser
1 Prise Meersalz
50 g Butter
140 g sehr feines Weizenvollkornmehl
3 bis 4 Eier
Butter zum Ausfetten
250 g Sahne
Honig
250 g Sauerkirschen

1. Das Wasser mit dem Meersalz und der Butter aufkochen, den Topf kurz von der Flamme nehmen und das Mehl einrühren. Dann wieder auf den Herd stellen und so lange rühren, bis der Teig leicht glänzt und sich vom Topfboden löst.
2. Den Backofen auf 180°C vorheizen. Den Teig 2 bis 3 Minuten abkühlen lassen, dann die Eier einzeln einrühren. Der Teig darf nicht zu flüssig sein. (Je nach Größe der Eier nehmen Sie 3 oder 4 Stück.)
3. Den Teig in einen Spritzbeutel füllen und 16 gleichmäßige Rosetten auf ein mit Backpapier ausgelegtes Blech spritzen. Die Windbeutel 40 bis 45 Minuten bei 180°C backen, anschließend 5 Minuten bei 225°C.
4. Die Windbeutel 10 Minuten abkühlen lassen und durchschneiden. Die Sahne steif schlagen, mit Honig süßen. Die Sauerkirschen waschen und entsteinen. Die Windbeutel mit der Sahne und den Sauerkirschen füllen.

Aprikosenscheiben

250 g Butter
100 g Akazienhonig
etwas abgeriebene Schale von
1 unbehandelten Zitrone
Mark von ½ Vanilleschote
1 Prise Meersalz
350 g feines Weizenvollkornmehl
Butter zum Ausfetten
Vollkornmehl zum Ausstreuen
200 g Aprikosenpaste
(Rezept Seite 192)

1. Die Butter mit dem Honig schaumig rühren. Die Zitronenschale, das Vanillemark und das Meersalz hinzufügen.
2. Das Mehl nach und nach
dazukneten. Den Teig zu
Rollen von 3 cm Durchmes-
ser formen und 1 Stunde
kühl stellen.
3. Den Backofen auf 175°C
vorheizen. Dann 1 cm starke Scheiben von den Rollen
abschneiden, leicht eindrük-
ken und auf ein gefettetes,
bemehltes Blech setzen.
4. Die Aprikosenpaste in
die eingedrückten Mulden
füllen und die Aprikosen-
scheiben in 25 bis 30 Minuten goldgelb backen.

Dattelhäufchen

150 g weiche Butter
120 g Akazienhonig
3 Eier
2 EL Rum
abgeriebene Schale und Saft von
1 unbehandelten Zitrone
150 g Haselnüsse
200 g getrocknete, entsteinte
Datteln
350 g feines Weizenvollkornmehl
Butter zum Ausfetten

1. Die Butter mit dem Honig, den Eiern und dem
Rum schaumig rühren. Die
Zitronenschale und den Zitronensaft dazugeben.
2. Die Haselnüsse grob reiben, die Datteln in feine
Streifen schneiden. Die Nüsse und die Datteln unter die
Buttermischung rühren. Zuletzt das Mehl dazufügen.
Den Teig 30 Minuten quel-
len lassen. Den Backofen auf
200°C vorheizen.
3. Kleine Häufchen auf ein
gefettetes Blech setzen und
die Plätzchen 25 bis 30 Minuten backen.

Mandelkränzchen

Teig:

125 g feines Weizenvollkornmehl

1 Prise Meersalz

40 g Akazienhonig

1 Eigelb

60 g Butter

Butter zum Ausfetten

Belag:

2 Eiweiß

100 g Akazienhonig

125 g geriebene Mandeln

1 Msp. gemahlene Muskatblüte

1 EL roh gerührte Erdbeer- oder
Himbeermarmelade

1. Das Weizenvollkornmehl mit dem Meersalz,
dem Honig und dem Eigelb
verrühren. Die kalte Butter
fein darüberschneiden und
alles rasch miteinander verkneten. Den Teig 1 Stunde
im Kühlschrank ruhen
lassen.
2. Den Backofen auf 175°C
vorheizen. Dann den Teig
dünn ausrollen, kleine,
runde Plätzchen ausstechen
und auf ein gefettetes Backblech legen.
3. Für den Belag die Eiweiße steif schlagen, den Honig
dazurühren und die geriebenen Mandeln und die
Muskatblüte unterziehen.
4. Die Masse in einen Spritzbeutel mit großer Tülle füllen und auf jedes Plätzchen
ein Kränzchen spritzen. In
die Mitte einen Tupfer Marmelade geben und die Man-
delkränzchen auf der mittleren Schiene etwa 20 Minu-
ten backen.

Kokos-Orangen-
Plätzchen

1 Ei

100 g Akazienhonig

50 g Butter

2 EL Orangenlikör

abgeriebene Schale von
1 mittelgroßen unbehandelten
Orange

100 g feines Weizenvollkornmehl

100 g Kokosflocken

Butter zum Ausfetten

1. Den Backofen auf 180°C
vorheizen. Das Ei schaumig
rühren, anschließend den
Honig, die Butter, den Orangenlikör und die Orangen-
schale hinzufügen und gut
durchrühren.
2. Das Mehl und die Kokosflocken hinzugeben und
langsam verrühren. Kleine
Häufchen auf ein mit Backpapier ausgelegtes Blech setzen und etwa 15 Minuten
backen.

Schnelle Nußkekse

125 g Butter	
80 g Honig	
6 ungeschwefelte, getrocknete Aprikosen, in Wasser eingeweicht	
1 TL Zitronensaft	
Mark von ¼ Vanilleschote	
1 Prise Meersalz	
250 g feines Weizenvollkornmehl	
150 g fein gemahlene Nüsse	
Butter zum Ausfetten	
1 Eigelb	
2 EL Milch	

1. Die Butter mit dem Honig schaumig rühren. Die Aprikosen im Mixer pürieren. Mit dem Zitronensaft, dem Vanillemark und dem Meersalz zu der Butter geben.
2. Das Mehl mit den Nüssen mischen, zur Buttermasse geben und alles zu einem geschmeidigen Teig verkneten.
3. Aus dem Teig Rollen von etwa 3 cm Durchmesser formen und diese etwa 30 Minuten kühl stellen. Den Backofen auf 175 °C vorheizen. Dann davon 1 cm dicke Scheiben abschneiden und auf ein gefettetes Backblech setzen.
4. Das Eigelb mit der Milch verrühren, die Plätzchen damit bestreichen und 15 bis 20 Minuten backen.

Nußplätzchen

2 Eier	
125 g Honig	
50 g Rosinen	
50 g geriebene Haselnüsse	
50 g geriebene Kokosnuß	
50 g Leinsamen	
50 g Sesam	
1 TL Sonnenblumenkerne	
1 TL Weinsteinbackpulver	
150 g feines Weizenvollkornmehl	
½ TL Zimt	
1 EL Zitronensaft	

1. Den Backofen auf 200°C vorheizen. Die Eier mit dem Honig schaumig rühren. Die Masse mindestens 5 Minuten mit dem Rührgerät schlagen.
2. Dann die Rosinen, die Hasel- und Kokosnüsse, den Leinsamen, den Sesam und die Sonnenblumenkerne dazugeben. Das Backpulver und den Zimt mit dem Mehl mischen und mit dem Zitronensaft gut unter den Teig rühren.
3. Mit einem Teelöffel kleine Plätzchen abstechen. Diese auf ein mit Backpapier ausgelegtes Backblech setzen und 20 bis 30 Minuten backen.

Nußlaiberl

100 g getrocknete, ungeschwefelte Aprikosen
Saft von 1 Orange
2 Eier
150 g Honig
1 TL Zimt
¼ TL Ingwerpulver
1 TL abgeriebene Schale von 1 unbehandelten Zitrone
¼ TL frisch geriebene Muskatnuß
300 g fein geriebene Mandeln
1 Eigelb
1 bis 2 EL Milch
35 ganze geschälte Mandeln

1. Die Aprikosen klein schneiden und in dem Orangensaft mehrere Stunden einweichen.

2. Den Backofen auf 160°C vorheizen. Die Eier mit dem Honig schaumig rühren, die Gewürze, die Aprikosen und die Nüsse dazugeben und alles zu einem feuchten Teig verkneten.

3. Aus dem Teig etwa 3 cm große Kugeln formen und auf ein mit Backpapier ausgelegtes Backblech setzen.

4. Das Eigelb mit der Milch verrühren, die Plätzchen damit bestreichen. In die Mitte jeweils eine Mandel setzen und die Plätzchen 25 bis 30 Minuten backen.

VARIATION

Verwenden Sie statt der Mandeln frische fein geriebene Haselnüsse.

Nußlebkuchen

Teig:

100 g Honig
40 g Butter
250 g feines Dinkelvollkorn- mehl
½ Ei, 50 g Sahne
1 Prise Meersalz
1 TL Lebkuchengewürz
1 TL Zimt
etwas abgeriebene Schale von 1 unbehandelten Zitrone
1 TL Rum
1 TL Weinsteinbackpulver

Füllung:

75 g Honig
1 bis 2 EL Kakao
200 g fein geriebene Haselnüsse
1 EL Rum, 2 bis 3 EL Sahne
Butter zum Ausfetten

1. Für den Teig den Honig und die Butter in einem Topf unter Rühren langsam erwärmen, bis eine geschmeidige Masse entsteht. In eine Schüssel geben und etwas abkühlen lassen.

2. Den Backofen auf 180° C vorheizen. Das Mehl, das Ei, die Sahne, das Meersalz, die Gewürze, den Rum und das Backpulver dazugeben. Alles miteinander verrühren und dann zu einem geschmeidigen Teig verkneten.

3. Für die Füllung den Honig in einem Topf erwärmen, bis er flüssig wird. Den Kakao, die Haselnüsse und den Rum darunterrühren. So viel Sahne dazugeben, bis eine streichfähige Masse entsteht.

4. Den Teig auf einer bemehlten Arbeitsfläche in der Breite eines Backblechs etwa 3 mm dick ausrollen, halbieren und eine Teigplatte auf ein gefettetes Backblech legen. Die Füllung daraufstreichen und mit der anderen Teighälfte bedecken.

5. Die Lebkuchen auf der mittleren Schiene etwa 40 Minuten backen.

Spitzbuben

250 g sehr feines Weizenvoll- kornmehl
200 g fein geriebene Nüsse
200 g kalte Butter
1 TL abgeriebene Schale von 1 unbehandelten Zitrone
3 EL Honig
1 Ei
2 EL Rum
4 EL roh gerührte Marmelade oder Aprikosenpaste
(Rezept Seite 192)

1. Das Mehl auf einem Backbrett mit den Nüssen mischen, die Butter mit einem Messer unterhacken, rasch mit den Händen zerbröseln und die Zitronenschale darüberstreuen.

2. Den Honig mit dem Ei verquirlen, mit einer Gabel unter die Teigkrümel mengen, alles rasch zu einem glatten Teig verkneten und für 30 Minuten in den Kühlschrank stellen.

3. Den Backofen auf 175° C vorheizen. Den Teig portionsweise ausrollen und runde glatte Plätzchen von 3 bis 4 cm Durchmesser ausstechen. Anschließend bei der Hälfte der Plätzchen mit einer glatten, kleinen Spritztülle Augen- und Mundöffnungen ausstechen.

4. Die Plätzchen auf ein gefettetes Backblech setzen, etwa 20 Minuten backen, bis sie am Rand goldbraun sind.

5. Den Rum mit der Marmelade verrühren und damit jeweils 1 Plätzchen mit Mund- und Augenöffnung und ein glattes Plätzchen zusammensetzen.

Lebkuchengewürz, Zimt,
Nüsse und Honig sind duftende Boten der
vorweihnachtlichen Backstube

Grundrezepte und Grundzubereitungen

Garzeiten für Getreide

Getreide	Verhältnis Getreidemenge: Flüssigkeitsmenge	Einweichzeit	Kochzeit (bei geringer Hitze)	Nachquellzeit (auf ausgeschalteter Herdplatte)
Dinkel	1 : 2	8 bis 10 Stunden	etwa 30 Minuten	30 Minuten
Dinkelschrot, grob	1 : 2	–	15 bis 20 Minuten	30 Minuten
Weizen	1 : 2,5	10 Stunden	1 Stunde	1 Stunde
Weizenschrot, grob	1 : 2	–	15 bis 20 Minuten	30 Minuten
Roggen	1 : 2,5 bis 3	10 Stunden	etwa 1 Stunde	1 Stunde
Roggenschrot, grob	1 : 2,2	–	15 bis 20 Minuten	30 Minuten
Gerste	1 : 2,2	10 Stunden	etwa 1 Stunde	1 Stunde
Gerstenschrot, grob	1 : 2	–	15 bis 20 Minuten	30 Minuten
Hafer	1 : 1,5 bis 1,8	–	20 bis 30 Minuten	30 Minuten
Haferschrot, grob	1 : 2	–	10 bis 20 Minuten	10 Minuten
Hirse	1 : 2,5	–	5 bis 10 Minuten	20 Minuten
Maisgrieß	1 : 4	–	10 bis 15 Minuten	20 Minuten
Grünkern	1 : 2	–	20 bis 30 Minuten	20 bis 30 Minuten
Grünkernschrot, grob	1 : 1,8	–	10 bis 15 Minuten	15 bis 20 Minuten
Buchweizen	1 : 1,5	–	ca. 15 bis 20 Minuten	10 bis 20 Minuten
Naturreis	1 : 2	–	ca. 30 bis 40 Minuten	30 Minuten
Naturreisschrot, grob	1 : 2	–	15 bis 20 Minuten	10 bis 15 Minuten

Anmerkungen:

Die **Nachquellzeit** kann verkürzt werden, es empfiehlt sich jedoch bei Personen mit empfindlichem Magen, das Getreide nachquellen zu lassen. **Sprießkorngetreide** sind spelzenlos gezüchtete Getreide, die im Reformhaus angeboten werden. Sie eignen sich vor allem zum Keimen. Wenn Sie Sprießkorngetreide kochen, benötigen Sie etwas mehr Flüssigkeit, als in der Tabelle angegeben ist, und eine etwas längere Kochzeit.

Grobes Schrot

Grobes Mehl

Ganze Getreide-körner kochen

1. Das Getreide unter fließendem Wasser waschen und mit Wasser in einen Topf geben. Am besten über Nacht quellen lassen.

2. Am nächsten Tag die Körner mit dem Einweichwasser oder ungesalzener Gemüsebrühe aufkochen, die entsprechenden Gewürze hinzufügen und bei kleinster Hitze im geschlossenen Topf kochen lassen. Kochen Sie die Körner bei größerer Hitzezufuhr, benötigen Sie mehr Flüssigkeit. Wenn die Körner zu platzen beginnen, das Salz zufügen.

Feines Schrot

Feines Mehl

3. Zum Nachquellen die Körner auf der ausgeschalteten Herdplatte stehen lassen oder im Wasserbad, im Backofen bei 70 bis 80° C oder in einem Thermogefäß quellen lassen. Das Nachquellen macht die Getreidekörner für viele verträglicher. Wer einen empfindlichen Magen hat, sollte Getreide immer nachquellen lassen.

TIP

Die in der Tabelle angegebene Flüssigkeitsmenge schwankt je nach Getreidesorte, Feuchtigkeit der Körner und Wasserhärte.

Vollkornschrot und -mehl kochen

Vollkornschrot setzt man entweder in kalter oder leicht erwärmter Gemüsebrühe an und läßt es unter ständigem Rühren aufkochen. Dann bei geringer Hitze kochen und auf der ausgeschalteten Herdplatte nachquellen lassen.

TIP

Auf keinen Fall dürfen Sie das Schrot in kochende Gemüsebrühe streuen, sonst klumpt es.

Gewürze für Getreide

Weizen:
Koriander, Majoran, Rosmarin und Basilikum
Dinkel:
Koriander, Rosmarin und Thymian
Roggen:
Kümmel, Rosmarin, Thymian, Lorbeer und Wacholder
Hafer:
Fenchel, Koriander, Thymian, Kümmel und Ysop
Gerste:
Salbei, Thymian, Piment und Basilikum
Mais:
Oregano, Thymian und Rosmarin
Hirse:
Dill, Koriander, Fenchel, Ingwer und Basilikum
Grünkern:
Estragon und Basilikum
Buchweizen:
Majoran, Ysop und Salbei
Reis:
Liebstöckel, Curry und Thymian

Tips zum Backen mit Vollkornmehl

1. Verwenden Sie zum Backen wenn möglich staubfeines Mehl. Ist das bei Ihrer Mühle nicht möglich und haben Sie einen relativ höheren Schrotanteil, so benötigen Sie mehr Flüssigkeit, als im Rezept angegeben ist.
2. Der Stärkegehalt und die Quellfähigkeit des Getreides schwankt je nach Anbaugebiet, Anbaujahr und Feuchtigkeitsgehalt des Korns. Aus diesem Grund benötigen Sie manchmal etwas mehr Flüssigkeit, als in den Rezepten angegeben ist.
3. Grundsätzlich gilt, daß Teige aus Vollkornmehl etwas feuchter sein müssen als vergleichbare aus Auszugsmehl, sonst wird das Gebäck zu trocken.
4. Teige, die Hefe enthalten, sollten immer erst dann weiterverarbeitet werden, wenn der Teig nach dem Gehen die doppelte Größe erreicht hat. Sorgen Sie daher für eine ausreichende Wärmezufuhr.
5. Die angegebenen Backzeiten sollten für Sie nur Richtwerte sein. Vor allem beim Brot ist der Geschmack sehr verschieden. Die einen bevorzugen ein eher feuchtes Brot, die anderen ein sehr trockenes. Variieren Sie daher die Backzeiten ein wenig nach ihrem Geschmack.

Dinkelvollkornspätzle

300 g fein gemahlenes Dinkelvollkornmehl
3 große Eier
½ TL Kräutersalz
frisch geriebene Muskatnuß nach Geschmack
eventuell 8 bis 10 EL Milch oder Wasser

1. Das Mehl mit den Eiern und den Gewürzen zu einem glatten Teig rühren. Ist er zu fest, die Milch oder das Wasser dazugeben.
2. Dann den Teig mit einem Kochlöffel so lange schlagen, bis er Blasen wirft. Inzwischen in einem Topf Salzwasser zum Kochen bringen.
3. Dann den Teig durch die Spätzlepresse drücken, mit einem Spätzlehobel in das kochende Wasser geben oder portionsweise von einem nassen Holzbrett mit einem Messer ganz dünne Streifen schaben.
4. Die Spätzle sind gar, wenn sie an der Oberfläche schwimmen. Mit einem Schaumlöffel herausnehmen, in kaltem Wasser abschrecken und auf ein Sieb schütten.

TIP

Auch mit Weizenvollkornmehl lassen sich die Spätzle herstellen. Dinkel ist aber feiner im Geschmack.

Vollkornnudelteig

250 g fein gemahlenes Weizenvollkornmehl
2 große Eier, Meersalz
2 bis 3 EL Wasser
2 EL kalt gepreßtes Olivenöl

1. Das Mehl auf ein Brett häufen, eine tiefe Mulde eindrücken und die Eier hineinschlagen. Das Meersalz, das Wasser und das Öl hinzugeben.
2. Vom Rande das Mehl zur Mulde einarbeiten und einen geschmeidigen Teig herstellen. Den Teig 5 bis 10 Minuten kneten, bis er elastisch ist, eventuell noch etwas Wasser zugeben.
3. Den Teig abgedeckt 30 bis 60 Minuten ruhen lassen. Dann dünn ausrollen und in beliebige Form schneiden. Die Nudeln in reichlich Salzwasser bißfest kochen.

TIP

Vollkornnudeln können Sie auch auf Vorrat zubereiten und trocknen lassen. Dinkelvollkornmehl läßt sich etwas leichter zu einem Nudelteig verarbeiten, da es mehr Klebereiweiß als Weizen enthält. Sie benötigen dann jedoch auch etwas weniger Flüssigkeit.
Die Höhe der Wasserzugabe bei der Nudelherstellung hängt von der Sorte und von der Größe der Mehlpartikel ab. Je feiner das Mehl, desto mehr benötigen Sie.

Senf

8 gehäufte EL englisches Senfmehl

8 EL Wasser

3 EL Honig

2 EL neutrales, kalt gepreßtes Öl

4 bis 6 EL Weinessig

Meersalz

frisch gemahlener weißer
Pfeffer

1. Das Senfmehl mit dem
Wasser glatt rühren und
10 Minuten stehen lassen.
Dann den Honig hinzufügen
und mit dem Öl und dem
Essig glatt rühren.
2. Mit Meersalz und Pfeffer
würzen und in ein Glas mit
Schraubverschluß füllen. Im
Kühlschrank hält sich der
Senf bis zu 6 Monaten.

Variation

Diesen Senf können Sie beliebig würzen:
- mit frischen pürierten
  Kräutern,
- mit Knoblauch- und
  Zwiebelsaft,
- mit zerdrücktem grünem
  Pfeffer,
- mit Portwein,
- mit zerstoßenem Lorbeer,
  Wacholder, Piment und
  Koriander.

Tiefgekühltes Tomatenmark

1 kg Tomaten

¼ Bund Basilikum

¼ Bund Thymian

2 Knoblauchzehen

2 EL kalt gepreßtes Olivenöl

Meersalz

frisch gemahlener Pfeffer

1. Die Tomaten waschen,
den grünen Stielansatz herausschneiden, die Tomaten
klein schneiden und pürieren.
2. Die Kräuter waschen und
fein hacken. Die Knoblauchzehen schälen und zerdrükken, mit etwas Olivenöl verrühren.
3. Das Tomatenpüree mit
den Kräutern, dem Knob-
lauch, Salz und Pfeffer mischen und sofort einfrieren.
Das Tomatenmark können
Sie im Winter anstelle von
frischen Tomaten verwen-
den oder Tomaten mit we-
nig Geschmack sozusagen
als Geschmacksverstärker
zugeben.

Tip

Das tiefgekühlte Tomaten-
mark eignet sich sehr gut als
Grundlage für eine klare Tomatensuppe im Winter. Da-
zu kochen Sie 400 ml tiefge-
kühltes Tomatenmark mit
600 ml Gemüsebrühe und
2 Eiweißen auf. Passieren Sie
das Ganze durch ein Tuch,
und Sie erhalten so eine
klare Tomatensuppe.
Hirseklößchen (Rezept
S. 104) geben der Suppe
den letzten Pfiff.

Tomatenmark

Tomaten

Meersalz

frisch gemahlener Pfeffer

1. Die Tomaten waschen,
klein schneiden und mit
etwas Salz und Pfeffer 20 Minuten oder noch länger
kochen und eindicken.
2. Das Tomatenmark durch
ein Sieb passieren und sofort
kochend heiß in Gläser füllen, den Deckel aufsetzen
und sorgfältig verschließen.

Tip

Wer das Tomatenmark
gleich mit Gewürzen, fri-
schen Kräutern, Zwiebeln
und Knoblauch pikant ab-
schmecken möchte, sterilisiert die Gläser am besten
noch 20 Minuten bei 90° C.

Geklärte Butter

Die Butter vorsichtig erhitzen und den Schaum so
lange abschöpfen, bis das
Butterfett ganz klar ist. Die
geklärte Butter abkühlen
lassen und im Kühlschrank
aufbewahren.

Tomatenketchup

400 g Zwiebeln

1 EL kalt gepreßtes Olivenöl

1,5 kg Tomaten

2 gestrichene TL Meersalz

2 TL frisch gemahlener Pfeffer

½ TL Zimt

1 Msp. gemahlene Nelken

1 Msp. Cayennepfeffer

3 TL Honig

40 ml Obstessig

1. Die Zwiebeln schälen
und in Scheiben schneiden.
Das Olivenöl erhitzen und
die Zwiebeln darin an-
schwitzen.
2. Die Tomaten waschen,
den grünen Stielansatz entfernen, die Tomaten klein
schneiden, zu den Zwiebeln
geben und etwa 20 Minuten
mitdünsten. Anschließend
das Tomatenmus durch ein
feines Sieb streichen.
3. Dann das Mus zu einer
dicken Paste einkochen, dabei immer wieder rühren,
damit es nicht anbrennt.
4. Die Gewürze, den Honig
und den Obstessig dazuge-
ben und das Tomatenketch-
up zweimal zum Kochen
bringen. Das Ketchup in
heiße, sterile Flaschen füllen,
diese sofort verschließen.

Gemüsebrühe

1 Zwiebel
100 g Möhren
100 g Knollensellerie
100 g Lauch
100 g Petersilienwurzel
1,5 l Wasser
1 Knoblauchzehe
Liebstöckelblätter
Petersilienstengel
Meersalz
Hefeflocken oder Hefeextrakt

1. Die Zwiebel säubern, halbieren und in einem Topf ohne Fett die Schnittflächen bräunen.
2. Inzwischen das Gemüse putzen, eventuell schälen, waschen und klein schneiden. Zu der Zwiebel geben, mit dem Wasser bedecken und 20 bis 30 Minuten kochen lassen.
3. Nach etwa 15 Minuten Kochzeit die geschälte Knoblauchzehe, die Liebstöckelblätter, die Petersilienstengel und etwas Meersalz hinzufügen und fertig kochen.
4. Die Brühe durch ein Sieb gießen und mit Hefeflocken oder Hefeextrakt kräftig abschmecken.

Tip

Anstelle der Gemüse kann man auch sehr gut gesäuberte Gemüseabschnitte und Schalen verwenden.
Mit anfallendem Gemüsefond anstelle von Wasser auffüllen. Gemüsefond fällt beim Dünsten von Gemüse immer wieder an, zum Beispiel bei Champignons oder Lauch.

Roh gerührte Marmelade

500 g Früchte,
zum Beispiel Aprikosen
125 g fester, aber streichfähiger
Blütenhonig
abgeriebene Schale von
1 unbehandelten Zitrone oder
einige Zweige Zitronenmelisse

1. Die gesäuberten, gewaschenen, abgetropften und entsteinten Aprikosen gut pürieren.
2. Dann den festen Honig mit dem Handrührgerät langsam dazurühren, bis eine sämige Masse entstanden ist. Die Zitronenschale oder etwas fein gehackte Zitronenmelisse unterrühren.

Tip

Die Marmelade gut verschließen, im Kühlschrank aufbewahren und schnell verbrauchen. Bereiten Sie deshalb nur geringe Mengen zu.

Variation

Der Marmelade können gemahlene Nüsse oder zerkleinerte Trockenfrüchte zugefügt werden.

Vanillesauce

½ l Milch
1 Vanilleschote
5 Eigelb
50 g Honig

1. Die Milch erhitzen und die längs halbierte Vanilleschote darin ziehen lassen.
2. Inzwischen die Eigelbe und den Honig mit einem Schneebesen aufschlagen, bis ein Messerschnitt sichtbar ist. Die Vanilleschote aus der Milch entfernen.
3. Die heiße Milch nach und nach zu den Eiern geben und die Creme mit einem Holzlöffel unter ständigem Rühren erhitzen, aber auf keinen Fall kochen, da sonst das Eigelb gerinnt.
4. Sobald die Creme den Holzlöffel überzieht, den Topf von der Platte nehmen, etwas abkühlen lassen, dabei aber ständig rühren. Zum Warmhalten die Creme in ein heißes Wasserbad stellen.

Fruchtsauce

250 g Früchte
1 bis 2 EL Honig
Mark von ¼ Vanilleschote
125 g Sahne

1. Die Früchte verlesen oder putzen, waschen und pürieren. Mit dem Honig und dem Vanillemark abschmecken.
2. Die Sahne leicht anschlagen und unter das Fruchtpüree ziehen.

Hülsenfrüchte kochen

1. Die Hülsenfrüchte verlesen, unter fließendem Wasser waschen. Dann nach folgenden Möglichkeiten zubereiten.

1a. In der zwei- bis dreifachen Menge kaltem Wasser einweichen, dann zum Kochen bringen und bei schwacher Hitze fertig garen. Die Gar- und Quellzeiten in der Tabelle auf der folgenden Seite beziehen sich auf diese Art der Zubereitung.

1b. Die Hülsenfrüchte in kaltes Wasser geben und aufkochen, dann den Topf von der Kochstelle nehmen und die Samen 1 Stunde weich werden lassen. Das Wasser abschütten, die Hülsenfrüchte wieder mit der doppelten Menge frischen Wassers zum Kochen bringen und bei schwacher Hitze fertig garen. Auf diese Art quellen die Hülsenfrüchte schneller. Die Garzeiten der Hülsenfrüchte hängen von Alter, Sorte und Härtegrad des Wassers ab. Wird säurehaltiges Gemüse mitgekocht, verlängert sich die Garzeit. Es sollte deshalb erst zum Schluß dazugegeben werden, Essig übrigens ebenso.

2. Die Bohnen erst nach dem Kochen salzen. Als Würzzutat kommen eine mit Lorbeerblatt und Nelken gespickte Zwiebel, Knoblauch, Möhren, Thymian und Bleichsellerie in Frage.

Sprossen und Keime ziehen

Sprossen sind eine preiswerte und schmackhafte Alternative zu vielen Salaten und Gemüsen. Die Anzucht ist äußerst einfach. Wasser, Sauerstoff und ausreichende Temperatur benötigen die Samen, um zu wachsen und um aus dem Trockenprodukt eine knackig-frische Sprosse werden zu lassen. Sprossen aus Hülsenfrüchten sollten Sie vor der Verwendung kurz blanchieren, da sie Stoffe enthalten, die gesundheitsschädlich sein können, die aber durch das Erhitzen zerstört werden. Im Handel werden verschiedene Keimgeräte angeboten. Wer keinen speziellen Keimapparat besitzt, kann Sprossen von großen Samen sehr gut in einem Sieb ziehen. Hängen Sie das Sieb dazu in eine Schüssel und decken es mit einem Teller ab. Auch ein Einmachglas, das mit Gaze abgedeckt wird, eignet sich sehr gut zur Anzucht von Sprossen. Benutzen Sie die Gaze wie ein Sieb.
In den Rezepten dieses Buches tauchen immer wieder Sprossen als Zutat auf. Doch der Verwendung sind keine Grenzen gesetzt: als Salat, als Gemüse kurz gedünstet, über Müsli gestreut oder einfach mit Quark aufs Brot – lassen Sie Ihrer Phantasie ruhig freien Lauf.
Die Tabelle auf der folgenden Seite gibt einen Überblick über die Einweichzeiten unterschiedlicher Samen, die optimale Keimlänge, den Erntezeitpunkt, den Ertrag und andere wichtige Punkte. Allerdings können wir Ihnen nur Richtwerte geben. Je nach Feuchtigkeitsgehalt der Samen und Raumtemperatur können sich die Zeiten ändern.

Und so wird's gemacht:
1. Die Samen waschen und Schmutzteile, zerbrochene Samen oder eventuelle Fremdsamen auslesen. Die Samen in ein Anzuchtgefäß geben und je nach Größe unterschiedlich lang quellen lassen.

2. Dann das Einweichwasser abgießen, nicht gequollene Samen eventuell aussortieren. Die Samen spülen und ein wenig auflockern.

3. Danach das Gefäß so stellen, daß das Restwasser gut abfließen kann und die Samen gut belüftet werden. Das ist wichtig, da die Keimlinge Sauerstoff brauchen, um zu wachsen, und so Schimmelbildung verhindert wird. Die Sprossen nun wachsen lassen, während dieser Zeit mehrmals täglich mit Wasser spülen und gut abtropfen lassen.

4. Die Sprossen ernten, dazu in ein großes Gefäß mit kaltem Wasser geben, an der Oberfläche schwimmen die Sprossen, nicht gekeimte Samen setzen sich unten ab.

GARZEITEN DER HÜLSENFRÜCHTE

Hülsenfrüchte	Einweichzeit	Garzeit
Adzukibohnen	1 Stunde	1 Stunde
Kichererbsen	7 bis 8 Stunden	1 bis 1½ Stunden
Linsen, rote	–	20 bis 30 Minuten
Linsen, braune	–	1 Stunde
Mungobohnen	1 Stunde	45 bis 60 Minuten
Sojabohnen	7 bis 8 Stunden	45 bis 60 Minuten
Weiße Bohnen	7 bis 8 Stunden	1 bis 2 Stunden
Dicke Bohnen	7 bis 8 Stunden	1 bis 2 Stunden
Rote Kidneybohnen	7 bis 8 Stunden	1 bis 2 Stunden
Erbsen, ungeschälte	7 bis 8 Stunden	1 bis 1½ Stunden
Erbsen, geschälte	1 Stunde	45 bis 60 Minuten
Flagelotbohnen	7 bis 8 Stunden	1 bis 2 Stunden

SPROSSEN UND KEIME AUF EINEN BLICK

Sorte	Einweichzeit in Stunden	Anzahl der Spülvorgänge pro Tag	Keimdauer in Tagen	Länge des Keims	ungefährer Ertrag : Samen
Adzukibohne	12	3	4	Bohnenlänge	3 : 1
Alfalfa	8	2	7–10	max. 10 cm	5 : 1
Bockshornklee	6–8	2	2	Samenlänge	4 : 1
Buchweizen, ungeschält	–	2	2–3	0,5 cm	2,5–3 : 1
Erbse	12	2–3	3	Erbsenlänge	2 : 1
Gerste	8	1–2	2–3	Kornlänge	2 : 1
Hafer	4	2	2–3	Kornlänge	2 : 1
Hirse	8	2–3	3	0,2 cm	1,5 : 1
Kichererbse	12	3–4	3	0,5 cm	3–4 : 1
Kresse	–	1	6–8	4 cm	2 : 1
Kürbis	12	3	2–3	0,3 cm	2 : 1
Leinsamen	–	1	2–3	Samenlänge	1,5 : 1
Linse	8	2–3	3	2 cm	4–6 : 1
Mungobohne	12	2–3	3–4	2 cm	5–6 : 1
Rettich	–	2–3	3–4	0,3 cm	2–3 : 1
Roggen	12	2	2–3	Kornlänge	2 : 1
Senf	–	1	2–3	bis ½ cm	2 : 1
Sesam	6	2	2	0,2 cm	1,5 : 1
Sojabohne, gelbe	12	3–4	3–4	Bohnenlänge	4 : 1
Sonnenblume	6	2–3	2	Kernlänge	2 : 1
Weizen	12	2	2–3	Kornlänge	2 : 1

Rezeptverzeichnis

Register

Zum gleichen Themenbereich ist im FALKEN Verlag bereits erschienen:
Vegetarisch kochen und genießen (Nr. 4715)

Bei diesem Buch handelt es sich um eine überarbeitete Ausgabe des
bereits unter dem Titel „Mit Lust und Liebe – Vollwertküche für Genie-
ßer" (Nr. 4412) erschienenen Buches.

Die Deutsche Bibliothek – CIP-Einheitsaufnahme

Leitzmann, Claus:
Vollwertküche für Geniesser / Claus Leitzmann ; Helmut Million. – Niedern-
hausen/Ts. : FALKEN, 1995
        Früher u. d. T.: Leitzmann, Claus: Mit Lust und Liebe . . .
        Vollwertküche für Geniesser
        ISBN 3-8068-4815-7
NE: Million, Helmut:

ISBN 3 8068 4815 7

Umschlaggestaltung: Bayerl & Ost, Frankfurt am Main
Redaktion: Monika Cremer
Titelbild: TLC-Foto-Studio GmbH, Velen-Ramsdorf
Fotos: A. G. E. FotoStock, Barcelona: S. 176; Bilderberg Archiv der Fotogra-
fen GmbH, Hamburg: S. 37 oben und S. 183 (Klaus D. Francke), S. 147
(Klaus Bossemeyer); Fotostudio Eberle, Schwäbisch-Gmünd: S. 22; Atelier
Gabriel, Wiesbaden-Naurod: S. 182; Bildagentur Erich Geduldig, Vaihin-
gen/Enz: S. 163 links unten; Werner Heidt, Mannheim: S. 174; IFA-Bilder-
team, München: S. 210 (Amadeus), S. 246 (Schösser); Friedrich Jantzen,
Arolsen: S. 11 Foto oben, Knoblauch, S. 131 Foto rechts oben; Reinhard-Tier-
foto, Heiligkreuzsteinach-Eiterbach: S. 9, 10 Foto oben, Hafer, und Foto
unten, Roggen, S. 11 Foto Mitte, Äpfel, und Foto unten, Kokosnuß, S. 12, 13,
14, 15, 16, 37 Foto unten, 51, 56, 62, 69, 72, 76, 86, 113, 123, 131 Foto links,
139, 146, 170, 186, 191, 199 Foto oben, 205, 215, 222, Hausrind, 231;
Silvestris Fotoservice, Kastl: S. 10 Mitte, Reisterrassen, und S. 128 (Gürtler)
S. 198 (Karl Happenhofer), S. 131 Foto rechts unten (Kerscher), S. 36
(Kuch), S. 92 (Merten); Michael Walke, Karben: S. 42, 98, 99, 106, 166, 199
Foto unten, 239; Wehrfritz GmbH, Rodach: S. 163 Foto rechts oben, Kind
mit Spaghetti; Michael Wissing BFF, Elzach: S. 154; Heidi Zöllner, Hamburg:
S. 163 rechts unten, Kind mit Apfel; TLC-Foto-Studio GmbH, Velen-Rams-
dorf: alle restlichen Fotos.

Satz: LibroSatz, Kriftel bei Frankfurt/Main
Gesamtkonzeption: Falken-Verlag GmbH,
D-65527 Niedernhausen/Ts.